U0149352

清 史 論 集

（二十八）

莊 吉 發 著

文 史 哲 學 集 成
文 史 哲 出 版 社 印 行

國家圖書館出版品預行編目資料

清史論集 / 莊吉發著. -- 初版. -- 臺北市：文史哲，
民 107.12-
　　冊；　公分. -- (文史哲學集成；388-)
　　含參考書目
　　ISBN 957-549-110-6 (第一冊：平裝).-- ISBN957-549-
111-4(第二冊). --ISBN957-549-166-1 (第三冊) .-- ISBN 957-
549-271-4 (第四冊) .-- ISBN957-549-272-2(第五冊) .--ISBN
957-549-325-7 (第六冊).--ISBN957-549-326-5 (第七冊) --
ISBN 957-549-331-1(第八冊).--ISBN957-549-421-0(第九冊)
--ISBN957-549-422-9(第十冊) .--ISBN957-549-512-8(第十一
冊)-- ISBN 957-549-513-6(第十二冊) .--ISBN957-549-551-9
(第十三冊).--ISBN957-549-576-4(第十四冊)-- ISBN957-549-
605-1(第十五冊) .-- ISBN957-549- 671-x (第十六冊) ISBN 978-
957-549-725-5(第十七冊) .--ISBN978-957-549-785-9(第十八
冊) ISBN978-957-549-786-6 (第十九冊) ISBN978-957-549-
912-9 (第二十冊) ISBN978-957-549-973-0(第二十一冊：平裝)
--ISBN978-986-314-035-1 (第二十二冊：平裝) --ISBN978-986
-314-138-9 (第二十三冊：平裝) --ISBN978-986-314-257-7 (第
二十四冊：平裝) --ISBN978-986-314-321-5 (第二十五冊：平裝)
--ISBN978-986-314-338-3 (第26冊：平裝) -ISBN978-986-314-
338-3 (第27冊：平裝) --ISBN978-986-314-447-2 (第28冊：平裝)

1.清史 2.文集

627.007　　　　　　　　　　　　　　　107022529

文史哲學集成　712

清 史 論 集 (二十八)

著　　者：莊　　　　吉　　　　發
出 版 者：文　史　哲　出　版　社
http:// www.lapen.com.tw
e-mail：lapen@ms74.hinet.net
登記證字號：行政院新聞局版臺業字五三三七號
發 行 人：彭　　　正　　　雄
發 行 所：文　史　哲　出　版　社
印 刷 者：文　史　哲　出　版　社
臺北市羅斯福路一段七十二巷四號
郵政劃撥：16180175　傳真886-2-23965656
電話 886-2-23511028　　886-2-23941774

定價新臺幣六四〇元

民 國 一 〇 七 年 （2018）十 二 月 初 版
民 國 一 〇 八 年 （2019）二 月 初 版 二 刷

清史論集

（其）

目　　次

出版說明

　　我國歷代以來，就是一個多民族的國家，各民族的社會、經濟及文化方面，雖然存在著多樣性及差異性的特徵，但各兄弟民族對我國歷史文化的締造，都有直接或間接的貢獻。滿族以非漢部族入主中原，建立清朝，參漢酌金，一方面接受儒家傳統的政治理念，一方面又具有滿族特有的統治方式，在多民族統一國家發展過程中有其重要的地位。在清朝長期的統治下，邊疆與內地逐漸打成一片，文治武功之盛，不僅堪與漢唐相比，同時在我國傳統社會、政治、經濟、文化的發展過程中亦處於承先啟後的發展階段。蕭一山先生著《清代通史》敘例中已指出原書所述，為清代社會的變遷，而非愛新一朝的興亡。換言之，所述為清國史，亦即清代的中國史，而非清室史。同書導言分析清朝享國長久的原因時，歸納為兩方面：一方面是君主多賢明；一方面是政策獲成功。《清史稿》十二朝本紀論贊，尤多溢美之辭。清朝政權被推翻以後，政治上的禁忌，雖然已經解除，但是反滿的清緒，仍然十分高昂，應否為清人修史，成為爭論的焦點。清朝政府的功過及是非論斷，人言嘖嘖。然而一朝掌故，文獻足徵，可為後世殷鑒，筆則筆，削則削，不可從闕，亦即孔子作《春秋》之意。孟森先生著《清代史》指出，「近日淺學之士，承革命時期之態度，對清或作仇敵之詞，既認為仇敵，即無代為修史之任務。若已認為應代修史，即認為現代所繼承之前代，尊重現代，必不厭薄於所繼承之前代，而後覺承統之有自。清一代武功文治，幅員人材，皆有可觀。明初代元，以胡俗為厭，天下既定，即表彰元世祖之治，惜其子孫不能遵守。後代於前代，評量政治之得失以為法戒，乃所以為史學。革命時之鼓煽種族以作敵愾之氣，乃軍旅之事，非學問之事也。故史學上之清史，自當占中國累朝史中較盛之一朝，不應故為貶抑，自失學者態度。」錢穆先生著《國史大綱》亦稱，我國為世界上歷史體裁最完備的國家，悠久、無間斷、詳密，就是我國歷史的三大特點。我國歷史所包地域最廣大，所含民族份子最複雜。因此，益形成其繁富。有清一代，能統一國土，能治理人民，能行使政權，能綿歷年歲，其文治武功，幅員人材，既有可觀，清代歷史確實有其地位，貶抑清代史，無異自形縮短中國歷史。《清史稿》的既修而復禁，反映清代史是非論定的紛歧。

　　歷史學並非單純史料的堆砌，也不僅是史事的整理。史學研究者和檔案工作者，都應當儘可能重視理論研究，但不能以論代史，無視原始檔案資料的存在，不尊重客觀的歷史事實。治古史之難，難於在會通，主要原因就是由於文獻不足；治清史之難，難在審辨，主要原因就是由於史料氾濫。有清一代，史料浩如煙海，私家收藏，固不待論，即官方歷史檔案，可謂汗牛充棟。近人討論纂修清代史，曾鑒於清史範圍既廣，其材料尤夥，若用紀、志、表、傳舊體裁，則卷帙必多，重見牴牾之病，勢必難免，而事蹟反不能備載，於是主張採用通史體裁，以期達到文省事增之目的。但是一方面由於海峽兩岸現藏清代滿漢文檔案資料，數量龐大，整理公佈，尚需時日；一方面由於清史專題研究，在質量上仍不夠深入。因此，纂修大型清代通史的條件，還不十分具備。近年以來因出席國際學術研討會，所發表的論文，多涉及清代的歷史人物、文獻檔案、滿洲語文、宗教信仰、族群關係、人口流動、地方吏治等範圍，俱屬專題研究，題為《清史論集》。雖然只是清史的片羽鱗爪，缺乏系統，不能成一家之言。然而每篇都充分利用原始資料，尊重客觀的歷史事實，認真撰寫，不作空論。所愧的是學養不足，研究仍不夠深入，錯謬疏漏，在所難免，尚祈讀者不吝教正。

本書由國立中正大學博士班林加豐同學、中國文化大學博士班簡意娟同學打字排版，原任駐臺北韓國代表部連寬志先生、國立臺灣師範大學碩士班趙冠中同學協助校對，並承文史哲出版社彭正雄先生的熱心支持，在此一併致謝。

二〇一八年十二月　**莊吉發**謹識

捺鉢文化

── 康熙皇帝巡幸與行圍狩獵活動

　　捺鉢是契丹皇帝巡幸游獵時的行營，四時捺鉢，各有行在之所。女真原本就是農耕、漁獵並行的民族，平民以佃漁射獵，習為勞事。金朝帝王季節性的四時游獵生活，皆循契丹故事。盛清時期，康熙皇帝巡幸與行圍狩獵的活動，保持了這種傳統。

　　康熙皇帝在位期間（1662-1722）或南巡河工，或北巡塞外，或東巡謁陵，每年巡幸超過三個月，出入無常，以致被稱為「馬上皇帝」。耶穌會士白晉（J.Bouvet）著《康熙帝傳》一書對康熙皇帝清心寡慾的涵養，敘述頗詳。原書指出，為了消除腐朽的宮中惡習，康熙皇帝找到了更高尚的消遣方式，從事各種身心鍛鍊，如巡幸旅行、捕魚狩獵、賽馬練武、研究科學及讀書養生等，他特別喜歡長途旅行，而不帶妃嬪。

　　康熙皇帝提倡騎射，春水秋山，行圍狩獵，需要一套騎射技術。哨鹿就是女真社會通行的一種射獵技術。康熙皇帝北巡塞外，東巡謁陵，親征朔漠，沿途行圍狩獵，保持了契丹、女真捺鉢文化的傳統。

東巡祭祖與行圍狩獵

　　三藩之亂，是清朝的重大危機，康熙皇帝相信三藩的平定，是仰賴祖宗在天之靈，默垂眷佑，殄滅凶渠，疆域底定，所以決定舉行遍祀山陵之禮，用告成功，康熙二十一年（1682）二月十五日，康熙皇帝啟鑾東巡，皇太子及眾多官員扈從，此次隨行的還有比利時傳教士南懷仁（Ferdinandus Verbiest）。途經河北的三河、玉田、豐潤、灤州、盧龍、撫寧，出山海關，入寧遠。據南懷仁著《韃靼旅行記》記載，康熙皇帝自己騎馬走在前面，其次是隨駕的十歲皇太子，後面是三位后妃，再後是各位王爺、貴戚、各級官員，一行總共約有七萬人。

南懷仁指出，遼東以東是山連山，嶺連嶺。南懷仁時常站在山巔上，環眺地平線，除虎、熊，其他猛獸出沒的山嶽谿谷外，什麼也沒有印入眼簾。康熙皇帝自身為了狩獵，常離開大道，在稀有人踪的山中，開闢小道前進。山海關南臨海，北接山麓。康熙皇帝連同王侯百官，從此以後，每天都狩獵，他從親衛軍中，挑選出三千名弓箭武裝的士兵。他們按着一定的順序和間距，列隊繞着山峰，向兩側擴展，圈成了一個直徑三里的環形。為了預防環形發生凸凹和間隙，統率者經常地注意調整。其間，不論身分地位高低的官員都分佈在環形隊伍中，等所有的位置固定後，全體成一條線前進。前面無論是谷澗，還是荊棘深叢，甚至是險陡的山崖，任何人都必須攀涉，不准左右串動，離開隊伍。就這樣，橫越山嶺和澗谷，把獸類圈在這個環形網中；再漸漸地圍到一堆沒有樹木的低地。三里半徑的圓環縮小到半徑僅在二、三百步的圓環。然後下馬，步比步，肩並肩地窮追那些從洞穴中，從棲息地趕出來的獸類。獸類雖然東竄也找不到逃路，終於力竭就捕。南懷仁親眼看見，用這種辦法，僅半日間就抓住三百多隻牡鹿和狼、狐狸以及其他野獸。在遼東女真的邊陲地方，南懷仁時常看到在一個時辰內就捕住一千多隻牡鹿和穴居的熊。

據《大清聖祖仁皇帝實錄》及康熙朝《起居注冊》的記載，可將康熙二十一年（1682）康熙皇帝第二次東巡行圍狩獵的活動，列出簡表如下：

康熙二十一年康熙皇帝東巡行圍簡表

月　日	駐蹕地點	行圍狩獵	備註
二月二十三日	王保河	射殪二虎	王白河
二月二十四日	中後所	射殪二虎	
二月二十五日	寧遠州	射殪二虎	
二月二十八日	閭陽驛	射殪二虎	
三月初二日	遼河西	遼河網魚	
三月初九日	琉璃河	射殪一虎	
三月初十日	札　凱	射殪三虎	
三月十二日	嘉祐禪	射殪一虎	
三月十三日	曾家寨	射殪二虎	
三月十四日	哈達畢喇	射殪二虎	
三月十五日	喇湖塔鄂佛羅	射殪一虎	鷂鷹鼻
三月十六日	庚　額	射殪五虎	
三月十七日	庫　魯	射殪三虎	
三月十九日	夸闌畢喇	射殪四虎	
三月二十日	阿爾灘諾門	射殪一虎	
三月二十一日	色穆懇畢喇	射殪二虎	
四月初一日	大烏喇虞村	松花江網魚	
四月十二日	噶哈達巴漢	射殪一虎	烏鴉嶺
四月十四日	威遠堡	射殪一虎	
四月十五日	三塔堡	射殪一虎	
四月二十三日	沙　嶺	射殪一虎	
四月二十七日	寧遠州城西南	射殪一虎	

資料來源：《大清聖祖仁皇帝實錄》，卷101-102；《清代起居注冊》，康熙二十一年二月至五月。

　　康熙二十一年（1682），康熙皇帝第二次東巡的經過，《大清聖祖仁皇帝實錄》與康熙朝《起居注冊》的記載彼此相合。是年二月十五日，康熙皇帝命皇太子胤礽（in ceng）隨駕，出東直門。二月二十三日，康熙皇帝等人出山海關，是日，駐蹕王保河，《起居注冊》作「王白河」。是日行圍，有三虎，康熙皇帝射殪二虎，皇太子射殪一虎。三月十五日，駐蹕喇湖塔鄂佛羅，《起居注冊》作「鷂鷹鼻」。四月十二日，駐蹕噶哈達巴漢，《起居注冊》作「烏鴉嶺」。

　　前列簡表中，除遼河、松花江水圍網魚外，其餘行圍狩獵野獸，計二十次，康熙皇帝共射殪三十八隻虎，平均每次行圍約射殪虎一點九隻。是年三月初八日，康熙皇帝進呈太皇太后奏書云：「臣自山海關至盛京，水土皆佳，獸多魚鮮，每當食頃，輒念不能馳奉太皇太后聖祖母，甚歉於懷。到盛京後身親網獲鱣魚鯽魚，設法成段，浸以羊脂者一種，鹽醃者一種，星馳遞送，心期奉到之日，倘得味仍鮮美，庶可稍見微誠。山中野燒，自落榛實及山核桃，朝鮮所進柿餅、松子、白菓、栗子，附候安奏啟同往，伏乞俯賜一笑，不勝欣幸。」

　　南懷仁著《韃靼旅行記》所述出山海關後，一天也不停止的狩獵。又說「打住虎有六十多頭」，對照《大清聖祖仁皇帝實錄》、《起居注冊》的記載，稍有出入。往返行圍狩獵殪虎，除康熙皇帝所殪虎數外，其餘皇太子等人所殪虎數，應當不少。

　　康熙三十七年（1698）七月二十九日，因平定準噶爾，康熙皇帝第三次東巡，奉皇太后詣盛京謁陵，命皇長子胤禔、皇三子胤祉、皇五子胤祺、皇七子胤祐、皇九子胤禟、皇十子胤䄉、皇十三子胤祥等隨駕。取道察哈爾、經吉林、輝發，至興京，祭祀永陵，至盛京，祭祀福陵、昭陵。返程取道遼西、山海關、直隸。是年九月二十日，《起居注冊》記載，「是日，上漁于松花江，天清風和，一網獲魚一萬四千有零，一日共獲魚至數十萬，將至行宮前，積之如山，蒙古王台吉及扈從官員，無不稱奇。」隨後賜諸王大臣等魚。

諸大臣踴躍奏曰：「皇上聖德神威，山川之神，無不効順，獵則獲獸數百，漁則得魚數十萬，誠自古及今所未有者。今臣等幸扈從聖駕來此，得見所未見，食所未食，喜不自勝。」十月初二日，駐蹕奇爾賽畢喇，《起居注冊》作「奇爾賽河」。康熙皇帝行圍殺虎。《大清聖祖仁皇帝實錄》記載「上行圍，射殪二虎，其一虎臥於山下，驚鳥鎗聲而起，上隔澗發矢，穿其脇，虎應弦倒斃。」新滿洲等俱大駭，奏曰：「從未聞隔澗望影，能射倒猛虎者也。」十月初三日，駐蹕布爾哈地方。是日行圍，康熙皇帝射殪二虎，皇十三子胤祥射殪一虎。十月初四日，駐蹕海瀾畢喇地方。是日行圍，康熙皇帝射殪一虎、一豹。十月初六日，駐蹕輝發地方。是日行圍，鎗殪二大熊，《起居注冊》記載，「是日，上殪二大熊。」

多倫會盟與行圍狩獵

康熙三十年（1691）四月十二日，《起居注冊》記載，「十二日丁卯，上巡察邊外蒙古等生計，又以邊之極北喀爾喀曩雖進貢，其汗等未曾親身歸順。今喀爾喀汗等親率所屬數十餘萬人來歸，故往撫綏安輯。」漠北蒙古喀爾喀進貢的是九白之貢，白駝一隻，白馬八隻歲以為常。康熙三十年（1691）春，喀爾喀數十萬人歸順，康熙皇帝決定前往喀爾喀撫綏安輯，與土謝圖汗、哲卜尊丹巴等舉行多倫會盟。四月二十日，康熙皇帝由東華門出東直門，駐蹕牛欄山。法國人張誠（Franciscus Gerbillon）等人隨行。徐志敏等譯《張誠日記》對康熙皇帝巡幸多倫諾爾沿途的描述，頗為詳盡。

據《張誠日記》的記載，康熙皇帝在黎明之前，便從北京出發，隨行的還有親王、大臣、都統、內務府官員、諸多的宮廷侍從等。是日中午時分，到達牛欄山。四月十三日，駐蹕密雲縣。四月十四日，駐蹕石匣城。康熙皇帝在院子裡，用弓箭射麻雀、鴿子，他成功射中了三隻鴿子。四月十六日，駐蹕古北口行宮。四月十七日，出古北口，駐蹕鞍匠屯。康熙皇帝進行射擊練習。

四月十八日，駐蹕博羅諾。康熙皇帝命人組成兩層圍圈狩獵，外面的一層由隨從組成，康熙皇帝在內層，一共獵獲了七隻鹿和山羊。還將親射的鹿賞賜內大臣、侍衛等人。

四月十九日，駐蹕草川口。張誠指出，康熙皇帝不用下馬就能打獵。他不扶繮繩，快馬疾馳，穿過高地低坑，滿弓發射，十分驍勇，技術嫺熟。頭三發就射中了疾馳的麅子，後來又射中了幾隻兔子。張誠讚頌了康熙皇帝狩獵時的指揮藝術及剛強矯健。四月二十日，駐蹕草川口。張誠指出，康熙皇帝離開營帳去圍獵。第一次圍住一隻麅子、一隻狐狸，還有幾隻兔子。康熙皇帝騎馬登上陡峭的山峰，山上荊棘叢生，康熙皇帝的隨從們在陡峭的高山上奔馳如履平地。

四月二十一日，駐蹕三道營，在卡其里河旁宿營。康熙皇帝照常出去狩獵，他們圍住了九十隻大雄鹿，但都被逃走了，最後只獵獲了幾隻兔子和一些被獵鷹捕獲的雉雞。傍晚紮營以後，康熙皇帝練習射擊弓弩作為消遣，他左右開弓，命中率極高。四月二十二日，駐蹕禿峰谷溫泉，該地有元朝皇帝所建上都宮殿。康熙皇帝沿途行圍狩獵，他們組成了圈圍，內有一隻大野豬，很難捕捉，但康熙皇帝只發了兩箭，第二箭就射中了這隻野豬。在圍內的一個洞穴裡，獵獲了三隻雄鹿。溫泉水對一些疾病具有療效，康熙皇帝稍事休息後，便開始洗溫泉，直到日落後，才返回宿營地。

四月二十三日，駐蹕禿峰谷行宮。康熙皇帝一大早就出去打獵，他在圍圈內射殺了一隻雄鹿，皇子獵了另外一隻，其他的獵手殺死三、四隻。傍晚返回宿營地後，康熙皇帝和皇子等繼續在內層禁地練習射箭。四月二十四日，駐蹕富溝地方，這裡已在喀喇沁境內，一路仍是行圍狩獵，捕殺兔子和麆子。到達宿營地後，康熙皇帝就以打靶消遣，不覺疲倦。

四月二十五日，仍駐蹕富溝行宮。《張誠日記》記載，是日，康熙皇帝召見了許多附近的蒙古人，這些人都是打獵的好手，有很豐富的圍獵經驗，精於獵術，他們可以在任何地方進行圍捕。康熙皇帝除去自己的隨從外，大約有二千名獵手，在山裡成群的野獸中，他們一共捕殺了大約四十隻麆子和雄鹿，大多數都是被康熙皇帝和兩個皇子射殺的。此外，獵鷹也抓到雉雞、鵪鴰、鵪鶉，最特別的是捉到了張誠從未見過的兩隻火雞。張誠指出，這種鳥之所以叫做火雞，大概是因為牠的眼睛周圍有一圈像燃燒的火苗那樣的短毛，身上其餘的地方都是灰色的，體積比一般的雉雞稍微大一點，其體形和頭都長得像土耳其母雞。

四月二十六日，駐蹕迤鼻谷地方。這裡是峽谷，位於哈齊爾小河旁。張誠指出，在整個路途中，都在狩獵，捕獲了許多雄鹿和麆子，還有一隻豹子。康熙皇帝一箭射中豹身，而後獵人放出獵狗和豹子博鬥。四月二十七日，駐蹕蒙翳谷地方，一路在山中打獵。途中經過了兩座雄偉險峻的高山，這片地帶有大量的雄鹿和麆子，康熙皇帝射殺了幾隻雄鹿和麆子，其餘的都是由獵犬咬死的。

四月二十八日，駐蹕秀峰之北上都河岸。康熙皇帝前往山邊狩獵，當地蒙古人圍住了大量的雄鹿和麆子，康熙皇帝和皇子各射殺了幾隻。張誠指出，康熙皇帝沿途打獵，毫不知疲倦，不斷地張弓射箭，他每天要更換八至十五匹坐騎。四月二十九日，駐蹕榆山口。沿途邊走邊打獵，走了二十里路，因地形開闊，只有小山，可獵的野獸少了很多，只獵到了一些麆子和兔子。四月三十日，沿途經過多沙又崎嶇的地方，四處佈滿山石和荊棘，康熙皇帝命隨從敲打灌木，驚動野兔，讓皇子們射鹿。走過許多小山和沙石丘陵後，到達多倫諾爾，這裡是一個大平原。多倫諾爾，意即「七湖」，《起居注冊》作「七溪」，康熙皇帝親自選定駐蹕宿營地點。五月初二日，喀爾喀土謝圖汗等進行幄朝見會盟。會盟典禮結束後，康熙皇帝還駕。五月初七日，駐蹕福延山。五月初八日，駐蹕湧泉。宿營地是在一個山峽的入口處，蒙古語稱此地為「水源」。《張誠日記》記載，一路圍獵，獵手還放出了皇帝的灰獵狗，咬死了不少羊。這一天，康熙皇帝和兩個皇子射中了大約五、六十隻的羊。《起居注冊》記載，是日，康熙皇帝賞賜八旗漢軍火器營兵牛羊，其中所賜的羊，似乎就是當日所獵獲的羊隻。

五月初九日，駐蹕饒峯，宿營地位於群山之中，名叫土坡地，沿途獵取麅子和鹿。五月十一日，駐蹕達瑚里屯，途中經過寬闊的山谷。沿途打獵，獵獲鹿、兔和麅子。圍獵結束後，康熙皇帝將自己和皇子的獵獲物分賜組成圍圈的官兵。五月十二日，駐蹕白塔附近黃旗營。是日清晨時分，康熙皇帝便出去獵虎，他用火繩鎗只開一鎗就打死了一隻。第二隻是母老虎，先被康熙皇帝開鎗打傷，然後被一個持短矛的士兵殺死。五月十三日，駐蹕古北口城內，途中乘坐小船，走水路。康熙皇帝在船上射中了一些鳥和野兔。五月十八日卯時，即上午五點至七點，康熙皇帝等回京，由東直門進東華門。康熙皇帝前往漠北外蒙古喀爾喀多倫諾爾會盟，在往返途中行圍狩獵，收穫豐富，一方面訓練士兵騎射本事，一方面自己健身鍛鍊，《張誠日記》的記載，具有高度的史料價值。

親征朔漠與行圍狩獵

清朝初年，天山北路為準噶爾所據，南路為回部所據。康熙年間（1662-1722），準噶爾部噶爾丹汗崛起，與俄羅斯建立密切的關係，求借援兵，購置軍火，屢次侵犯喀爾喀、哈密，窺伺青海，潛兵入藏。康熙皇帝於康熙二十九年（1690）、康熙三十五年（1696）、康熙三十六年（1697）三次御駕親征噶爾丹。康熙皇帝於往返途中，多舉行狩獵活動。

　　康熙皇帝於康熙三十五年（1696）十月初七日駐蹕胡魯蘇台。是日，斃兔三隻。是月初八，駐蹕磨海圖，兔少，捕獲狐狸五隻。初九日，駐蹕喀喇烏蘇，兔少，有狐狸，雉有數隻，鹿甚多，斃三隻。初十日，駐蹕察罕布喇克。十一日，駐蹕喀喇和碩，其地形頗似木蘭圍場，諸獸均有。十二日，駐蹕白塔前，地不平坦，兔較少，狐狸數隻，雉甚豐富，鼢鼠洞多。十三日，至歸化城。《親征平定朔漠方略》記載一段諭旨，略謂「向來聞張家口外甚寒，自今觀之，頗覺和暖，河亦未凍，或一處始有薄冰，草雖黃而草根尚有青色。夜間帳幕中不必燃火，人服綿衣皮掛者甚多。聞他年亦不如此，較之哨鹿之地，甚為溫暖。朕行蒙古地方多矣，似此佳處，未之見也。此皆聖祖仁皇帝幸歸化城時所指之地，遺於子孫，牧圉日增，孳息日盛也宜哉！圍獵時觀之，兔雖不甚多，亦不稀少，地極平坦。」

　　康熙皇帝駐蹕黃河岸邊，即於各處行圍狩獵，尤其對鄂爾多斯等地的生態環境及其圍獵情形，頗多描述。據《親征平定朔漠方略》記載諭太子的內容，頗為詳盡。「諭皇太子曰：二十七日，駐蹕於麗蘇村。二十八日，駐蹕湖灘河朔，漢人稱此為脫脫城。此即黃河之岸，向彼岸仰射之，朕及皇長子，新滿洲之善射者，射過甚易，波流亦緩，非南方黃河之比，較天津入海河尤狹。二十九日，駐宿。是日早鄂爾多斯之王，貝勒、貝子、公、台吉等俱渡河來見。朕詣河干，將河測量，其闊五十三丈，仰射而過五十餘步。於是登舟，朕與新滿洲逆流舉棹，以試水勢，船猶可行，惟行船之具不佳，不便用力。眾蒙古等皆驚訝，以為此黃河逆流行舟，自我祖宗累世以來所未有，往來過渡試之，斷不致飄往下流。現流冰澌，眾人難以全渡，惟冀其早凍耳。自古以來，過十月下旬，未有不凍者，京師

水泊冰結之日，可記之報聞。自歸化城至黃河岸，一百七十里。自
黃河岸至殺虎口，未經量測。到黃河之日，初覺寒冷，與京師凍河
之日相似。在此衣灰鼠羊裘狐腋，其年老之人，衣略加厚。厄魯特
赤馬一匹，遣送皇太子，馬甚佳，足健而善走又甚調良，以豆飼肥，
更不知若何？又此處喀爾喀所產羊，或係水土之故甚厚，朕故親視
用水烹熟，因候凍河，聞暇無事，親手執刀，去其骨，置匣中馳送，
可恭進皇太后前。三十日、初一日駐宿。初二日早，蒙古等來，報
稱距此地五十里西爾哈地方，今夜凍冰二段，每段有一里餘，我等
官長皆以為奇，特遣我來，今已眾人行走試看，若可渡，即來奏聞。
於是令嚮導官特固斯等往視。又念此時若送盛京所進之物，驛遞勞
苦。朕此處各種食物皆有，但鹿尾，鹿舌各五十，鱖魚、鯽魚、赭
魯魚到時送少許。至其他大魚腥，朕所不食，野雉亦勿送來，此地
多而且肥。橘子、柑子等物雖到，亦勿送來，果麵諸物，此地自寧
夏取來，食之甚佳，雖御用好麵，製為餅餌，以之相比，猶覺稍黑
而硬。寧夏之麵，白而柔細，雖多食亦易化。葡萄亦佳，其名公領
孫，大葡萄之蒂，環繞有小鎖子葡萄。曩時常食鎖子葡萄，而未見
其如此結實，亦覺奇異。產梨亦佳。初三日早，遣人渡河，將鄂爾
多斯王、貝勒、貝子、公等所獻良馬一百二十二匹內四十匹，所獻
常馬三百匹內一百二十匹，今驅赴黃河彼岸，馬鞍從船渡。過渡時，
見冰凌貼於兩岸，河水比朕初到日不同，水波不興，與渡暢園之河
相似。截流徑渡，兩岸蒙古等，俱合掌稽首，相與約誓云：此乃我
等累世所居之地，此河尚且如此效靈，更有何人，於我皇上之前，
敢萌異志，於是乘其馬，歷二時，布小圍三次。果鄂爾多斯之地言
語不虛，圍獵嫻熟，雉兔復多。此地雖有沙岡，然皆平阜，草多叢
生，馳騁並無可慮。朕自幼聞鄂爾多斯之兔，今親見之。圍獵畢，
申時照前渡河。至駐蹕處，日暮時，庫斯等來奏，從西爾哈地方，

河之上流皆凍，伊等往來渡試，不致阻誤。朕於初日駐宿。初五日，向西爾哈渡處移營觀之，輜重可渡則渡，若稍可虞，則駐宿一二日，此等事，俱繕寫奏聞皇太后，宮中咸令聞之。」

　　康熙三十五年（1696）十月二十七日，康熙皇帝駐蹕麗蘇村。對照滿文，句中「村」，滿文讀作 "baising"，漢字譯作「栢興」，係蒙古語，意即固定房屋村落。在麗蘇村一帶，兔隻不多。二十八日，駐蹕湖灘河朔，此地即脫脫城，附近地方，兔亦不多。十一月初二日，駐宿脫脫城，距脫脫城東南十五里沙丘，野兔豐盛。康熙皇帝與同來的綠營步行圍獵，兔極多。康熙皇帝執持皇太子遣送的叉子箭，射殺四十隻，眾人共殺三百隻。是月初三日，康熙皇帝在鄂爾多斯圍獵時，射殺兔約五十隻，阿哥等射殺二十隻。康熙皇帝在諭旨中指出，鄂爾多斯的兔隻，有重達五斤者，其四斤八兩以上者頗多。

　　康熙三十五年（1696）十一月十二日，駐蹕華拖羅海。兔、雉很多，康熙皇帝指出，「朕四十多歲，何處未行，未見兔如此多。」他設雙層圍，放圍時不分主僕，各自射獵。康熙皇帝射殪一百三十八隻，大阿哥射殪五十九隻，三阿哥射殪五十五隻，八阿哥射殪五十隻，裕親王射殪二十隻。統計，在圍場共殪兔一千五百五十六隻。因處處有兔，故鄂爾多斯人多以兔為食，雖食米不足，絕不致飢餓。康熙皇帝指出，往昔鄂爾多斯人將兔隻售與邊關漢人，一隻兔值二個銅錢，如今一隻兔值六、七個銅錢，較前貴三倍。

　　圍獵所過之地，兔隻仍多。十一月十三日，設雙層圍，雉少兔多。康熙皇帝射殺兔八十三隻，大阿哥射殺兔四十一隻，三阿哥射殺兔四十三隻，八阿哥射殺兔三十九隻，行圍眾人共殪兔一千四百四十二隻。十一月十六日，駐蹕吉格蘇泰，設雙層圍圈，雉、兔甚多，康熙皇帝殪兔一百二十二隻，大阿哥殪兔五十九隻，三阿哥殪兔五十五隻，八阿哥殪兔五十四隻，裕親王殪兔二十二隻，行圍眾人殪兔一千二百十五隻，不包括蒙古人獵獲之數。十一月十八日，駐蹕折固思台，是日，康熙皇帝照前圍獵，殪兔一百三十二隻，大阿哥殪兔五十九隻，三阿哥殪兔五十四隻，八阿哥殪兔五十二隻，裕親王殪兔十五隻，康熙皇帝等人及圍場眾人所殪之兔合計共二千六十一隻。十一月二十日，未移牧場；照前圍獵，兔多雉少，康熙皇帝殪兔一百三十隻，大阿哥殪五十八隻，三阿哥殪六十隻，八阿哥殪五十九隻，裕親王殪十隻，康熙皇帝等人及圍場眾人合計共殪一千五百三十隻。康熙皇帝指出，鄂爾多斯地方，近似京師海子南，沙丘片片，樹木亦多，塵埃相同，惟欠缺水，兔、雉處處皆有，因地方距邊口較近，較京城暖和。康熙皇帝行圍狩獵的活動，足以說明他的身體矯健，騎射技術精湛。圍場中的許多獵人，經過連日狩獵，無不手指腫脹而力竭了。

巡幸塞外與行圍狩獵

避暑山莊又稱熱河行宮，是清朝皇帝巡幸塞外的行宮，始建於康熙四十二年（1703)，康熙五十年（1711)，已經初具規模，乾隆五十七年（1792)，全園告竣，歷時八十九載，是一座規模宏大，風景秀麗的宮廷園囿。在避暑山莊以北一百多公里喀喇沁、翁牛特等部牧場一帶也被闢為木蘭圍場。

避暑山莊的建造和木蘭圍場的開闢，都有一定的政治目的。這裡森林茂密，河流縱橫，氣候溫和，水土美好，很適合避暑、行圍練兵，康熙、乾隆諸帝常巡幸塞外，舉行秋獮活動，也在這裡處理國家政務，各行宮就是清室的夏宮。

避暑山莊和木蘭圍場的建造，對中國的鞏固和統一起了聯合的作用；山莊是處理國家政務的第二個政治中心，圍場是行圍較射的最大習武場所。康熙皇帝、乾隆皇帝出口行圍，不是為了打獵尋樂，而是練習騎射，不忘武備，聯誼蒙古及其他少數民族，木蘭圍場的建造也是出於一種政治上的考慮，開闢木蘭圍場就是清廷肄武綏藩的戰略決策。康熙二十二年（1683）規定，每年行圍派兵一萬二千名，分為三班，一次行獵，撥兵四千，並令宗室及各部院大臣隨行。分班隨圍的還有青海蒙古、喀爾喀蒙古、內扎薩克四十九旗王公貴族、察哈爾八旗的蒙古官兵[1]。

　　通過木蘭秋獮活動，逐步成為清廷加強對蒙古行政管理的一項重要措施[2]。由於口外貧民眾多，為視察蒙古生計，巡幸邊外，就是恩養「赤子」的重要政務之一。《起居注冊》康熙二十八年（1689）八月初十日記載，是日辰時，康熙皇帝巡幸邊外，啟行時傳集大學士等，令奏事敦柱傳諭說：「前諸王大臣以朕躬積勞致病，宜往外調攝，再三惓惓叩請。朕允其言，今往邊外養病，恐不知者謂朕借此嬉遊。且今歲亢旱，穀食不登，朕沿途省觀田畝，愈增煩悶耳。」[3]康熙皇帝到邊外養病，同時省觀田畝，確非借此嬉遊。是月十三日，駐蹕鞍匠屯，夜晚，傳集內大臣等，令侍衛馬武傳諭說，「前諸王大臣以朕為歲旱，抑鬱靡寧，兼遇喪事，體加勞瘁，再三懇請行幸郊外，以養朕躬，朕允所請而行。前以內地田禾被旱致荒，遣官往察。今觀口外田畝，亦因旱無收，故朕於此處人民皆賞以銀兩。又聞此間馬斃甚多。恐無知者不識朕來養病，謂來此嬉遊，朕是以旋迴口內，行數日即還矣。」[4]

　　口外田畝，因旱無收，災民皆賞以銀兩，以補助貧民。八月十四日，駐蹕正紅旗營。為賑濟貧苦蒙古各部落，康熙皇帝親撰諭旨，

1 成常福等：〈木蘭圍場〉，《故宮博物院院刊》，1986年第二期（北京，紫禁城出版社，1986年5月），頁28。

2 張羽新：《避暑山莊的造園藝術》（北京，文物出版社，1991年1月），頁42。

3 《清代起居注冊》，第二十五冊（北京，中華書局，2009年9月），頁B012659。

4 《清代起居注冊》，第二十五冊，頁B012663。

選擇賢能官員，分遣蒙古諸處，察其實不能存活，極其窮困者，一面令帶人夫車輛駱駝而來，何旗於何口相近，即以就近口上所收糧食酌量發給，「則所需之糧不至萬斛，而眾蒙古之感戴無窮矣。」康熙皇帝賑濟口外貧民，使蒙古不致饑餓流離，使眾蒙古感恩無盡。為說明康熙皇帝秋獮木蘭的情形，可以根據《起居注冊》、《欽定熱河志》等資料，列出行程統計表如下：

康熙年間秋獮木蘭統計表

年　　分	啟蹕日期	迴蹕日期	日　　期	備　　註
16（1677）	9.18	9.28	11	
20（1681）	4.5	5.24	50	
22（1683）	6.24	7.20	57	閏六月
23（1684）	6.9	8.12	64	
24（1685）	6.21	8.29	70	
25（1686）	8.3	8.21	19	閏四月
26（1687）	8.7	9.1	26	
27（1688）	8.3	9.18	47	
28（1689）	8.15	9.7	24	閏三月
29（1690）	7.20	7.23	4	
30（1691）	4.29	5.6	8	閏七月
30（1691）	8.13	9.6	25	
31（1692）	8.16	8.26	11	
32（1693）	8.28	9.12	16	
33（1694）	7.29	9.8	42	閏五月
34（1695）	8.9	8.26	18	
36（1697）	9.28	10.7	10	閏三月
38（1699）	閏7.23	8.30	39	閏七月
39（1700）	8.3	9.2	31	
40（1701）	12.7	12.13	7	
41（1702）	7.3	8.9	38	閏六月
42（1703）	7.27	8.24	29	

43（1704）	8.8	9.14	38	
44（1705）	7.18	12.14	41	閏四月
45（1706）	7.25	7.17	24	
45（1706）	12.4	12.14	11	
46（1707）	7. 2	7.17	16	
47（1708）	7.21	9. 9	50	閏三月
48（1709）	7.29	8.11	14	
49（1700）	閏7.21	8.24	35	閏七月
49（1710）	11.28	12.12	15	
50（1711）	7.29	9. 3	37	
51（1712）	8. 2	9.13	43	
51（1712）	12. 3	12.19	17	
52（1713）	7.21	9. 7	49	閏五月
53（1714）	8. 6	9.14	40	
53（1714）	12. 5	12.15	11	
54（1715）	8.10	9.16	38	閏三月
55（1716）	7.26	9. 3	40	
56（1717）	8. 1	9.12	43	
57（1718）	8.12	9. 2	22	閏八月
58（1719）	8.10	9.14	36	
59（1720）	8.04	9.14	42	
60（1721）	7.20	9. 3	46	
61（1722）	8. 3	9. 2	31	
合　計			1385	

資料來源：《清代起居注冊》；《欽定熱河志》。

　　康熙皇帝到木蘭圍場行圍，除扈從大臣官兵外，蒙古各部亦隨行圍獵，木蘭圍場就是滿洲、蒙古的共同獵場，每次行圍，無不豐收。《起居注冊》、《欽定熱河志》等含有豐富的行圍記錄。如前列簡表可知康熙年間，共有 45 次行圍，合計日數為 1385 天，每次平均為 30 天強，有秋圍和冬圍之分，秋圍多在七、八月間啟行，九月間返回避暑山莊。冬圍多在十一、十二月間舉行。《起居注冊》詳細記錄獵獲虎、豹、熊、野豬的數目。例如康熙二十二年（1683）六月二十四日，在荊谿南山行獵，殪1虎。七月十九日，在鞍匠屯東北偏嶺行獵，殪1虎。次日，獵於多欒嶺，殪1虎。二十六年（1687）八月初七日，駐蹕青城，是日行圍，射殪2虎。二十七年（1688）九月初九日，射野豬1隻，分賜扈從內大臣、都統、尚書、前鋒統領等。三十九年（1700）八月初三日，駐蹕喇嘛洞，是日行圍，殪熊1隻。四十五年（1706）十二月初四日，駐三道河，是日行圍，手殪1虎，初五日，駐蹕中六溝，是日行圍，手殪1虎。初六日，駐蹕二溝，手殪1虎。初八日，駐蹕黃土坎，手殪1虎。初九日，駐蹕熱河上營，手殪1豹。初十日，駐蹕喀喇和屯，手殪1虎。十三日，駐蹕鞍匠屯，手殪2豹。十四日，駐蹕三岔口，手殪1虎1豹。半個月內，手殪虎6隻，豹4隻。

康熙皇帝巡幸塞外行圍表

年　月　日	駐　蹕　地　點	備　註
三十九年八月二十九日	扎哈烏里雅蘇台	殪熊一
三十九年九月初二日	汗特穆爾達巴罕昂阿	殪虎一
四十年十二月初七日	七溝	殪虎一
四十年十二月初十日	喀喇河屯	殪虎一
四十年十二月十三日	兩間房	殪豹二
四十一年七月初三日	熱河	
四十二年七月二十七日	熱河	
四十三年八月初八日	喀喇河屯	
四十四年七月十八日	喀喇河屯	

四十五年七月二十五日	喀喇河屯	
四十五年十二月初四日	三道河	殪虎一
四十五年十二月初五日	中六溝	殪虎一
四十五年十二月初六日	二溝	殪虎一
四十五年十二月初八日	黃土坎	殪虎一
四十五年十二月初九日	熱河上營	殪豹一
四十五年十二月初十日	喀喇河屯	殪虎一
四十五年十二月十三日	恩額穆噶山	殪豹二
四十五年十二月十四日	三岔口	殪虎一、豹一
四十七年七月二十一日	喀喇河屯	
四十八年七月二十九日	熱河	
四十九年三月二十日	熱河	
五十年七月二十九日	熱河	
五十一年八月初二日	熱河	
五十二年七月二十一日	熱河	
五十三年八月初六日	熱河	
五十四年八月初十日	熱河	
五十五年七月二十六日	熱河行宮	
五十六年八月初一日	熱河	
五十七年八月十二日	熱河	
五十八年八月初十日	熱河	
五十九年八月初四日	熱河	
六十年七月二十日	熱河	
六十一年八月初三日	熱河	

資料來源：《欽定熱河志》卷十四，見《欽定四庫全書》（臺北，
　　　　　國立故宮博物院，史部地理類，文淵閣）。

康熙皇帝巡幸塞外期間，多舉行哨鹿行獵活動。由前列簡表可知康熙皇帝巡幸塞外行圍的地點及其所獵獲的野獸。譬如：康熙三十九年（1700）八月二十九日，駐蹕扎哈烏里雅蘇台，是日行圍，殪熊一隻。同年九月初二日，駐蹕汗特穆爾達巴罕昂阿。句中「達巴罕昂阿」，滿文讀作"dabagan angga"，意即「嶺口」。是日行圍，殪虎一隻。四十年（1701）十二月初三日，康熙皇帝出喜峯口。是月初七日，康熙皇帝駐蹕七溝，是日行圍，殪虎一隻。初十日，駐蹕喀喇河屯，是日行圍，殪虎一隻。十三日，迴駐兩間房，是日行圍，殪豹二隻。

康熙四十五年（1706）十一月二十日，康熙皇帝啟蹕，謁孝陵，再幸熱河。是月三十日，出喜峯口。十二月初四日，駐蹕三道河，是日行圍，殪虎一隻。初五日，駐蹕中六溝，是日行圍，殪虎一隻。初六日，駐蹕二溝，殪虎一隻。初八日，駐蹕黃土坎，是日行圍，殪虎一隻。初九日，駐蹕熱河上營，是日行圍，殪豹一隻。初十日，駐蹕喀喇河屯，是日行圍，殪虎一隻。十三日，駐蹕恩額穆噶山，是日行圍，殪豹二隻。十四日，駐蹕三岔口，是日行圍，殪虎、豹各一隻。

康熙五十八年（1719）四月十一日，康熙皇帝啟蹕巡幸塞外，十九日，出古北口。二十五日，至熱河行宮。八月初十日，自熱河啟鑾行圍。十九日，駐蹕土城。是日諭御前侍衛等曰：

> 朕於騎射哨鹿行獵等事，皆自幼學習，稍有未合式處，侍衛阿舒默爾根，即直奏無隱。朕于諸事諳練者，皆阿舒默爾根之功，迄今猶念其誠實忠直，未嘗忘。朕自幼至今，凡用鳥鎗弓矢獲虎一百三十五，熊二十，豹二十五，猞猁猻十，麋鹿十四，狼九十六，野猪一百三十二，哨獲之鹿凡數百。其餘圍場內隨便射獲諸獸，不勝記矣。朕曾於一日內射兔三百

一十八。若庸常人畢世亦不能及此一日之數也。朕所以屢諭
爾等者，以爾等年少，宜加勤學，凡事未有學而不能者。朕
亦不過由學而能，豈生而能者乎[5]？

由引文可知康熙皇帝自幼即開始學習騎射哨鹿行獵，因此，每當行
圍狩獵，無不滿載而歸。

　　對照《起居注冊》，康熙三十九年（1700）八月二十九日，康
熙皇帝「是日上行圍，殪一熊」，記載相合，惟其駐蹕地點是在驛
騮楊川，駐蹕地點不合。同年九月初二日，《起居注冊》記載「上
駐蹕可汗鐵嶺口。上行圍，殪一豹」，內容頗有出入，行圍殪豹，
不是虎。駐蹕地點「可汗鐵嶺口」，亦即「汗特穆爾達巴罕昂河」，
句中「特穆爾」音譯又作「鐵木爾」，地點相合。

　　康熙四十年（1701）十二月初七日，《起居注冊》記載，「是
日，上行圍，殪一虎。駐蹕七溝里。」行圍殪虎，記載相合，惟其
駐蹕地點是在「七溝里」，不作「七溝」，稍有出入。《欽定熱河
志》記載十二月初十月壬戌，行圍，殪虎，駐蹕喀喇河屯。十三日
乙丑，行圍，殪豹二，迴駐兩間房。據《起居注冊》記載，「初十
日壬戌，上駐蹕雙黃寺。十一日癸亥，上駐蹕喀喇城。是日，上行
圍，殪一虎，即以所殪之虎賜孝陵侍衛鄂羅令為茵。」「十三日乙
丑，上駐蹕兩間房，是日，上殪二豹。」「喀喇河屯」，滿文讀作
"kara hoton"，意即「黑城」，《起居注冊》作「喀喇城」，駐蹕
地點相合，但是，行圍殪虎，是在十二月十一日。

　　除了地域行圍獵獸外，還有水圍捕魚的活動。康熙四十五年
（1706）五月二十一日，康熙皇帝巡幸塞外，命皇長子胤禔、皇十

---

5 《欽定熱河志》，卷十四，見《欽定四庫全書》（臺北，國立故宮博物院），
　史部地理類，文淵閣。

三子胤祥、皇十五子胤禑、皇十六子胤祿等隨駕，自暢春園啟行，六月十三日，駐蹕喀喇河屯。當地山水秀麗，捕獲的魚類，每次或七、八千條，或一萬七千六百餘條，為數可觀。七月初二日，自唐三營至張三營，獲魚類甚多，包括：細鱗白一千四百二十條、鯽魚七百七十三條、重唇魚四十五條、柳根池魚四千五百七條、鮻魚一千七百五十四條、雜小魚九萬六千三百條，共計十萬四千七百九十九條。康熙皇帝將白芝麻油炸細鱗白五十條、生整細鱗白五十條、猪油炸細鱗白一百五十條、交總管太監進呈皇太后。康熙皇帝等一日打魚二十里，重量三、四千斤。除水圍外，先後於喀奇察干果爾昂阿、喀奇爾上黃旗噶山等地射殪虎多隻，獲雉數百隻。

據《欽定熱河志》記載，康熙四十五年（1706），「是年十一月甲戌，上啟蹕恭謁孝陵，再幸熱河。甲申，出喜峯口。十二月戊子，行圍，殪虎，駐蹕三道河。己丑，行圍，殪虎，駐蹕中六溝。庚寅，行圍，殪虎，駐蹕二溝。壬辰，行圍，殪虎，駐蹕黃土坎。癸巳，行圍，殪豹，駐蹕熱河上營。甲午，行圍，殪虎，駐蹕喀喇河屯。丁酉，行圍，殪豹二，駐蹕恩額穆噶山。戊戌，行圍，殪虎一、豹一，駐蹕三岔口。」據《起居注冊》記載，是年十一月二十日甲戌，「是日，上詣寧壽宮問安。辰時，上以巡幸北邊，由午門出正陽門，至南苑舊宮駐蹕。」三十日甲申，「上出喜峯口，駐蹕孟子嶺。」十二月初四日戊子，「上駐蹕三道河。是日，上手殪一虎。」初五日己丑，「上駐蹕中六溝。是日，上手殪一虎。」初六日庚寅，「上駐蹕二溝裏。是日，上手殪一虎。」初八日壬辰，「上駐蹕黃土坎。是日，上手殪一虎。」初九日癸巳，「上駐蹕熱河。是日，上手殪一豹。」初十日甲午，「上駐蹕喀喇城。是日，上手殪一虎。」十三日丁酉，「上駐蹕鞍匠屯。是日，上手殪二豹。」十四日戊戌，「上駐蹕三岔口，上手殪一虎、一豹。」對照《起居注冊》的記載後可知《欽定熱河志》的內容彼此相合，獵獲諸獸名目，基本相同。其駐蹕地點，或因同音異譯，而稍有出。其中「二溝」，《起居注冊》，或作「二溝里」，或作「二溝裏」；「熱上營」，似即「熱河上營」；「鞍匠屯」，規範滿文讀作"enggemu faksi gašan"《欽定熱河志》據滿文讀音譯出漢字作「恩額穆噶山」，滿文讀作"enggemu gašan"，脫落「匠」（faksi）。大致而言，《欽定熱河志》記載康熙皇帝行圍獵獸的內容，可信度頗高。康熙四十六年（1707）六月初六日，康熙皇帝巡幸塞外，命皇太子胤礽等隨駕，自暢春園啟行。七月初二日，駐蹕熱河上營。康熙皇帝行圍狩獵捕魚的地點，主要在喀喇和屯(kara hoton)，意即黑城等地。是年八、九月間，圍獵諸獸，包括：猪、鹿、麎子、天馬、堪達漢、白肚鱒魚、細鱗白魚等。其中堪達漢（kandahan），是一種駝鹿，又名四不像，一隻重達七百七十五斤。此外，還有虎、豹，可謂豐收，滿載而歸。

　　康熙皇帝能在一日之內，射兔三百一十八隻，平常之人，雖然終生亦不及康熙皇帝一日之數，康熙皇帝的自述，並非溢美之詞，一方面反映北亞的生態環境，一方面反映滿洲八旗的騎射傳統技術，康熙皇帝也喜歡塞外的氣候水土。康熙四十八年（1709）七月二十九日，康熙皇帝行圍，命皇太子胤礽等隨駕。自熱河啟程，駐蹕喀喇和屯。八月二十八日，駐蹕鄂爾沁哈達地方。是日，諭內大臣等曰：「朕自熱河啟行之時，因身體虛弱，思擇水土佳處，游行調養而來，不意即能乘馬行圍，略不疲困，雖肌體未復原，而寢食固已如舊矣，特諭爾等知之。」皇三子胤祉等具摺請安，原摺奉硃批：「近來朕體日見大安，亦能上山，仍不覺累，飲食亦俱增。」康熙皇帝善於養身，常藉巡幸塞外，遊覽勝地，欣賞地方美景，身心舒暢，加速恢復健康。康熙皇帝巡幸塞外，確實具有重要意義。

王公習射圖

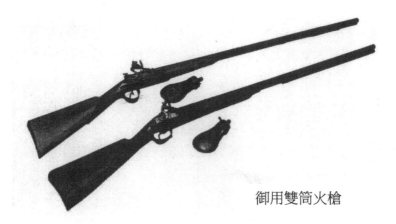

御用雙筒火槍

《康熙帝便服半身像》軸　　　《康熙帝朝服像》軸

鹿角椅　　　　　　　《康熙帝西洋版畫像》

避暑山莊璽文↑　　御筆避暑山莊匾額↓

《桐蔭行獵圖》卷

灑掃當差
── 清朝康熙年間的宮中太監

明季太監的惡跡

　　太監是我國君主時代宮中的閹人，其身分低下。探討明清宮廷史，太監在宮中的活動，却不容忽視。明初洪武年間（1368-1398），雖鐫「內臣不得干預政事，預者斬」的鐵牌，惜其子孫未能遵守。天聰八年（1634），《大清太宗文皇帝實錄》初纂本記載，「明朝皇帝不知人民死亡殆盡，尚自驕盈，大臣貪財欺詐者甚多。又令太監分布各省，欺凌武官，索取財物。」寧遠鎮總兵袁崇煥的冤死，就是太監陷害忠良的一則故事。《明史‧袁崇煥傳》有一段記載，「會我大清設間，謂崇煥密有成約，令所獲宦官知之，陰縱使去。其人奔告於帝，帝信之不疑。十二月朔，再召對，遂縛下詔獄。」袁崇煥既死，邊事無人，明亡指日可待。

　　清初君臣對明季太監劉瑾、魏忠賢等人的惡行，知之甚詳。其中魏忠賢是肅寧人，《明史》記載魏忠賢的出身，「少無賴，與群惡少博，不勝，為所苦，恚而自宮。」天啟年間（1621-1627），宮中稱呼魏忠賢為老伴，凡事都由魏忠賢掌控。順治元年（1644）十月間，戶科給事中郝傑已指出，「刑餘宦寺，特備灑掃，供使令耳，從不敢於大庭廣眾之中，與朝臣齒。明洪武時，中官不許識字，誠慎之也。輓末寵任廠衛，遂貽杜勳、閻思印、邊永清等開門迎賊之禍。」順治二年（1645）六月間禮部左侍郎孫之獬亦稱，「故明宦臣杜勳，嚇君惑眾，傾民社稷」。康熙皇帝自己說過，崇禎末年，「去朕降生之年十有一載，明萬曆時太監，以及官員，朕俱曾任使，伊等曾向朕奏過。」又說：「朕自沖齡，即每事好問。明時太監，朕皆及見之，所以彼時之事，朕知之甚悉。」「明季事蹟，卿等所知，往往皆紙上陳言，萬曆以後所用內監，曾有在御前服役者，故朕知之獨詳。」

《明朝宮史》記載，端門左九廟即外太廟，其地不許畜犬。萬曆年間（1573-1620），掌印杜用養一隻獬狄小狗，最為珍愛。東廠李太監訪知後，指為違禁不敬，聲稱欲行參奏，用費千餘方得免。康熙皇帝喜歡講明朝太監的故事，他說：「聞有一主，偶行殿上失足，眾太監歸罪於石，議笞石數十。又偶乘馬而墮，亦議責馬數十板，闇昧若此，宜為此輩窺伺愚弄也。」他又說：「明季所行，多迂闊可笑，建極殿後階石，高厚數丈，方整一塊，其費不貲，採買搬運至京，不能舁入午門。運石太監參奏此石不肯入午門，乃命將石綑打六十御棍。崇禎嘗學乘馬，兩人執轡，兩人捧鐙，兩人扶鞦，甫乘，輒已墜馬，乃責馬四十，發苦驛當差。馬猶有知識，石何所知，如此舉動，豈不發噱。總由生於深宮，長於阿保之手，不知人性物理故也。」拿石頭出氣，是太監的童穉行為，迂闊可笑。

康熙三十三年（1694）閏五月十四日，康熙皇帝御暢春園內澹寧居聽政，面諭大學士伊桑阿等人云：「朕觀古來太監，善良者少，要在人主防微杜漸慎之於始。苟其始縱容姑息，侵假事權，迨其勢既張，雖欲制之，亦無如何。如漢之十常侍，唐之北司，竊弄威權，甚至人主起居服食，皆為所制，此非一朝一夕之故，由積漸使然也。」大學士伊桑阿奏稱，「太監善類絕少，歷代多受其害，惟我皇上法度嚴明，貽謀深遠，此輩止令灑掃服役，毫不假以辭色，真得防微杜漸之道，超越前古萬倍。」康熙年間的太監，不敢橫行，止令在宮中灑掃當差。

明朝的敗亡，在清朝初年，是一個熱門話題。康熙四十二年（1703）四月二十三日辰刻，康熙皇帝御暢春園內澹寧居聽政，將明季太監魏忠賢的惡跡告知大學士馬齊等人云：「太監魏忠賢惡跡，史書僅書其大略，並未詳載。其最惡者，凡有拂意之人，即日夜不令休息，逼之步走而死；又併人之二大指，以繩拴而懸之於上，兩足不令著地，而施之以酷刑。明末之君多有不識字者，遇講書，則垂幔聽之。諸事皆任太監辦理，所以生殺之權，盡歸此輩。」大學士張玉書奏稱，「此明之所以敗亡也。」太監魏忠賢等以司禮監秉筆，生殺予奪，任所欲為，遂致乾綱不振，明臣宦官流毒事蹟，殊堪痛恨。

康熙皇帝對明朝的覆亡，是亡於太監的論點，並不同意。他指出，「宦官為害，歷代有之，明之王振、劉瑾、魏忠賢輩，罪惡尤甚。崇禎時，誅鋤閹黨，極為善政。但謂明之亡亡於太監，則朕不以為然。明末朋黨紛爭，在廷諸臣，置封疆社稷於度外，惟以門戶勝負為念，不待智者知其必亡，而以國祚之顛覆，盡委罪於太監，謂中璫用事之故，烏得為篤論耶？朕宮中所用太監，此令供灑掃奔走之役，一嚬一笑，從不假借，所以三十年來，太監皆極貧乏，有不能自給者，爾諸臣想亦悉知朕非信用太監之主，故惟朕可為此言。」康熙年間宮中所用太監，止令供灑掃當差効力，其一嚬一笑，從不假借，防患未然，殷鑑不遠。

清宮各處太監的設置及其職責

清初君臣，鑒於明季太監的惡行，對宮中太監的約束，頗多討論。順治元年（1644）十月，戶科給事中郝傑指出，「刑餘宦寺，特備灑掃，供使令耳，從不敢於大庭廣眾之中，與朝臣齒。」順治十二年（1655）六月二十八日，清世祖順治皇帝為嚴禁太監犯法干政，特鑄鐵牌，立於十三衙門等處，後以木牌抄掛於執事太監等處。其鐵牌內容云：「皇帝敕諭，中官之設，雖自古不廢，然任使失宜，遂貽禍亂。近如明朝王振、汪直、曹吉祥、劉瑾、魏忠賢等，專擅權威，干預朝政；開廠緝事，枉殺無辜；出鎮典兵，流毒邊境；甚至謀為不軌，陷害忠良，煽引黨類，稱功頌德，以致國事日非，覆敗相尋，足為鑒戒。朕今裁定內宮衙門及員數職掌，法制甚明。以後但有犯法干政，竊權納賄，囑托內外衙門，交結滿漢官員，越分擅奏外事，上言官吏賢否者，即行凌遲處死，定不姑貸。特立鐵牌，世世遵守。」康熙年間，宮中太監，主要是負責灑掃及各種雜役，當差効力。奉命傳諭，就是康熙皇帝身邊常見的差事。

清宮各處太監的設置名額、職責，都有嚴格的規定。其中敬事房的太監，包括：大總管、副總管及太監等，負責遵奉上諭，辦理宮內一切事務，承辦總管內務府各衙門來文、領取外庫錢糧、視察各衙門啟閉、巡看火燭、安全防範、坐更等事。乾清宮太監專司供奉實錄、聖訓、陳設灑掃及御前值更等事宜。端凝殿兼自鳴鐘太監，隨侍御前、負責賞用銀兩、記自鳴鐘時刻、陳設、灑掃、御前值更等事宜。懋勤殿兼本房太監，承值御筆、收掌文具、登記書籍、記注駕幸、御前值更等事宜。昭仁殿太監，負責陳設、灑掃、值更等事宜。弘德殿太監，負責陳設、灑掃、值更等事宜。坤寧宮太監，負責神像的香燭、陳設、灑掃、安全防範、值更等事宜。東暖閣太監，負責陳設、灑掃、值更等事宜。西暖閣太監，負責陳設、灑掃、值更、承應皇后差使。養心殿太監，負責近御隨侍、收掌內庫錢糧、收貯古玩、書畫、陳設、灑掃、御前值更等事宜。重華宮兼建福宮太監，負責陳設、灑掃、值更等事宜。四執事庫太監，負責收貯、保管皇帝御用的冠、袍、帶、履鋪陳寢宮帳幔等物品及值更等事宜。
奏事隨侍處太監,包括:首領、奏事太監、隨侍太監、記注檔案太
監、使令太監等,負責傳宣諭旨、接奏事件、隨侍駕前、值御前更
等事宜。御茶房太監,負責承辦上用茶茗果品、各處供獻、節令宴
會、隨侍值更等事宜。御膳房太監,負責承辦上用膳食、各宮饌品、
各處供獻、節令宴會、隨侍值更等事宜。御藥房太監,負責帶領御
醫問診及值更等事宜。尚乘轎太監,負責承應請轎、隨侍、值御前
更等事宜。

　鳥鎗處太監,負責管理上用鳥鎗、隨侍駕前、御前值更等事宜。
弓箭匠處太監,負責管理上用弓箭、隨侍駕前、御前值更等事宜。
按摩處太監,負責隨侍駕前、御前值更等事宜。古董房太監,負責
收貯古玩器皿及值更等事宜。南書房太監,負責接應、侍候翰林在
內廷出入及值更等事宜。尚書房太監,負責孔子像前的陳設、香燭、
灑掃、值更等事宜。乾清門太監,負責看管御門、晨啟昏閉、管理
出入人員、呈報值宿侍衛名單,御門理事時安設寶座圍屏、陳設、
灑掃、值更等事宜。日精門太監,負責啟閉宮門、安全防範及清掃
地面、值更等事宜。月華門太監,負責啟閉宮門、安全防範、清掃
地面、值更等事宜。景和門、隆福門、基化門、端則門、內左門太
監,負責啟閉宮門、安全防範、清掃地面、值更等事宜。

　內右門太監,負責宮門啟閉,管理御茶房、御膳房人員及太監
的出入,清掃地面、值更等事宜。近光左門、近光右門、遵義門太
監,負責宮門啟閉、安全防範、清掃地面、值更等事宜。蒼震門太
監,負責宮門啟閉、管理祭神房人員出入、清掃地面、值更等事宜。
景仁宮、永壽宮、承乾宮、翊坤宮、鍾粹宮、儲秀宮、延禧宮、啟
祥宮、永和宮、長春宮、咸福宮、齋宮、毓慶宮、祭神房太監,負
責陳設、灑掃、值更等事宜。景陽宮兼御書房太監,負責收貯書籍、

字畫、手卷冊頁及陳設、灑掃、值更等事宜。御花園太監，負責料理斗壇、四神祠香燭、栽培、澆灌花草樹木、餵養仙鶴、池魚及陳設、灑掃、值更等事宜。天穹寶殿太監，負責香燭、灑掃、值更等事宜。祭神房太監，負責祭神、省牲、值更等事宜。中正監太監，負責香燭、灑掃、念經。英華殿太監，負責香燭、灑掃。欽安殿兼城隍廟太監，負責香燭、灑掃等事宜。壽皇殿兼永思殿太監，負責御容前香燭、灑掃、值更等事宜。打掃處太監，負責清掃地面、運水添缸等雜役、值更等事宜。熱水處太監，負責各處安設熟火、擡運木柴、煤炭、宮內燒炕等雜役及值更等事宜。

造辦處太監，負責帶領造辦處外匠造辦一切物件。做鐘處太監，負責帶領做鐘處外匠造辦一切物件。兆祥所兼遇喜處太監，負責清掃地面等事宜。北小花園太監，負責栽培、澆灌花草樹木及清掃地面等事宜。讀清字書房太監，專習清文。讀漢字書房太監，專習漢文。慈寧宮佛堂右門打掃太監、皇子位下太監、公主位下太監、皇孫位下太監、皇孫女位下太監、皇曾孫位下太監，負責灑掃、值更等事宜。壽康宮太監，負責陳設、清掃地面、值更等事宜。

內務府衙門對太監約束甚嚴，凡宮內之事，不許太監向外傳說，外邊之事，亦不許太監向宮內傳說。太監告假，不過一日、兩日。旗下太監，不許在近便隨侍等處當差，只許在外圍熟火打掃處服役。十數年後，服役表現良好，再往內圍挑捕。太監各有身分，新近小太監，不許稱為御前小太監。

嚴禁太監賭博

宮中太監，嚴禁賭博。太監偶然會聚，開場窩賭，初犯沒收賭資，枷號兩個月，責打四十板，發黑龍江為奴，再犯即行正法。太監壓寶誘賭以及鬥鵪鶉、蟋蟀者，其開場與同賭之人，俱照賭博例治罪。

康熙年間（1662-1722），宮中太監賭博案件，屢有破獲。康熙五十六年（1717）三月，霸州民人鄭二前往京城，在西安門內油漆作地方租住一間房子，每月付七百錢，收納擡夫租金。康熙五十七年（1718）三月二十日，太監狄雲、楊宏玉、朱文嘯、楊廷貴四人，每人出二、三百錢，在鄭二家玩牌時被抓，鄭二抽四百錢，搜出許多牌和色子即骰子等賭具。其中狄雲是鑲黃旗包衣劉保柱管領下內務府總管衙門差使的太監。狄雲供認於康熙五十七年（1718）三月十六日，因患病前往寡嫂家養病。三月二十日，病稍癒，寡嫂令其往購修棚杉篙。狄雲經過鄭二家，入屋飲茶時，太監楊宏玉等亦進入坐談。楊宏玉稱，與其徒坐，不如玩牌。在座太監四人在玩牌時被捕。楊宏玉是白靈管領下掌儀司所屬擡轎太監。三月二十日，楊宏玉從暢春園趕車出來，往家中吃飯，其母差楊宏玉前往鄭二家尋找其弟楊三。因楊三不在鄭二家，而與楊廷貴等四人合夥玩牌被捕。朱文嘯是正黃旗包衣安布里管領下清掃中和殿太監。三月二十日，朱文嘯向同鄭二居住一院的王道之處取掃地鋸末，合夥玩牌被捕。楊廷貴是禮部所屬午門上敲鐘太監。三月二十日，楊廷貴離開班，往看鄭二，夥同玩牌被捕。四人夥同賭錢被內務府衙門番子李宏智等訪查捉拏，起出色子四十八個、牌二百五十張、碗一個、筐籮四個、錢一千三百文，一併解送內務府衙門。

署理內務府總管事務郎中董殿邦，慎刑司員外郎鍾保、額勒泰、主事莫爾奇、刑部左侍郎兼署倉場衙門事務兼太僕寺衙門阿錫鼐、督捕司郎中瓜喇等會同審訊賭博太監時所援引的條例要點為：「諸凡賭錢，不分旗、民，各枷號二個月，責百鞭；設賭場抽頭兒之人，容留賭博戶主，若為民人，枷號三個月，杖四十」等情。因此，將容賭的民人鄭二照此例枷號三個月，杖四十。將賭錢太監楊宏玉、朱文嘯、楊廷貴各枷號二個月，責百鞭。其中狄雲亦應照此例治罪，但因狄雲狂暴，絕非改惡安分之人，故從重量刑，籍沒家產，枷號三個月，責百鞭，發往瓮山運草當差。

內務府奏定條例內開：太監等倘有賭錢、酗酒等撒潑鞭以上之罪，將不經查、不嚴管之頭目鞭百，內管領、副內管領罰俸三個月，領催鞭八十等語，因此，將大太監趙國寧等各杖百。又熱河地方將賭錢太監夥長各罰俸一年，據此條例，將內管領劉保柱、白玲、安布里、副內管領克色里各罰俸一年領催七十等各鞭百。順治年間（1644-1661）、康熙初年，節次定例，凡賭博不分兵民，俱枷號兩個月，杖一百。康熙十九年（1680），併纂為通例，「不分兵民」，作「不分旗、民」。

宮中取締太監賭博，節次定例，嚴格禁止。但是步軍統領衙門屢次拿獲賭博太監，先後解付內務總管驗定懲處。譬如：正黃旗包衣何尚管領下灑掃太監李強生病時，有鑲黃旗包衣存柱管領下灑掃太監楊進忠，包衣錢保管領下飯房櫃泔水太監趙錦超、正黃旗包衣訥蘇墾管領下馬甲闊克爾等前往李強家探望時，夥同賭博。步軍統領衙門番子張文昭等衝入拿獲，起出色子六個、碗一個、牌一百二十張、錢三百八十。步軍統領隆科多將所拿獲的賭博太監，送交內務府嚴審懲處。

太監出宮賭博，司空見慣，步軍統領衙門屢有破獲。民人吉慶居住漢人馬廄後面，有馬太監夥同太監趙田裕、郭佩及耿太監在吉慶家玩牌，因為這些太監都在宮中媽媽房內，步軍統領衙門番子不便查拿。

尤金朝是居住皇城內團城東側正黃旗包衣訥蘇肯管領下的太監，有太監王世榮、鄭小四等人在尤金朝家聚賭時，被步軍統領衙門兵丁拿獲。其中尤金朝是團城太監，聚賭時每百錢抽頭五錢，共抽頭一千四百五十錢。王世榮是正黃旗包衣武格管領下御璽房太監，尋隙出宮，與鄭小四等四人聚集玩牌。鄭小四是鑲黃旗包衣碩通國管領下景山內興慶閣太監，尋空出宮，與太監王世榮等在尤金朝家玩牌。此外，有十三陵太監李邦齊携帶銀子十二兩五錢到北京買物，順路前往探望友人尤金朝，側立觀賭時一併被捕。田柱是武格管領下中海太監，携帶銀子十四兩九錢購買皮襖，路經尤金朝家，順便登門看望，一併被捕。張錦超是正白旗包衣雙定管領下南府太監，因給假出宮，順便進入尤金朝家看望，也一併被捕。兵丁在尤金朝身上搜得銀一兩九錢，從王世榮身上搜得銀一兩八錢，自鄭小四身上搜得銀五兩六錢，自李邦齊身上搜得銀十二兩五錢，自田柱身上搜得銀十四兩九錢。同時起出牌一百二十張、錢六十八、算盤一個、戥子二個、筆一枝、硯一方，一併解送內務府衙門。在尤金朝供詞中說明玩牌玩完後，以二千錢折銀一兩給付。尤金朝抽頭，每百錢抽頭五錢，由盧晨東記帳，在帳簿上書寫代號，王世榮寫作「內」字；鄭小四寫作「山」字。此外，霸州民人黃大在西安門內開清茶鋪子，太監王世榮等人在鋪內後屋聚眾玩色子，黃大抽頭。步軍統領衙門將聚賭太監一併拿送內務府。

嚴拿逃走太監

　　內務府對逃走太監的懲辦，十分嚴厲。宮中如有太監逃走，限該處總管在二日內奏報總管內務府，由總管內務府大臣命令番役火速嚴拿。如該處總管逾期不行奏報，一經查出，立即懲辦該總管並迅速行文各有關衙門一齊嚴拿。

　　逃走太監一經拿獲，即由在城內值班之總管內務府大臣審取確供具奏。如在宮內拿獲逃走太監，由總管內務府大臣一員承審具奏。定擬交進後，仍舊派人再加訊問，如所供與事實不符，定將承審之總管內務府大臣懲處不貸。

初次逃走太監投案投回者，責六十板送進當差。發往吳旬的太監若行脫逃，按四次逃走例，責打八十板，發往打牲烏拉給官兵為奴三年。由打牲烏拉脫逃的太監，按照五次逃走例責一百板，發往黑龍江給官兵為奴四年。由黑龍江脫逃者，仍發至黑龍江永遠監禁。

八旗領催，掌管文書記錄及俸餉支付等事宜，滿文讀作 "bošokū"，漢字音譯作「撥什庫」。康熙年間（1662-1722），凌普家太監楊世俊，發配黑龍江，給鑲黃旗協領胡布納佐領下新滿洲撥什庫德伯拉馬為奴。後來楊世俊輾轉逃入京城，在其表叔任定元所租石錢兒胡同房居住。因其家人先後出逃，恐向人泄漏，楊世俊送給任定元八十兩銀子，典居東直門內弓匠營地方。楊世俊因聞知協領胡布納在熱河患病，楊世俊想送衣服、盤纏食物給胡布納及其主子德伯拉馬，所以帶家人前往熱河，後來回到京城。不久後，楊世俊又再次欲赴熱河時被捕。太監楊世俊逃走後，竟往返穿梭於熱河，確實膽大。

康熙五十五年（1716）四月十九日夜間，因惡劣而被二阿哥囚禁於空房內的內太監吳晉朝撬門越獄逃出，當夜值班的貝勒滿都虎、副都統宗室善壽率領章京、護軍校、護軍等查拿。太監吳晉朝藏匿於大門內東廂房後板牌上被捕，即將太監吳晉朝交付內務府看守。

李國泰是熱河太監，因腿疼，向總管太監陳齊泰告假。首領王泰平催他回去，被王泰平謾罵，李國泰與王泰平爭吵，恐被王泰平毆打，於康熙五十五年（1716）四月二十四日逃逸。四月二十七日，藏匿於京城李國泰義兄之女寡婦李氏家中。據李國泰供稱，他曾將衣服以銀八兩當給同一處絲房的蕭姓太監。又供出，車夫創爾、吳爾是李國泰親叔之子，曾向創爾等討取一、二百錢充當盤纏。康熙五十五年（1716）六月二十日，步軍統領衙門番役任齊龍等拿獲李國泰，解送內務府衙門看守。

命案從重量型

律例規定，因事威逼他人自刎者，杖一百，准折鞭百，太監從重量刑。巡幸行圍，太監等奉命看守所騎馬匹。康熙五十五年（1716）四月十九日，是日夜，隨圍鑲黃旗富壽牛条下另戶牽馬披甲坡廉因故自刎。披甲札納，與坡廉同班，據札納稱，由札納旗地共派出披甲十七名，牧丁一名，隨同太監等看守所騎馬匹。另戶披甲坡廉曾與眾人云，隨圍次日，坡廉跟隨的太監李晉朝聲稱其所乘馬疲憊不堪，換乘坡廉所騎佐領下官馬，將疲憊之馬交付坡廉徒步牽行。坡廉因腿疼痛難忍，向李晉朝索取馬匹時，李晉朝執意不還。披甲札納指出，披甲坡廉或因此怨恨而於十九日夜間不知何時，持刀自刎。太監李晉朝供稱：「我臀部生癤，我所乘馬瘦且又頗顛，出圍之次日，因已故披甲坡廉與我好，故我將所乘瘦馬交付坡廉牽行，換乘其所騎之馬，行抵遙亭子後，坡廉向我索要馬匹，我未給還是實，伊為何故自刎，我不得而知。今以我乘其馬而未還之故，伊遂自刎，此乃我之死罪，我無言以對。」署理行在刑部等衙門事務內學士渣克旦等照「凡為某事威逼他人自刎者，則杖一百」律例，審擬李晉朝杖百准折鞭百，仍追取辦喪銀十兩，給亡者家眷，具奏請旨。康熙皇帝批諭：「李晉朝身為太監，將另戶披甲威逼致死，殊屬可惡。這議得輕了，李晉朝著即于熱河枷號三個月，鞭一百。」

齊進忠是鑲黃旗法爾薩管領下太監，太監德爾乎奉十五阿哥之命管事，委任頭目。康熙五十八年（1719）七月十三日，德爾乎因齊進忠誤事，責打五棍，齊進忠甚是怨恨，前往宿處，懷恨被打之事，拾取屋內磚頭，毆打德爾乎右耳根等處，德爾乎跌倒後，齊進忠復取窗支棍，擊打德爾乎頭頂，腦後根處，德爾乎即刻死亡。檢驗德爾乎屍傷，頭頂、腦後根、右鬢角、耳根處，有棍、磚擊傷，腦漿溢出。行在刑部右侍郎劉相等審理齊進忠毆殺德爾乎一案，依故意殺人即擬斬監候之律，應將齊進忠擬罪，惟齊進忠因誤事，因其所管太監德爾乎訓打，齊進忠即毆殺德爾乎，情由可惡，不可依照此律擬罪，應將齊進忠立即斬決，具奏請旨。原摺奉硃批：「此引律竟謬矣，去年牽駝人之案甚明，又有另戶例也，為何俱不曉了。」太監齊進忠情罪重大，應立即斬決，仍應援引另戶例，從重懲處。

革退病殘太監

宮中年邁病殘不能効力的太監，俱須繕摺奏請革退。康熙四十九（1710）十一月初十日，內務府奏報各處年邁病殘太監清單，詳列各處太監姓名、病情等，其史料價值，確實不容忽視。《康熙朝滿文硃批奏摺全譯》詳列年邁病殘太監清單，可據清單列出簡表如下：

宮中各處年邁病殘太監簡表

順　次	姓　名	効力地點	病　　情
1	朱　山	養心殿	癆病
2	宋明德	養鷹處	腿疼、半身麻木
3	鮑文孝	御花園	癆病
4	劉金朝	藥房	腿瘸
5	賈惠祥	尚乘轎	癆病
6	吳四寶	灑掃	癆病
7	馬之貴	端則門	癆病
8	辛國安	南府	癆病
9	王朝貴	豐澤園	身殘
10	趙金朝	石坊	小便失禁
11	程天友	南府	腿病
12	任國旺		癆病
13	李太平		癆病

14	朱逢泰		足瘸
15	劉邦林		氣色不好
16	王進忠		腰腿病
17	任守福		頭昏腿疼
18	張義德		
19	張鵬逸		
20	王朝豐		瘋病
21	王　興		
22	劉鏈方	守角樓	年老
23	桂進忠	暢春園	久病不癒
24	張朝柱		腿瘸
25	張朝東		右腿抽筋
26	劉富力		腿瘸
27	李　貴		痰火病
28	梁國泰		骨蒸
29	杜興朝	英華殿	氣色不好
30	李錦中	痘房	眼昏
31	曹義隆	豐澤園	癆病
32	陳國泰	紫光閣	咳血
33	陳　齊	景山東園	眼瞎
34	馬　勇	靜明園	腰疼
35	張允路	承乾宮	咳血
36	王進朝	五龍亭	腿瘸
37	李田路	養心殿	癆病
38	宋雅圖	鷹房	癆病
39	卞進尚	書房	咳血
40	宋傳之	酒醋房	腿瘸

資料來源：《康熙朝滿文硃批奏摺全譯》，北京，中國第一歷史檔
　　　　案館，1996 年 7 月。

　　表中養心殿太監朱山，是掌儀太監。程天友原為南府大太監。
太監朱逢泰氣色不好，且足瘸。太監張義德外逃一次，太監張鵬逸
外逃一次，太監李天壽外逃一次，太監李光宣外逃一次。太監王興

懶惰。鑾儀衛太監劉鏈方原守角樓，已年老。表中所列太監共四十人，被革退原因，主要是病殘，就其病情而言，患癆病的太監，計十一人，約佔百分之二十七強。腿瘸、腿疼等腿病太監，計十人，佔百分之二十五。此外，還有小便失禁、瘋病、痰火、咳血、腰痛、眼昏、氣色不好等疾病。因各處太監年邁病殘已不能効力，所以被革退。表中太監張義德、張鵬逸、李天壽、李光宣俱曾外逃一次，殊屬惡劣，故被革退。太監王興，因工作懶惰，也被革退。

太監患病，一般由其總管、首領等驗明，暫停効力差使，在原住處調養，病癒後照舊當差，不准給假外出調養。倘若病勢沉重，經總管等驗明，准其在外養病，病癒後即交進原處當差。

康熙年間（1662-1722），總管大太監簡二泰病故後，由內庫撥銀十兩、綢四十疋。奉諭旨，由自鳴鐘取銀百兩、命管領關保妥善使用賞銀、綢等辦理後事，並遣妥人護理。康熙五十六年（1717）六月二十三日，殯宮太監王國泰因患痰火病故。同年十一月二十日，孝陵太監趙三因患噎嗝病故，內務府奏請補遣太監。奉硃批：「將寧壽宮太監等，會同十二阿哥陳奏。」十二阿哥胤祹遵旨口奏：「陵祭上用太監，既然殯宮，孝陵均用官員，無甚多用太監處，現皆太監各十五名，倘二處太監各十名，大太監各二名，則盡足矣。」康熙五十七年（1718）四月，署理內務府事務郎中董殿邦等奏請新修陵方遣太監十二名，現二處各減太監一名，或減至十二名，或照原數補滿。倘補滿原數，則將揀選寧壽宮太監李志忠、馬奉恩遣派。奉硃批：「減」。

創製傳承

—— 赫哲語與滿語的比較

　　語言是人類最重要的交際工具，運用中的語言是人類組成社會的重要條件。民族學與語言學關係密切，為了要研究一個民族的文化，首先必須熟悉他們的語言變化，同時又可從語言文字裡找尋過去的社會制度。

　　赫哲族主要分佈於黑龍江、松花江、烏蘇里江流域。凌純聲先生著《松花江下游的赫哲族》指出赫哲的語言是一種混合語，以本來的赫哲語為主幹，加入滿洲語、蒙古語、古亞洲語及一小部分的漢語而成。原書根據赫哲人的發音總結了赫哲語語音系統，包括十個元音，二十七個輔音的發音部位及發音方法。趙阿平、郭孟秀、何學娟著《瀕危語言 —— 滿語、赫哲語共時研究》指出，赫哲語屬阿爾泰語系滿 —— 通古斯語族滿語支。赫哲語與滿語俱屬黏着語類型，其形態變化較為複雜，如名詞有格、數的語法範疇，動詞有時、態式的語法變化。

　　當代赫哲族的主要聚居區，主要分佈於同江市街津口村、八岔村，饒河縣四排村、佳木斯市敖其村，撫遠縣抓吉村等地。二〇一四年四月，尤金蘭、王麗琴編寫《赫哲族口語教材》，原書內容，包括接待用語類、天文地理類、數量類、房屋用具類、文教用語類、人物類、身體器官類、飲食類、衣着類、動物類、社會類、動作性質類、日常用語類、諺語、民歌等等，共計三十章。第一章至第二十一章，各分十課。第二十二章、第二十三章為諺語，第二十四章至第三十章為民歌，內含春季捕魚歌、赫哲狩獵歌、捕鮭魚歌、冬

釣、魚闖箔、赫哲人的手和眼睛、姓氏歌、變物歌、求神賜福,嘆
詞、戰後、薩滿請神歌、問病歌、謝神歌、送神歌、送魂歌、風俗
禮儀敬酒歌、祝福歌、怨嫁歌、悲歌苦難的日子、難忘那一年、喜
歌、求愛情歌、答愛情歌、織網情歌、迎歸歌、搖籃歌等等,生動
有趣,對話流利,不僅是學習赫哲語的優良教材,同時也是研究赫
哲族社會文化的珍貴史料。原書出版說明指出,「為了傳承、保護
赫哲語,尤金蘭、王麗琴母女利用二年多時間編寫了這本書。該書
着眼於日常生活語言,通過漢語、赫哲語音、漢語拼音比照方式編
寫,使讀者一看就懂,易學易記,上至老人,下至兒童,只要會漢
語拼音,都可以利用本書學習赫哲語。該書沒有涉及語法,旨在通
過簡單會話培養初學者學習興趣。」誠然,通過漢語、赫哲語音、
漢語拼音,簡單會話,就可以學習赫哲語。倘若還原滿文,並列對
照,進一步有助於了解赫哲語與滿洲語文的源流問題。為了說明赫
哲語與滿語大致相近的問題,僅就《赫哲族口語教材》節錄部分常
見詞彙,標明原書頁次、漢語、漢語拼音、赫哲語音、滿文、羅馬
拼音,列出對照表於後。

頁次	漢　語	漢語拼音	赫哲語音	滿文	羅馬拼音
1	您	xí	席	ᠰᡳ	si
1	您們	sū	蘇	ᠰᡠᠸᛠ	suwe
1	大家	gē lún	葛倫	ᡤᡝᠷᛂᠨ	geren
1	各位	gē lún	葛倫	ᡤᡝᠷᛂᠨ	geren
2	我	bí	鼻	ᠪᡳ	bi

6	謝謝	bā ní hā	巴尼哈		baniha
6	喝酒	ā rì kē yī wō mǐ	阿日科一窩米		arki omi
7	舉	tū kē yī le	禿科依了		tukiyere
8	這裡	é yī lè (bā dū)	額依勒(巴都)		ere bade
9	吃	jī fó	飢佛		jefu
11	飯	bù dá	布達		buda
11	飯店	bù dá jī fó yī bā dū	布達飢佛依巴督		buda jefu i bade
12	吃飯	bù dá jī fó	布達飢佛		buda jefu
13	少	kuò me què	闊麼雀		komso
14	不好	è hé lè	惡何勒		ehe
15	快	huǒ dōng	火冬		hūdun
20	菜	suǒ rì gē yī	索日哥依		sogi

22	你坐	xí tè	席特		si te
22	起立	yī lì	依力		ili
22	國	guō lù	郭錄		gurun
24	人口	ní yuē áng mò	尼約昂墨		niyalma anggala
24	十八	zhuān jiā kōng	磚加空		juwan jakūn
24	十二	zhuān zū lǔ	磚租魯		juwan juru
29	日	xī wēng	西翁		šun
29	月	bì ā	畢啊		biya
29	水	mù kě	木可		muke
29	火	tuó	坨		tuwa
31	十五	zhuān sūn jiā	磚孫加		juwan sunja
31	十六	zhuān ní wēng	磚尼翁		juwan ninggun
31	圓	mǔ hē lín	母喝林		muheliyen
32	星	wū xiā hē tè	烏瞎喝特		usiha
32	雪	yī má nè	依麻訥		nimanggi

36	有	bì le	畢了	𤫩	bi
36	外邊	tū rì jī gè	禿日機個		tulergi
37	河	bì lā	畢拉		bira
39	閃電	tà líng kū ne	踏靈枯呢		talkiyan
41	今天	ēi nín	誒您		eneggi
42	田	wū xīn	烏新		usin
44	鞋子	sā bù dū	撒布督		sabu
45	想念	guō ní	郭尼		gūnimbi
45	走	hú lì yě	胡力也		feliyembi
46	一	é mò kěn	額莫懇		emken
47	二	zū lǔ	租魯		juru
47	三	yī lán	依藍		ilan
47	四	dū yīn	度音		duin
47	五	sūn jiā	孫加		sunja
46	六	ní wēng	泥翁		niggun

46	七	nā dàn	那旦		nadan
46	八	jiā kōng	加空		jakūn
46	九	wū yún	烏雲		uyun
46	十	zhuān	磚		juwan
46	兩張	zū fā xī	租發西		juwe farsi
46	紙	háo shén	豪神		hoošan
47	樹	mó	磨		moo
48	十一	zhuān é mò kěn	磚額莫懇		juwan emu
48	十三	zhuān yī lán	磚依藍		juwan ilan
48	十四	zhuān dū yīn	磚度音		juwan duin
48	十七	zhuān nā dàn	磚那旦		juwan nadan
48	十八	zhuān jiā kōng	磚加空		juwan jakūn
48	十九	zhuān wū yún	磚烏雲		juwan uyun
49	二十	wō lín	窩林		orin
49	二十一	wō lín é mò kěn	窩林額莫懇		orin emu
49	二十二	wō lín zū lú	窩林租魯		orin juwe
49	二十四	wō lín dū yīn	窩林度音		orin duin

49	二十五	wō lín sūn jiā	窩林孫加		orin sunja
49	二十九	wō lín wū yún	窩林烏雲		orin uyun
49	三十	guō xīn	郭新		gūsin
49	三十一	guō xīn é mò kěn	郭新額莫懇		gūsin emu
49	三十八	guō xīn jiā kōng	郭新加空		gūsin jakūn
49	四十	dé hè yī	得赫依		dehi
49	四十三	dé hè yī yī lán	得赫依依藍		dehi ilan
49	四十七	dé hè yī nà dàn	得赫依那旦		dehi nadan
49	五十	sū sāi	蘇塞		susai
49	五十一	sū sāi é mò kěn	蘇塞額莫懇		susai emu
49	五十九	sū sāi wū yún	蘇塞烏雲		susai uyun
50	三十五	guō xīn sūn jiā	郭新孫加		gūsin sunja
50	二十七	wō lín nà dàn	窩林那旦		orin nadan
50	四十一	dé hè yī é mò kěn	得赫依額莫懇		dehi emu
51	九十	wū yún jiū	烏雲糾		uyunju

51	六十	ní wēng jiū	尼翁糾		ninju
51	七十	nà dàn jiū	那旦糾		nadanju
51	八十	jiā kōng jiū	加空糾		jakūnju
51	六十一	ní wēng jiū é mò kěn	尼翁糾額莫懇		ninju emu
51	六十二	ní wēng jiū zū lǔ	尼翁糾租魯		ninju juru
51	六十九	ní wēng jiū wū yún	尼翁糾烏雲		ninju uyun
51	七十一	nà dàn jiū é mò kěn	那旦糾額莫懇		nadanju emu
51	七十六	nà dàn jiū ní wēng	那旦糾尼翁		nadanju ninggun
51	八十一	jiā kōng jiū é mò kěn	加空糾額莫懇		jakūnju emu
51	八十九	jiā kōng jiū wū yún	加空糾烏雲		jakūnju uyun
51	九十一	wū yún jiū é mò kěn	烏雲糾額莫懇		uyunju emu
51	九十九	wū yún jiū wū yún	烏雲糾烏雲		uyunju uyun
52	六十三	ní wēng jiū yī lán	尼翁糾依藍		ninju ilan
52	七十九	nà dàn jiū wū yún	那旦糾烏雲		nadanju uyun

52	八十八	jiā kōng jiū jiā kōng	加空糾加空		jakūnju jakūn
52	九十二	wū yún jiū zū lǔ	烏雲糾租魯		uyunju juru
52	九十六	wū yún jiū ní wēng	烏雲糾尼翁		uyunju ninggun
53	六十五	ní wēng jiū sūn jiā	尼翁糾孫加		ninju sunja
53	五十六	sū sāi ní wēng	蘇塞尼翁		susai ninggun
54	百	tā wēng	它翁		tanggū
54	千	míng ā	明啊		minggan
54	萬	tū mén	突門		tumen
54	一百	é mò tā wēng	額莫它翁		emu tanggū
54	一百零九	é mò tā wēng wū yún	額莫它翁烏雲		emu tanggū uyun
57	河水	bì lā mù kě	畢拉木可		birai muke
59	我去	bí é nè yě	鼻 額訥也		bi genembi
60	你走	xí hú lì	席 胡力		si feliyembi

61	黑龍江水	sà hā lǐ máng mù mù kě	薩哈里芒木木可		sahaliyan ula muke
61	松花江水	sōng gā lǐ máng mù mù kě	松嘎里芒木木可		sunggari ula muke
62	走	hú lì	胡力		feliyembi
66	窗戶	fá wō	罰窩		fa
66	快	huǒ dōng	火冬		hūdun
66	關上	dá xī	達西		dasimbi
66	外邊	tū le jī gè	禿了機個		tulergi
66	腳	fā tiě hā	發鐵哈		fatha
66	我的	mí ne gé	迷呢格		miningge
67	星星	wū xiā tè wō	烏瞎特窩		usiha
68	爸爸	ā mǎ	阿瑪		ama
68	媽媽	é niáng	額娘		eniye
71	拿	gē ājǐ	戈啊幾		gajimbi

73	車子	sè zhēn	澀真		sejen
74	喝	wō mī yē	窩咪耶		omimbi
76	炕	nà héng	那橫		nahan
76	窗	fá	罰		fa
78	盤子	fèi lā	費拉		fila
78	桌子	dé lè	得樂		dere
80	哪裡	yà dū	亞都		ya bade
81	抽屜	dá dá kào	達達靠		tatakū
81	掃帚	é rì kū	鵝日枯		eriku
82	錢	jiā hā	加哈		jiha
85	弓	bié rì	別日		beri
86	紅布	fó rì gē yī ān bō suǒ	佛日哥依安玻索		fulgiyan boso
86	做	wèi lè	胃勒		weilembi
87	書	bí dé kē	鼻得科		bithe
87	話	gē yī sūn ní	哥依孫尼		gisun

87	撒謊	huǒ tū ér tì ní	火禿兒替尼		holtombi
90	讀書	bì dé kè hú là	畢得克胡辣		bithe hūlambi
90	一邊讀	é mò hú là	額莫胡辣		emu hūlambi
90	一邊想	é mò guō ní	額莫郭尼		emu gūnimbi
94	地	fǎ lán	法藍		falan
96	老頭兒	mǎ fó chén	瑪佛沉		mafa
96	老太太	mǎ mǎ chén	瑪瑪沉		mama
97	記得	è jì ní	惡記尼		ejehebi
98	愛	jī lái ní	基來尼		jilambi
98	感謝	bā hā ní	巴哈尼		baniha
99	姨夫	dé hé mò	得合墨		dehema
102	月亮	bì ya wō	畢呀窩		biya
113	媽媽	é niè	額聶		eniye
115	魚	yī mǎ hā wō	依瑪哈窩		nimaha

120	眼珠	fā hā	發哈		faha
120	你的	xī níng gé	希寧格		siningge
120	我的	mí nè gé	迷訥格		miningge
121	黃眼珠	sū yān fā hā	蘇淹發哈		suwayan faha
121	鼻子	wō fó luò	窩佛落		oforo
121	鼻孔	wō fó luò sāng é	窩佛落桑鵝		oforo i sangga
122	耳朵	xiān	仙		šan
125	嘴	áng mò	昂莫		angga
125	舌頭	yī léng gū	依楞姑		ilenggu
128	短	fǒu hé lóng	否何隆		foholon
132	身體	bō yī	波依		beye
132	脖子	méi fèn	梅分		meifen
132	肚子	hé bó lè	合博樂		hefeli
133	我的	mí níng gé	迷寧格		miningge

134	冀	ā mù	啊木		hamu
134	屁	fó yī ào tè	佛依奧特		fiyotoho
139	瘦	tuō ér hā kè	脫兒哈克		turga
140	乳房	mó me	魔麼		meme
141	壞	é hé lè	惡合勒		ehe
142	拇指	fó rì hé	佛日何		ferhe
150	鞋	sā bù wō	撒布窩		sabu
154	鰉魚	ā jing yī mǎ hā	阿京依瑪哈		ajin nimaha
155	泥鰍魚	wū yá yī yī mǎ hā	烏牙依依瑪哈		uyašan nimaha
157	打	bù tǎ hé	布塔何		butha
176	魚湯	yī mǎ hā xí lè	依瑪哈席勒		nimaha sile
176	牛	yī hàn	依旱		ihan
178	給你	xí nǐ dū	席你都		sinde
179	豬	wū rì gē yī ān	烏日哥依安		ulgiyan
180	羊	huò ní	禍尼		honin

183	兔子	gū mào hóng	姑冒洪		gūlmahūn
183	肥	tǎ ā rì gōng	塔阿日公		tarhūn
183	瘦	tū rì hā ā	禿日哈阿		turga
190	鞋	sā bù	撒布		sabu
193	城裡	huò tōng duō	霍通多		hoton de
197	白	xiān gē yī ēn	鮮哥依恩		šanggiyan
197	紅	fó rì gē yī ān	佛日哥依安		fulgiyan
209	三花	yī lán yī rì gā ā	依藍依日嘎阿		ilan ilha
217	馬	mò lín	莫林		morin
218	自己	mī níng gé	咪寧格		miningge
218	年輕	ā xī hé nè	阿西何訥		asihan
219	我們的	mī nè gē	咪訥哥		meningge
220	祖國	guō lù	郭錄		gurun

221	年	ā rì ní	阿日尼		aniya
221	桌子	dé lè	得樂		dere
222	給	bù lè	布勒		bumbi
225	開水	hú yuē hé ní mù kě	胡約何尼 木可		fuyere muke
225	冰水	zū kē mù kě	租科木可		juhe muke
226	抬	tù kē yī	兔科依		tukiyembi
227	喝	wō mī	窩咪		omimbi
229	泉水	xī lín mù kě	西林 木可		šeri muke
229	露水	xī lè kè sè mù kě	西勒克色 木可		silenggi muke
230	流	è yī ní	惡依尼		eyembi
231	我身上	mī ní bó yì dū	咪尼博依都		mini beye de
235	停了	yī lì hé ní	依力何尼		ilimbi
235	站著	yī lì hěn	依力很		ilimbi
235	秋	bō luó lín	玻羅林		bolori

237	少	mǎ qí	馬其		majige
238	停	yī lì hěn	依力很		ilimbi
240	姓	hā lā	哈啦		hala
241	民族	gū lún	姑倫		gurun
244	稍微	mǎ qí	馬其		majige
248	火	tuó	駝		tuwa
250	喜歡	jī lái yē	機來耶		jilambi
251	事情	bǎi tè	百特		baita
252	夏天	zhuā lín	抓林		juwari
255	模樣	dū lún mò	都倫莫		durun
256	很早	ér dé kě	而得可		erdeken
256	讀書	bì dé kē hú lā	畢得科胡拉		bithe hūlambi
259	東西	jiā kǎ	加卡		jaka
259	賣的地方	hú dài bā dū	胡代巴督		hūdai ba
261	昨天	xī è sè	希惡色		sikse

263	下雪	yī mǎ nà	依馬那		nimarambi
264	冬天	tuó lín	駝林		tuweri
265	春天	níng nín lín	寧您林		niyengniyeri
265	花	yī ér gā	依兒嘎		ilha
268	昨天	xī kē sī ēn	希科絲恩		sikse
283	鏡子	bù rì kū	布日枯		buleku
287	老虎	tà sī hē	踏思喝		tasha
287	獾子	dǎo rì kē ào nè	倒日科奧訥		dorgon
287	猴子	mào ní niào	帽尼尿		monio
288	喜鵲	sā kē sā ā kē yī	撒科撒阿科依		saksaha
288	烏鴉	gē ā sī kè	戈阿斯課		gaha
289	杏樹	guī liè hé mó	歸列何磨		guilehe
289	榛子樹	xī xià kē tè mó	西嚇科特磨		jisiha moo
290	杜鵑花	shēng kē rè yī ěr gā	聲科熱伊爾嘎		senggiri ilha

292	寶	bù bǎi	布百		boobai
299	羊	huó ní	活尼		honin
300	河水	bì lā mù kě wō	畢拉木可窩		birai muke
303	鰉魚	ā jīng yī mǎ hā	阿京依馬哈		ajin
306	青年	ā xī hěn	阿西很		asihan
308	捕獲	bù tǎ hé ní	布塔何尼		butha
310	冰	zū kě	租可		juhe
312	城	huò tōng	霍通		hoton
315	圓又圓	mǔ hé lín nà mǔ hé lín	母和林那 母和林		muheliyen geli mulfiyen
320	從前	zū lè	租樂		julge
320	後邊	ā mī lè	啊咪勒		amala
320	子孫	wō mī yī lǐ	窩咪依里		omolo
320	虎姓	tà sī hē hā lā	踏思喝哈拉		tasha hala
321	姓	hā lè	哈勒		hala
339	神仙	ēn dū rì	恩督日		enduri

| 341 | 靈魂 | ào rèn | 奧任 | | oron |
| 367 | 媽媽 | é ní yē | 額尼耶 | | eniye |

資料來源：尤金蘭、王麗琴編寫《赫哲族口語教材》，2014 年 4 月。

　　前列對照表，是日常生活常見的赫哲語詞彙，可將赫哲語音對照滿文讀音，有助於了解赫哲語與滿洲語文基本上相近。譬如：赫哲語音「席（xí），滿文讀作"si"，意即「你」。「蘇」（sū），滿文讀作"suwe"，意即「你們」。「葛倫」（gēlūn），滿文讀作"geren"，意即「大家」、「各位」。「鼻」（bí），滿文讀作"bi"，意即「我」。「巴尼哈」（bā nī hā），滿文讀作"baniha"，意即「謝謝」。「阿日科一窩米」（ā rì kē yi wō mǐ），滿文讀作"arki omi"，意即「喝酒」。「禿科依了」（tū kē yī le），滿文讀作"tukiyere"，意即「抬舉」。

　　赫哲語還原滿文後，可以說明赫哲語的起源。其實，赫哲語與滿語，都是源自古代女真語。赫哲語「額依勒（巴都）」（é yī lè「bā dū」），滿文讀作"ere bade"，意即「這裡」。「飢佛」（jī fó），滿文讀作"jefu"，意即「令吃」。「布達」（bù dá），滿文讀作"buda"，意即「飯」。「布達飢佛依巴督」（bú dá jī fó yī bā dū），滿文讀作"buda jefu i bade"，意即「吃飯的地方」，漢語作「飯店」。句中「布達飢佛」，滿文讀作"buda jefu"，意即「吃飯」。「巴督」，滿文讀作"bade"，意即「地方」。

　　赫哲語「席闊么雀啊日科依窩咪祿」（xí kuò me què āri kē yī wō mī lù），意即「你少喝點酒」。句中"xí"，滿文讀作"si"，意即「你」；"kuò me què"，滿文讀作"komso"，意即「少」；"ā rì kē yī"，滿文讀作"arki"，意即「酒」；"wō mī lù"，滿文讀作"omire"。赫哲語與滿文相近，文義相同。

　　赫哲語「惡何勒」（è hé lè），滿文讀作"ehe"，意即「不好」。「火冬」（huǒ dōng），滿文讀作"hūdun"，意即「快」。「索日哥依」（suǒ rì gē yī），滿文讀作"sogi"，意即「菜」。「席特」（xí tè），滿文讀作"si te"，意即「你坐」。「依力」（yī lì），滿文讀作"ili"，意即「起立」。「郭祿」（guō lù），滿文讀作"gurun"，意即「國」。「尼約昂墨」（nī yuē áng mò），滿文讀作"niyalma anggala"，意即「人口」。「西翁」（xī wēng），滿文讀作"šun"，意即「太陽」、「日」。「畢啊」（bì ā），滿文讀作"biya"，意即「月」、「月亮」。「木可」（mù kě），滿文讀作"muke"，意即「水」。「坨」（tuó），滿文讀作"tuwa"，意即「火」。「母喝林」（mǔ hē lín），滿文讀作"muheliyen"，意即「圓」。「烏瞎喝特」（wū xiā hē tè），滿文讀作"usiha"，意即「星」。「依麻訥」（yī má nè），滿文讀作"nimanggi"，意即「雪」。「畢了」（bì le），滿文讀作"bi"，意即「有」。「禿日機個」（tū rì jī gè），滿文讀作"tulergi"，意即「外邊」。「畢拉」（bì lā），滿文讀作"bira"，意即「河」。「踏靈枯呢」（tà līng kū ne），滿文讀作"talkiyan"，意即「閃電」。「誒您」（ēi nin），滿文讀作"enenggi"，意即「今天」。「烏新」（wū xīn），滿文讀作"usin"，意即「田」。「撒布督」（sā bù dū），滿文讀作"sabu"，意即「鞋子」。「郭尼」（guō ní），滿文讀作"gīnimbi"，意即「想念」。「胡力也」（hú lì yě），滿文讀作"feliyembi"，意即「走」。對照滿文的讀音，的確足以說明赫哲語中的頗多詞彙，與滿文讀音相近。

　　漢文「兩張紙」，赫哲語讀作"zū fā xī háo shén"，漢語拼音作「租發西豪神」，滿文讀作"juwe farsi hoošan"。漢文「六棵樹」，赫哲語讀作"ní wēng dá qīn mó"，漢語拼音作「尼翁達親磨」，滿文讀"ninggun da moo"。「河水」，赫哲語讀作"bì lā mù kě"，漢語拼音作「畢拉木可」，滿文讀作"birai muke"。「黑龍江水」，赫哲語讀作"sá hā lǐ máng mù mù kě"，漢語拼音作「薩哈里芒木木可」，滿文讀作"sahaliyan ula muke"。「松花江水」，赫哲語讀作"sōng gā lǐ máng mù mù kě"，漢語拼音作「松嘎里芒木木可」，滿文讀作"sunggari ula muke"。漢文「江」赫哲語讀作"máng mù"，滿文讀作"ula"，讀音不同。

　　漢文「爸爸媽媽您們趕快回來吃飯」，句中「爸爸媽媽」，赫哲語讀作"ā mǎ, é niáng"，漢語拼音作「阿瑪、額娘」，滿文讀作"ama eniye"。「車子」，赫哲語讀作"sè zhēn"，漢語拼音作「澀真」，滿文讀作"sejen"。「桌子」，赫哲語讀作"dé lè"，漢語拼音作「得樂」，滿文讀作"dere"。「掃帚」，赫哲語讀作"é rì kū"，漢語拼音作「鵝日枯」，滿文讀作"eriku"。「讀書」，赫哲語讀作"bì dé kè hú là"，漢語拼音作「畢得克胡辣」，滿文讀作"bithe hūlambi"。「姨夫」，赫哲語讀作"dé hé mò"，漢語拼音作「得合墨」，滿文讀作"dehema"。「眼珠」，赫哲語讀作"fā hā"，漢語拼音作「發哈」，滿文讀作"faha"。「鼻子」，赫哲語讀作"wō fó luò"，漢語拼音作「窩佛落」，滿文讀作"oforo"。「脖子」，赫哲語讀作"méi fèn"，漢語拼音作「梅分」，滿文讀作"meifen"。「乳房」，赫哲語讀作"mó me"，漢語拼音作「魔麼」，滿文讀作"meme"。「牛」，赫哲語讀作"yī hàn"，漢語拼音作「依旱」，滿文讀作"ihan"。「馬」，赫哲語讀作"mò lín"，漢語拼音作「莫林」，滿文讀作"morin"。「姓」赫哲語讀作"hā lā"，漢語拼音作「哈拉」，滿文讀作"hala"。「東西」，赫哲語讀作"jiā kǎ"，漢語拼音作「加卡」，滿文讀作"jaka"。「神仙」，赫哲語讀作"ēn dū rì"，漢語拼音作「恩督日」，滿文讀作"enduri"。在日常用語中，有頗多的詞彙，與滿文讀音相近。

　　赫哲語與滿文的讀音，彼此相近，其中最常見的是數目字，「一」，赫哲語讀作"é mò kěn"，滿文讀作"emken"；「二」，赫哲語讀作"zū lǔ"，滿文讀作"juru"。滿文"emken"，又作"emke"，意即「一個」。"juru"，意即「一對」、「一雙」。「三」，赫哲語讀作"yī lán"，滿文讀作"ilan"；「四」，赫哲語讀作"dū yīn"，滿文讀作"duin"；「五」，赫哲語讀作"sūn jiā"，滿文讀作"sunja"；「六」，赫哲語讀作"ní wēng"，滿文讀作"ninggun"；「七」，赫哲語讀作"nā dàn"，滿文讀作"nadan"；「八」，赫哲語讀作"jiā kōng"，滿文讀作"jakūn"；「九」，赫哲語讀作"wū yún"，滿文讀作"uyun"；「十」，赫哲語讀作"zhuān"，滿文讀作"juwan"；「二十」，赫哲語讀作"wō lín"，滿文讀作"orin"；「三十」，赫哲語讀作"guō xīn"，滿文讀作"gūsin"；「四十」，赫哲語讀作"dé hè yī"，滿文讀作"dehi"；「五十」，赫哲語讀作"sū sāi"，滿文讀作"susai"；「六十」，赫哲語讀作"ní wēng jiū"，滿文讀作"ninju"；「七十」，赫哲語讀作"nà dàn jiū"，滿文讀作"nadanju"；「八十」，赫哲語讀作"jiā kōng jiū"，滿文讀作"jakūnju"；「九十」，赫哲語讀作"wū yún jiū"，滿文讀作"uyunju"；「百」，赫哲語讀作"tā wēng"，滿文讀作"tanggū"；「千」，赫哲語讀作"míng ā"，滿文讀作"minggan"；「萬」，赫哲語讀作"tū mén"，滿文讀作"tumen"。赫哲語中的數目，其讀音與滿文多相近。

　　滿族的先民屬於建州女真，分佈於黑龍江、松花江；烏蘇里江流域的赫哲族，則屬於野人女真。赫哲語、滿語，都屬於女真語。清太祖努爾哈齊創製滿文，對傳承滿洲語言文化，作出了重要的貢獻。赫哲語以滿文拼音，代替漢語拼音，使赫哲語有文字，相信對赫哲語的傳承，將有重要的作用。

廣結善緣

── 清代民間秘密宗教的慈善救濟活動

　　在傳統社會裡，由於社會福利的缺乏，許多民眾在求生存的
過程中，多遭遇極大的挫折，尤其是下層社會的貧困、孤苦、疾
病、年老、死亡等問題，加上天災人禍，情形更加嚴重，亟待救
助。民間秘密宗教的宗旨，主要就是惜貧憐老，扶助孤苦，各教
派多重視慈善救濟，相信對同教中貧難教友佈施錢文，來世即有
好處，可以享受榮華富貴，慈善佈施就是助人行善的表現。羅祖
教對慈善救濟，頗為重視，其信眾可以享受多項宗教福利。在運
河兩岸糧船停泊的地方，羅祖教多建有佛庵，其中浙江杭州府北
新關拱宸橋地方，向來就是漕運糧船停泊的集散地。據羅祖教信
徒丁天佑等供稱，拱宸橋地方的佛庵，「聞昔年有密雲人錢、翁
二姓及松江人潘姓先創錢、翁、潘三庵，為糧船水手回空居住之
所，因糧船水手俱係山東北直各處人氏，回空之時，無處住歇，
疾病身死，亦無處掩埋，故創設各庵，俾生者可以託足，死者
有地掩埋，在庵者俱習羅祖教。」據住庵的信徒劉天元供稱，「每
年糧船回空，各水手來庵居住者，每日給飯食銀四分，平日僅止
一二人管庵，並無輾轉煽惑教誘聚眾之事。皈教之人，有喫素念

經者，亦有不喫素不念經者[6]。」閩浙總督崔應階將各教犯逐一隔別嚴加究訊後，具摺奏明糧船水手皈依羅祖教的由來，節錄一段內容如下：

> 看得杭州府北新關外拱宸橋地方，向爲糧船停泊之所，明季時，有密雲人錢姓、翁姓、松江潘姓三人，流寓杭州，共興羅祖教，即於該地各建一庵，供奉佛像，喫素念經，於是有錢庵、翁庵、潘庵之名。因該處逼近糧船水，有水手人等借居其中，以故日久相率皈教，該庵遂爲水手己業。復因不敷居住，釀資分建至數十庵之多。庵外各置餘地，以資守庵人日用，並爲水手身故義塚。每年糧船回空，其閒散水手皆寄寓各庵，積習相沿，視爲常事，此水手皈教之由來也。至我朝雍正五年經前撫臣李衛訪聞浙幫水手有信從羅祖教之事，奏明飭禁。祇緣其時但將經像毀去，而庵堂仍留爲水手棲息之區，致各庵仍有私藏經像，未能盡絕根株，尚存二十二庵，現在老庵即錢庵，係朱光輝看守，萬庵即翁庵，係曾天章即唐潮看守，王庵即潘庵，係王世洪看守，李庵係劉天元看守，劉庵係丁天佑看守，陸雲庵係繆世選看守，八仙珠庵係仲壽成看守，滾盤珠庵係陳起鳳看守，劉庵係宋起文看守，李庵係王德生看守，周庵係韓德山看守，閻庵係沈世榮看守，石庵係吳吉士看

6 《史料旬刊》，（臺北，國風出版社，民國五十二年六月），第十二期，天四〇五。乾隆三十三年九月初十日，浙江巡撫覺羅永德奏摺。

守，劉庵係楊欽看守，橋庵係程玉即李應選看守，王庵係
周成瓏看守，章庵係余得水暨戴成武看守，黃庵係周子萬
看守，虞庵係虞成暨虞少亨看守，彭庵係吳洪明暨彭應葵
看守，王庵係丁文學看守，劉庵係張國柱看守，計共二十
二人，均係向爲水手皈依羅祖教之人。因年老有病，遂各
進庵看守，或相沿收藏經卷，或並未收藏經卷，或舊曾學
習能念羅經，或並未識字不能念誦，皆賴耕種餘地，以資
糊口。每年糧船回空，水手人等內有無處備趁者，即赴各
庵寓歇，守庵之人墊給飯食，俟重運將開，水手得有雇價，
即計日償錢，藉沾微利。其各庵借寓之水手，亦不盡歸羅
教之人，而每年平安回次，則各出銀五分，置備香燭素
供，在庵酬神，向來守庵之人，是日念經數卷，其中水手
中歸教念經者，亦即隨之，如守庵之人不會念經，則惟與
水手人等焚香禮拜，別無夜聚曉散及煽惑民人之事[7]

引文中已指出各庵守庵之人，原先都是皈依羅祖教的糧船水手，
因年老有病，於是先後進庵看守。佛庵可以提供回空水手寓歇之
所，守庵者先墊給飯食，重運將開，水手領取工資後，即計日償
值，年老守庵者，可以藉沾微利，取資過活。佛庵外面各置餘地，
可供耕種，以資糊口，也可以作為水手身故義塚。質言之，羅祖
教佛庵的創建，其宗旨就是在於使皈依羅祖教的信眾，生者可以

---

7 《史料旬刊》，第十二期，天四〇八。乾隆三十三年十一月三十日，閩浙總
　督崔應階奏摺。

託足，死者有葬身之地，確實解決了流寓外地的糧船水手年老退
休，疾病相扶，意外相助以及在異地寓歇的切身問題[8]。由於羅祖
教的慈善救濟工作較受重視，頗能照顧到下層社會的貧苦大眾，
因此，下層社會各行各業的人皈依羅祖教者，佔了絕大多數，擁
有眾多下層社會的群眾。

　　除了運河兩岸或糧船停泊地點以外，其他羅祖教盛行的地
方，也修建了頗多佛庵。福建建寧府松溪縣霹靂巖，建有觀音堂，
是羅祖教庵堂。康熙年間，曾有清流縣孤老江善光到觀音堂居
住，置有香火山田養贍。後來又有寧化縣孤老賴恩春，因孤苦無
依，亦至觀音堂就食。江善光身故以後，賴恩春即接管山田。朱
本銘也是寧化縣人，乾隆四十一年（1776）二月，他攜帶五部六
冊至觀音堂居住，並吃素念經。次年，朱本銘病故，其弟朱成良
與同縣人黃月良等先後至觀音堂相依。乾隆四十三年（1778)又有
寧化縣人伍文標攜帶資本至觀音堂將資本交與賴恩春，並隨同喫
齋，以度殘年。福建浦城縣舊有儒林庵，又稱儒嶺庵，由來已久。
江西瑞金縣民人何圓一，自幼隨父兄至福建傭工度日。雍正十一
年（1733)，何圓一拜儒林庵僧人來全為師。雍正十二年（1734），
何圓一披剃出家，僧人來全傳授羅祖教經卷三本。何圓一前往浦
城、崇安連界的虎扒地墾田架庵居住。乾隆九年（1744 ），來全
因儒林庵毀壞，即攜帶羅經圖像前往虎扒地庵內同住，旋即身
故。何圓一即將師父來全埋葬庵　旁，自耕自食。乾隆四十年

---

8 葉文心撰〈人「神」之間──淺論十八世紀的羅教〉，《史學評論》（臺北，
　華世出版社，民國六十九年七月），頁7。

（1775），何圓一又在附近崇安縣東源角荒山開田架庵。開始收羅龍等三人為徒，幫同耕作。後來有年邁無依的老丁即丁士、袁子飛及病廢的陳德陞，各帶養贍銀兩至虎扒地庵，將銀兩交給何圓一隨同吃齋，以度餘年[9]。佛庵的興建，可以解決部分老年安養的社會問題。

　　養生送死是人類面臨的共同問題。民間秘密宗教在地方上所扮演的角色，除了民俗醫療之外，其養生送死的儀式，亦多由各教派來主持，或超度亡魂舉行法會，或為死者念經發送，或吹打樂器，或探勘墳地。各教派相信為村鄰喪家辦理喪葬儀式，使往生者安息，就是廣結善緣，多積陰德的具體表現。直隸灤州王姓家族世代所傳習的教派，也叫做清淨無為教，其後裔王亨恭等人往來於湖北等省傳教。湖北咸寧縣人陳萬年在隨州利山店開設煙鋪，平日吃齋。乾隆二十二年（1757）十一月，王亨恭路過利山店，勸令陳萬年入教，並告以若引人入教，可以超度父母，自免災難，來世還有好處。陳萬年聽信，與王亨恭同往京山縣素識的黃秀文家，邀請黃秀文等人入教佈施，應允為其先人舉行儀式，超度亡魂，並給與紙帶，書寫大帶、小帶人數，大帶接引男人，小帶接引婦女[10]。慎終追遠，為先人超度亡魂，是孝道觀念的具體表現。

---

9 《軍機處檔・月摺包》，第 2705 箱，130 包，30319 號。乾隆四十六年四月初二日，福建巡撫富綱奏摺錄副。

10《軍機處檔・月摺包》，第 2765 箱，86 包，15603 號。乾隆三十六年十二月十六日，富明安奏摺錄副。

　　乾隆三十四年（1769）二月，直隸各州縣查禁紅陽教，拏獲
信徒眾多，包括大興縣人李國聘，良山縣人張天佑，房山縣人齊
如信等人，他們世代傳習紅陽教，他們在民間喪葬儀式中扮演了
重要角色。據被捕的紅陽教信徒李國聘等人供稱，遇有附近貧民
喪葬之事，無力延請僧道時，村民即邀請紅陽教信徒前往念經發
送[11]。劉從禮是直隸宛平縣人，在右安門盧城村居住，是紅陽教
信徒，他對紅陽教信徒為村鄰喪家念經發送的經過，有一段自
述，節錄一段供詞如下：

> 乾隆四十年間，我母親患病，我就許吃長齋，後有本村已
> 故民人王九見我吃齋，就向我説，他約同李萬金、劉福旺
> 起有行好紅陽會，遇有本村人家死人，會同四、五人前往
> 念經行好。我也入他的紅陽會，拜他爲師，教我誦念《十
> 王經》，遇有死人之家，就去念經行好。後王九病故，我
> 又收了趙夢熊、高洪北、吳王福、王順四人給我爲徒，所
> 以別人俱稱我劉三師傅[12]。

紅陽會即紅陽教，教中為村鄰喪家念誦《十王經》，行好積德。
直隸大興縣人周應麒也傳習紅陽教，他除了為人治病外，平日遇
村鄰中有人辦理喪事時，他也帶領信徒前往念經發送，周應麒等

---

11 《史料旬刊》，第十六期，天五七九。乾隆三十四年二月十二日，直隸總督
　　楊廷璋奏摺。
12 《外紀檔》（臺北，國立故宮博物院），道光五年十一月二十八日，據英和
　　等奏。

人都被稱為紅陽道人[13]。直隸通州丁家莊設有路燈會，每年正月，合村捐資在莊中觀音庵點燃路燈。丁家莊人馬守貴等人，是路燈會中人，習誦《閻王經》，村中貧民凡遇白事無力延請僧道者，馬守貴等人即代為念誦《閻王經》發送，馬守貴等人被稱為火居道士。直隸靜海縣人崔煥，又名崔四，在蔡公莊居住，父親崔文載。崔煥十五、六歲時開始學習吹打念經，遇人家白事，即前往吹打樂器，唪念《大悲咒心經》、《阿彌陀經》，稱為音樂會[14]。嘉慶十一年（1806），崔煥皈依未來真教後，勸人行善，遇村民人家辦理喪事時，仍前往吹打念經。

道光元年（1821），直隸大興縣發生流行病，多有病故者，縣民李自榮見村人多病故，並無僧道念經追薦，隨後商允田懷得、李成玉等設立敬空會，醵錢製備神像法器等物，念誦《地藏經》、《燄口經》及《源流經》等經卷，為村鄰人家薦亡，俱不索謝禮。並於每年正月十五、二月十九、四月初八、十月十五等日在村中龍王廟內望空向朝陽門外靜意庵故尼敬空禮拜，念誦經卷，為村人祈福。後來李自榮又陸續邀允張紅亮等人入會，學習吹打樂器，念誦經卷，眾人皆稱李自榮等人為紅陽道人[15]。收源會也為村鄰喪家念經發送，道光六年（1826)，直隸昌平州屯店村人徐萬蒼接充收源會教首後，有同村楊寬等人隨從入會。每年九月十四日，徐萬蒼即邀同楊寬等人同赴村外六十餘里的華塔山和平寺，在收源像前燒香念經，有周二等人各出京錢二、三百文，並隨同

13　《上諭檔》，道光十二年二月初八日，曹振鏞奏稿。
14　《上諭檔》，嘉慶二十一年三月初三日，托津奏稿。
15　《上諭檔》，道光十二年二月二十八日，曹振鏞等奏稿。

進香禮拜，村人遇有喪事，俱告知徐萬蒼，轉邀楊寬等同往念經，並未收受謝錢[16]。

在傳統下層社會裡，相地看風水的堪輿師，也扮演了重要的角色。選擇理想的陰宅，固然可使死者入土為安，人們也相信陰宅的擇定，與死者家人的是否安寧以及後世子孫的是否興旺，息息相關，民間秘密宗教的教首多能為貧苦民眾相地看風水，可以滿足下層社會的需要。乾隆二十九年（1764）九月，直隸灤州人王亨恭因家道漸貧，又見其祖王懌所奉清淨無為教無人信奉，而起意改立白陽教，自稱是彌勒佛轉世，以招收信徒，遂與其父王秀藉行醫及看風水為名，行走各地，勸人入教。山東金鄉人侯位南，自祖上以來，即世代傳習八卦教。嘉慶二十二年（1817）三月，侯位南到齊河縣地方給同縣人趙振基的兄媳看病，又給張廣學醫治腿疾。趙振基因侯位南會看風水，即推薦侯位南到孫紹禹家探勘墳地[17]。

下層社會的一般民眾，肩挑負販，生計艱難的貧民，佔了相當高的比率。對於同教貧苦信眾，各教派多能提供經濟上的援助，使教內貧苦信眾能夠分享教中的部分經濟資源，反映民間秘密宗教各教派多具備福利性質。乾隆三十五年（1770），李文振將收元教與榮華會結合為收元榮華會後，即將教中積存的根基錢周濟教中貧窮信眾。李文振又因徐國泰弟婦李氏寄居母家，生活窮苦，而給銀二十兩，派信徒張成功、王天基送往李氏母家資助

16 《上諭檔》，道光十二年二月十二日，曹振鏞等奏稿。
17 《軍機處檔·月摺包》，第2751箱，30包，52514號。嘉慶二十二年八月初一日，山東巡撫陳預奏摺錄副。

18。陝西渭南縣人劉照魁入八卦教，教中勸人行善，入了八卦教，有了功行，得了流水名號，就可以動用教中錢文。劉照魁供出教中所得錢文是由總流水經管，湊買香燭上供皇天，上供餘下的錢文，總流水們就可使用，或掌教有何用度，或要資助教內窮苦的人，俱可在賬內動用[19]。直隸宛平縣人陳茂功，曾入榮華會，他被捕後供出，榮華會戒除酒色財氣，行善學好，遇同教中貧難之人，即佈施錢文，相信來世將有好處，可以榮華。並稱教中有打坐功效，習之日久，便可入道[20]。道光年間取締的青蓮教，信眾分佈甚廣，教中議定「所得銀錢，互相接濟」。青蓮教將教中所得銀錢接濟同教信眾，就是一種慈善救濟。由於民間秘密宗教具有正面的社會功能，善男信女入教以後，可以分享部分社會資源，得到經濟上的資助，生活獲得保障，因此，民間秘密宗教頗受下層社會廣大貧苦民眾的歡迎，皈依各教派的信眾，人數眾多。

18　《軍機處檔‧月摺包》，第 2771 箱，84 包，14467 號。乾隆三十六年七月十五日，河南巡撫何煟奏摺錄副。
19　《乾隆朝上諭檔》（北京，檔案出版社，1991 年 6 月），頁 405。乾隆五十六年八月，劉照魁供詞。
20　《宮中檔》，第 2724 箱，72 包，11671 號。嘉慶十三年八月初一日，直隸總督溫承惠奏摺。

吳家莊訪老教頭劉姓過見劉老秀告已劉姓
已故無子並言現在查拏邪教嚴緊勸伊慎密
伊聞言遂即回家令徒弟呂添民至山東海豐
縣徒弟李玉安處囑其叫緞傅徒字帖內所稱
卯金刀即係清河劉姓因劉姓之教從前傅自
河南故張姓故云二立江山欽差係指張柏青
因傅神佛言語即為神佛欽差朱子明順係邀
張柏青過陰之人故於帖內載入張三猴子伊
不認識係吳老秀告知其劉姓名字吳老秀未
經告述實不知道伊始被惑入教繼因圖錢邀
人過陰書寫字帖派人傅徒實無別項為遲末
治民訊朱明順崔才俱供認入教經懺催咒答咒
五派尚朱傅徒各等語臣等將票省聲覆逐靜
海縣人韓雲狄旺孟和海豐縣人張希文四犯

臣托津等謹

奏臣等遵

旨將直隸提督護解之崔煥即崔四等一千人犯逐

加鞫訊據崔煥供伊素習音樂會遇人家白事

前往吹打念經十一二年間同伊故父崔文載

拜交河縣人已故崔大功為師入未來真教亦

名天門真教傳授五戒十勸伊又傳徒張柏青

等十餘人張柏青素會過陰孤因徒弟俱不給

錢本年正月內伊令徒弟朱明順往邀張柏青

前來過陰借神佛言語令伊為三宗法嗣接管教

事希冀徒眾敬信肯送銀錢伊與張柏青復令

朱明順崔才崔寶李昌王王氏為五派許各自

收徒得錢分伊使用伊又於二月初至清河縣

《上諭檔》嘉慶二十一年三月初三日，托津等奏稿

←1

念大悲咒心經阿彌陀經名為音樂會嘉慶十

一二年間有交河縣人同姓不宗的崔大功來

至本莊傭工說起他是未來真教教內過去的

為燃燈佛現在的為釋迦未來的為彌勒佛

我父親崔文藏就同找拜崔大功為師入了未

來真教傳了五戒十戒五戒就是佛家不殺不

溢等戒十勸是一勸回頭向善二勸低頭拜佛

三勸永不虧心四勸指路明人五勸改邪歸正

六勸真心行好七勸多積陰功八勸林讚雜事

九勸休要錯意十勸普積善緣曾經給過崔大

功盤纏錢數百文我族姪崔才及同莊人朱明

順也拜了崔大功為師入教曾聞崔大功說過

此教始自順治康熙年間河南人張姓嗣張姓

身故其教不行至乾隆三四十年間有直隸清

御覽謹

奏三

三月初三日

姓名是否同教向各該犯逐細訊問據崔煥供

靜海縣安家莊人韓一德狄昆俱係同教其韓

雲等四人均不認識是否同教實不知道等語

崔煥供出韓一德狄昆已開明住址年貌行文

緝拏謹繕崔煥朱明順崔玷供單恭呈

崔煥即崔四供我是直隸靜海縣人在蔡公莊

居住年三十七歲父崔文戴母周氏大兄崔烜

已故二兄崔賓三兄崔賓出嗣本宗伯叔為子

我行四妻賈氏生二子俱幼我於十五六歲時

學習吹打念經經過人家白事前往吹打樂器峙

言語派我接管教事張桕青到來跪坐順泪不

語約有一個時辰睜眼說神佛巳傳不話來了

隨懐紙筆寫出這五張字帖肉寫的三瘟孫

河南張姓及崔大功併我三人這就說是我應

該接管教事的意思五派帖內未寫姓名我與

張桕青隨意派了崔才朱明順崔寶李昌玉及

崔才之毋王氏令共將來各自收徒至邪金刀

二立江山一句邪金刀孫指清河劉姓此教始

於河南張姓再興於清河劉姓所以稱為二立

江山欽差俵指張桕青說是神佛差他傳話的

意思因是神佛所差所以稱為欽差又字帖肉

有須至清河縣找尋劉姓後人住山東送信二

語我因於正月十六日即邀同朱明順起身同

河縣人劉姓後與未來真教後來始傳給崔大
功那崔大功於十五六年上司故找於十七八
九等年傳武清縣范兒口人張栢青為徒張栢
青素會過陰傳神佛的話他而傳的話是真是
假我不知備細張栢青之外我又傳過崔進孟
崔建茂崔廷賢崔寶崔金崔銀劉旺璠芝蘭韓
進孝呂添民李昌玉崔群兒崔雪兒併將崔大
功之徒崔才朱明順也收為徒弟他們都沒有
給過錢物惟前有山東海豐縣劉家莊人李玉
安列蔡公莊來青菜子我引他入了教他給過
我黃芽菜子一簍蘿蔔子一簍也沒給過銀錢
我想雖有徒弟俱不給錢必須接續張姓劉姓
管理教事徒弟方肯敬信出錢因於本年正月
初十日令朱明順去邀張栢青來過陰惜神佛

←5

河南張姓有無子孫我不知道清河縣劉姓係
何名字吳老秀並未說明我也並不知道我叫
呂添民到李玉安家送信寔止令他且緩俟徒
並無勾結為匪的事將來吳老秀呂添民李玉
安到案都可質訊林清素不認識並不同教問
我的祝現劉第五劉呈祥董伯旺文進才劉成
章下落我俱不知道再吳老秀曾對我說有個
張三猴子是反叛他殺案後板出清河劉姓帶
果劉姓到案後來劉姓病故張三猴子正法這
話我曾告訴過崔才的又宋坤朱名太二人寔
不在教是誤拏來的問我的靜海縣人韓雲狄
旺孟和海豐人張希文這四個名字我細想
有靜海縣安家莊人韓一德及安家莊人在孟

至清河縣城外西北三里之晏家莊，訪見劉姓之徒吳老秀，向問劉姓子孫吳老秀吾知劉姓已經身故無子，只有續娶女人在家，又說現在吾等鄉教嚴緊，叫我慎密。我聽了這話，並同劉姓家夫教嚴緊，叫我慎密。我聽了這話，並同劉姓家夫有婦人不能訪問教中事務，即與朱明順回家。又找本要令呂溽民至山東海豐縣李玉安處，叫李玉安傳徒因吳老秀有查拏嚴緊之言，隨於二月初間令呂溽民去告知李玉安現在查拏邪教緊急，叫他好好躲避且經傳徒至十一日晚間被獲解至馬蘭鎮衙門送部的我始因逆惑了五戒十勸的話，入教傳徒並不斂錢近來想要騙錢，所以遣張栢青過陰借神佛語言接管教事，希圖徒眾敬信，將來可以斂錢實無別項，為匪不法的事。未來真教又名天門真教

月崔煥令張栢青過險傳下神佛言語接管教
第寫有字帖五絲崔煥派我為五派這就是在
我家中幹的事我是眼見的二月十二日晚我追
與崔煥等被獲送至馬蘭鎮衙門審問向我追
究五張字帖的來歷我怕將張栢青供出被拿
破案想及崔煥從吳老秀處回來時曾述吳老
秀之言清河縣有個張三猴子因逆案拿獲正
法我就將張三猴子供出希圖搪塞過去令蒙
審訊只得實供我止自己入教並沒有傳過徒
弟崔煥傳我們的教只誆提學好並沒為匪不
法的事我家起出的經卷本是我在本莊老爺
廟內拿回來的是實

三月初三日

家莊給孟傑看蘆草地的狄昆也是我教中人

孟傑並未入過教至韓雲狄旺孟和張希文四

人我定不知道韓一德將近三十歲無麻無醫

中身量狄昆將近四十歲微鬚身量是定

三月初三日

崔才即崔三供我是靜海縣人在蔡公莊居住

年三十七歲父親崔廷玉母親王氏兄弟崔寶

我並無妻子我自幼跟隨已故族人崔世英學

習吹打念經過村人有殯塟等事前往吹打樂

器嗩誦大悲咒心經阿彌陀經名為音樂會後

拜交河縣人崔大功為師入未來真教十八年

間又拜族叔崔榮為師傅我五戒十勸本年正

《上諭檔》，嘉慶二十一年三月初三日，托津等奏稿

←9

諸葛亮圖

孔明羽扇綸巾圖

義 結 金 蘭
──《三國志通俗演義》滿文譯本研究導讀

一、《三國志通俗演義》滿文譯本的由來

　　《三國志通俗演義》是一部膾炙人口的歷史小說，元末明初羅貫中撰。演魏、蜀、吳三國事，起自桃園結義，終於西晉統一。取材於陳壽撰《三國志》及裴松之注，並博採民間故事傳說，且雜以臆說，是集合宋以降「說三分」的「話本」演化成書。其書初刻於明孝宗弘治間（1488-1505）。現存較早的刊本為明世宗嘉靖（1522-1566）本。明季又有鍾惺（伯敬）、李贄（卓吾）評點本。清聖祖康熙年間（1662-1722），毛宗崗仿金聖嘆改《西廂記》、《水滸傳》例，增刪改削，定為第一才子書，簡稱《三國演義》。

　　《三國志通俗演義》除蒙文譯本外，還有滿文譯本。昭槤著《嘯亭續錄・翻書房》記載云：

> 崇德初，文皇帝患國人不識漢字，罔知治體，乃命達文成公海翻譯《國語》、《四書》及《三國志》各一部，頒賜耆舊，以為臨政規範。及定鼎後，設翻書房於太和門西廊下，揀擇旗員中諳習清文者充之，無定員。凡《資治通鑑》、《性理精義》、《古文淵鑒》諸書，皆翻譯清文以行。其深文奧義，無煩注釋，自能明晰，以為一時之盛。有戶曹郎中和素者翻譯絕精，其翻《西廂記》、《金瓶梅》諸書，疏櫛字句，咸中繁肯，人皆爭誦焉。

　　引文中《三國志》，即《三國志通俗演義》。「達文成公海」，即「達海」。達海（dahai,1595-1632），先世居覺爾察，以地為

氏，隸滿洲正藍旗。達海，九歲即通滿漢文義。及長，清太祖
召直左右。天命年間（1616-1626），達海奉命將《明會典》、《素
書》、《三略》等書譯出滿文。天聰初年，清太宗始置文館，命
分兩直，達海等奉命繙譯漢字書籍。天聰六年（1632），達海
奉命治國書，增為十二字頭，無圈點老滿文，在字旁加圈點。
《清史稿‧達海列傳》云：「是年六月，達海病，逾月病亟。
上聞，垂涕，遣侍臣往視，賜蟒緞，並諭當優恤其子。達海聞
命感愴，已不能言，數日遂卒，年三十八。時方譯《通鑑》、《六
韜》、《孟子》、《三國志》、《大乘經》，皆未竟。」達海事蹟，《滿
文原檔》紀載較詳，可節錄天聰六年（1632）六月、七月滿文
內容影印如下，並轉寫羅馬拼音，譯出漢文。

《滿文原檔》，天聰六年七月十四日

（1）**羅馬拼音**：

manju amba cooha baishal gebungge bade isinjifi ing iliha manggi,
iogi hergen i dahai baksi nimeme ako oho. ninggun biyai ice inenggi
nimeku baha. dehi duici inenggi nadan biyai juwan duin de honin
erinde ako oho. honin aniya gūsin jakuse bihe uyun seci nikan bithe
tacifi. manju bithe nikan bithe de ambula šoo bihe. nenehe taidzu ci,
sure han i ningguci aniya de isitala, nikan solho i bithe i jurgan de
takorabuha. bithe de ambula šoo. mujilen nomhon dolo sure bihe.
nimeku ujelehe manggi. han ini hanciki ambasa be jio sefi yasai muke
tohebume hendume. bi dahai be doroi nimembidere seme gūniha. te
ojorako sere. ambula gosime jabduhako. amala juse be gosiki. suwe
genefi gisun hendu seme emu gecuheri juwe suje bufi unggihe.
takūraha niyalma han i tere hese be alanaha manggi, dahai baksi dolo
ulhifi mujilen efujeme songgoho. nimeku dabanafi gisun hendume
muteheko. nikan bithe be manju gisun i ubaliyabume yoni arahangge
wanboo. beidere jurgan i būi□ .su šu. san lio. jai eden arahangge. tung
jiyan. loo too. mengdz. san guwe dz. daicing ging be arame deribuhe
bihe. dade manju gurun julgei kooli doro jurgan be umai sarkū. fukjin
mujilen i yabumbihe. dahai baksi julgei jalan jalan i banjiha nikan
bithe i kooli be manju gisun i ubaliyabume arafi gurun de selkiyefi,
manju gurun julgei an kooli doro jurgan donjihako sahako gisun be
tereci ulhime deribuhe. genggiyen han be abka banjibuha niyalma ofi.
terei mujilen i fukjin yabuhangge julgei enduringge mergese ci inu
encu ako. gurun yendeme mukdendere de erdeni baksi. dahai baksi. ilhi
ilhi tucinjihe. juwe inu bithei jurgan de emu gurun i teile tucike
mergese bihe.

（2）**滿文漢譯**：

滿洲大兵至擺斯哈兒地方駐營後，遊擊職銜達海巴克什病故。
六月初一日，得病，越第四十四日，至七月十四日未時卒。未
年生，享年三十八歲。自九歲習讀漢書，頗通曉滿漢文。自先
前太祖至天聰六年，撰擬往來明朝及朝鮮書翰，文義通暢，居
心敦厚聰明。病篤時，汗召侍臣垂淚曰：我原以達海為平常疾
病，不意病篤至此，未及身寵任，後當優恤其子，爾等當以言
往告之，因賜蟒緞一、緞二，令侍臣賫往。令使臣以汗言告之。
達海巴克什心喻含淚，然病已危篤，口不能言矣。以其滿語所
譯漢書，有《萬寶全書》、《刑部會典》、《素書》、《三略》，俱已
成帙。時方譯《通鑑》、《六韜》、《孟子》、《三國志》、《大乘經》，
未完而卒。初，滿洲國未諳典故，凡事皆揣摩而行，達海始用
滿語繙譯歷代漢籍，頒行國中，滿洲國人未曾聞知之典故，始

由此而通曉。英明汗因係應天而生之人，故其創意所行，皆與
古聖賢無異。國家興盛時，額爾德尼巴克什、達海巴克什相繼
應運而生，二人亦通曉文義，乃一國僅見之賢人。

　　《清史稿》、《滿文原檔》記載的內容，雖然詳略不同，惟
其文意彼此相近。在達海生前所譯《三國志》，「未完而卒」。《嘯
亭續錄・翻書房》所謂達海奉命繙譯《三國志》等各一部，頒
賜耆舊云云，確實不足採信。滿洲入關前，開始繙譯《三國志
通俗演義》，滿洲入關後，繙譯告成，順治年間（1644-1661），
正式頒行。俞正燮《癸巳存稿・演義小說》記載：「順治七年
正月，頒行清字《三國演義》，此如明時文淵閣書有黃氏女書
也，黃氏女書為念佛，《三國演義》為關聖。一時人心所向，
不以書之真譌論。」清朝入關後，正式頒行《三國志通俗演義》
滿文譯本的記載，是足以採信的。
　　清世祖順治七年（1650）正月頒行的《三國志通俗演義》
是滿文刻本，其後又有據李卓吾原評《三國志》譯出滿文的滿
漢合璧本。李卓吾，原名李贄（1527-1602），號卓吾，又號宏
甫，別號溫陵居士龍湖師。據《明史・耿定向列傳》記載，李
贄小有才，機辨，士大夫好禪者往往從李贄遊。李贄曾任雲南
姚安知府，一日，李贄自去其髮，冠服坐堂皇，上官勒令解任。
後居黃安，日引士人講學，雜以婦女，專崇釋氏，卑侮孔、孟。
北遊通州時，為給事中張問達所劾，逮死獄中。吳郡綠蔭堂藏
版李卓吾原評《三國志》，乃繡像古本。將滿漢合璧本原書封
面，卷一目錄局部、首頁影印於後。

《三國志通俗演義》，清人抄蒙文本	《三國志通俗演義》，清順治七年（1650）頒行滿文刻本
	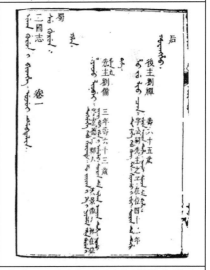
李卓吾原評《三國志》，封面	李卓吾原評《三國志》滿漢合璧本卷一，蜀國人物介紹（局部）

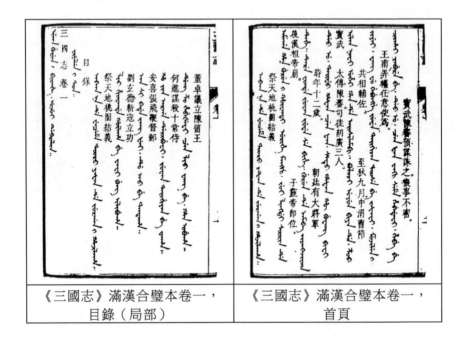

| 《三國志》滿漢合璧本卷一，目錄（局部） | 《三國志》滿漢合璧本卷一，首頁 |

二、〈出師表〉滿漢文的詞彙對照

　　諸葛亮（181-234），字孔明，三國琅琊陽都人。隱居隆中，躬耕南陽，自比管仲、樂毅，人稱臥龍。劉備三訪其廬，始獲見。諸葛亮既出，輔佐劉備取荊州，定益州，與魏、吳成鼎足之勢。曹丕代漢，劉備稱帝於成都，以諸葛亮為丞相。劉備死後，諸葛亮輔佐後主劉禪，封武鄉侯，兼領益州牧。整官制，修法度，志復中原。蜀漢建興五年（227），諸葛亮出兵北伐曹魏，駐屯漢中，臨出發時，涕泣撰寫〈出師表〉，進呈後主劉禪。出師表樸實真摯，為後人所傳誦。為了便於比較說明，先將《三國志》滿漢合璧本卷十九〈孔明初上出師表〉的滿漢文影印於後，並轉寫羅馬拼音。

bithe wesimbube, tere bithe i gisun.
nenehe han fukjin doro ilibume dulin ojoro onggolo, aldasi beye urihe, te abkai fejergi ilan ubu ohobi, i jeo i ba wasifi mohohobi, ere yargiyan i taksire gukure olhocuka ucuri kai. hanciki ambasa dorgi weile be heolederakū, tondo mujilengge saisa beye be tulergi de waliyarangge, gemu nenehe han i gosiha kesi be amcame han de karu baili isiburangge kai. han enduringge genggiyen be

表曰：

先帝創業未半，而中道崩殂。今天下三分，益州疲敝，此誠危急存亡之秋也。然侍衛之臣不懈於內，忠志之士忘身於外者，蓋追先帝之殊遇，欲報之於陛下也。誠宜開張聖聽，

neifi, nenehe han i werihe erdemu be eldembume mujilengge mergesei gūnin be neime amba obuci acambi, beye be gocifi nememe jurgan be ufarabume tondoi tafulara be sici ojorakū, gung ni dorgi han yamun i dorgi ambasa sain be wesimbure, ehe be weile ararangge encu oci ojorakū, aikabade fafun be dabara jalingga koimali bicibe, tondo sain bicibe, io sy hafan de benefi šangnabume weile arabume han i necin neigen dasan be sabubuci acambi, cisui haršame dorgi tulergi

以廣先帝遺德，恢弘志士之氣，不宜妄自菲薄，引喻失義，以塞忠諫之路也。宮中府中俱為一體，陟罰臧否，不宜異同。若有作奸犯科及為忠善者，宜付有司論其刑賞，以昭陛下平明之治，不宜偏私，使內外

dasan be encu obuci ojorakū. sy dzung, sy lang hafan g'o io dz, fui wei, dung yun se, gemu akdun jingji gūnin bodogon tondo sijirhūn ambasa, nenehe han i sonjome wesimbufi han de werihe urse, gung ni dorgi amba ajige weile be emgi hebešefi amala selgiyeme yabubuha de urunakū eden ekiyehun be niyecebufi ambula tusa ombi. jiyanggiyūn, siyang dzung banin yabun nemeyen nesuken, coohai weile be ambula ulhimbi, nenehe han cendeme baitalafi mutembi seme maktame hendumbihe seme geren

異法也。侍中、侍郎郭攸之、費禕、董允等，此皆良實，志慮忠純，是以先帝簡拔，以遺陛下，愚以為宮中之事，事無大小，悉以咨之，然後施行，必能裨補闕漏，有所廣益。將軍向寵，性行淑均，曉暢軍事，試用於昔日，先帝稱之曰能，

hebešefi siyang dzung be dudu obuhabi, ing ni dorgi amba ajige weile be yooni hebešehede, urunakū cooha be hūwaliyasun obume, sain ehe be teisu acabume, saisa be hanci, buya niyalma be aldangga obume mutembi. nenehe han gurun saisa be hanci, buya niyalma be aldangga ofi mukdekebi. amaga han gurun, buya niyalma be hanci saisa be aldangga ofi wasikabi. nenehe han i bisire fonde, mini emgi ere weile be leolehe dari hūwandi, lingdi han i jalin gasame sejilerakūngge

是以眾議舉寵為督，愚以為營中之事，事無大小，悉以咨之，必能使行陣和睦，優劣得所。親賢臣，遠小人，此先漢所以興隆也；親小人，遠賢臣，此後漢所以傾頹也。先帝在時，每與臣論此事，未嘗不歎息痛恨於桓、靈也。

akū bihe. sy dzung, šangšu, jang sy, ts'an jiyūn ese gemu akdun jingji jurgangga amban, han akdafi afabuha de han gurun i doro mukderengge goidarakū kai. bi dade boso etuku etufi nan yang ni bade usin weileme, facuhūn jalan de ergen tuwakiyame tehede, goloi beise be donjikini sakini seme gūnihakū bihe. nenehe han mimbe fusihūn ehe serakū, ini beye be fusihūn obufi elben i boo ci ilan jergi solifi gajifi, jalan i weile be fonjire jakade, tuttu

侍中、尚書、長史、參軍此悉貞亮死節之臣也，陛下親之信之，則漢室之隆可計日而待也。臣本布衣，躬耕南陽，苟全性命於亂世，不求聞達於諸侯。先帝不以臣鄙猥，躬自枉屈，三顧臣於草廬之中，諮臣以當世之事，

kesi be gūnime nenehe han de hūsun buki seme gisun aljaha. amala gukure efujere forgon be ucarafi, cooha gidabuha ucuri tušan be bufi joboro suilara de hese be afabufi orin emu aniya oho, nenehe han mini ginggun olhoba be safi, tuttu urire de amba weile be afabuha. hese be aliha ci ebsi, inenggi dobori akū jobome gūnime, afabuha babe sartaburahū, nenehe han i genggiyen be efulerahū seme tuttu ofi sunja biya de lu sui bira be doofi

由是感激，許先帝以驅馳，後值傾覆，受任於敗軍之際，奉命於危難之間，邇來二十有一年矣。先帝知臣謹慎，故臨崩寄臣以大事也。受命以來，夙夜憂慮，恐付托不效，以傷先帝之明，故五月渡瀘，

orho banjirakū bade šumin dosifi julergi babe toktobuha. te cooha geren oho, agūra yongkiyha ucuri, mini lata moyo hūsun be wacihiyame, amba cooha gaifi amargi dzung yuwan i babe toktobume genefi, jalingga koimali be geterembufi, ha*n* han i doro be dahūme mukdembufi, fe du hecen be gaifi, nenehe han de baili isibume, han de tondo be akūmburengge mini tušan, ekiyeniyere nonggire be hebešere, tondo gisun be wacihiyame aliburengge, g'o io dz, fei wei, dung yun sei jurgan. ainara

深入不毛。今南方已定，兵甲已足，當獎率三軍北定中原，庶竭駑鈍，攘除奸凶，以復興漢室，還於舊都，此臣所以報先帝而忠陛下之職分也。至於斟酌損益，進盡忠言，則攸之、禕、允之任也。

han hūlha be dailara, han gurun be dahūme muktembure be minde afabu. muterakū oci weile arafi, nenehe han i enduri fayangga de ala. g'o io dz, fei wei dung yun se de waka ba bici, weile arafi heolen be algimbu. han inu bodome sain doro be baime tusangga gisun be gaime, nenehe han i werihe joo bithe de acabuci, bi kesi be alime gaici urgunjeme wajirakū ombi. te bi fakcafi goro geneme ofi, songgome biyoo bithe wesimbuhe sehebi.

願陛下託臣以討賊興復之效。不效則治臣之罪，以告先帝之靈；責攸之、禕、允等之咎，以彰其慢。陛下亦宜自謀，以諮諏善道，察納雅言，深追先帝遺詔，臣不勝受恩感激。今當遠離，臨表涕泣，不知所云，謹表。

　　為了說明滿漢合璧本〈出師表〉的內容，可以對照《三國志・蜀書・諸葛亮傳》所載原疏。原疏中「以光先帝遺德」，合璧本作「以廣先帝遺德」；原疏中「陟罰臧否」，合璧本作「陟黜臧否」；原疏中「平明之理」，合璧本作「平明之治」；原疏中「愚以為營中之事，悉以咨之」，合璧本作「愚以為營中之事，事無大小，悉以咨之」；原疏中「此悉貞良死節之臣」，合璧本作「此悉貞亮死節之臣也」；原疏中「願陛下親之信之」，合璧本作「陛下親之信之」；原疏中「先帝不以臣卑鄙」，合璧本作「先帝不以臣鄙猥」；原疏中「躬耕於南陽」，合璧本作「躬耕南陽」；原疏中「猥自枉屈」，合璧本作「躬自枉屈」；原疏中「遂許先帝以驅馳」，合璧本作「許先帝以驅馳」；原疏中「爾來二十有一年矣」，合璧本作「邇來二十有一年矣」；原疏中「夙夜憂歎」，合璧本作「夙夜憂慮」；原疏中「恐託付不效」，合璧本作「恐付托不效」；原疏中「興復漢室」，合璧本作「以復興漢室」；原疏中「責攸之、禕、允等之慢，以彰其咎」，合璧本作「責攸之、禕、允等之咎，以彰其慢」；原疏中「臨表涕零，不知所言」，合璧本作「臨表涕泣，不知所云」。大致而言，合璧本漢文，與原疏的表文內容相近，出入不大。

　　合璧本中的滿文是依據合璧本中的漢文逐句對譯的，因滿文與漢文是兩種文字，語法不盡相同，通過繙譯滿文有助於了解漢文的詞義。譬如：「表曰」，滿文譯作 "bithe wesimbube, tere bithe i gisun"，意即「上疏，其疏曰」；「蓋追先帝之殊遇」，句中「蓋」，滿文譯作 "gemu"，意即「皆」；「開張聖聽」，滿文譯作 "han enduringge genggiyen be neifi"，意即「陛下開張聖明」；「此皆良實志慮忠純」，滿文譯作 "gemu akdun jingji gūnin bodogon tondo sijirhūn ambasa"，意即「皆老成志慮忠純

大臣」；「愚以為宮中之事，事無大小，悉以咨之，然後施行」，
滿文譯作 "gung ni dorgi amba ajige weile be emgi hebešefi
amala selgiyeme yabubuha de"，意即「宮中大小之事共同商議
然後施行」；「此悉貞亮死節之臣也」，滿文譯作 "ese gemu
akdun jingji jurgangga amban"，意即「此輩皆老成有義氣之臣
也」；「陛下親之信之」，滿文譯作 "han akdafi afabuha de"，
意即「陛下信之託付之」；「由是感激，許先帝以驅馳」，滿文
譯作 "kesi be gūnime nenehe han de hūsun buki seme gisun
aljaha"，意即「由是感恩許諾先帝效力」；「恐付托不效」，滿
文譯作 "afabuha babe sartaburahū"，意即「恐貽誤付托」；「以
傷先帝之明」，滿文譯作 "nenehe han i genggiyen be
efulerahū"，意即「恐損先帝之明」；「深入不毛」，滿文譯作
"orho banjirakū bade šumin dosifi"，意即「深入不長草之處」；
「還於舊都」，滿文譯作 "fe du hecen be gaifi"，意即「拿回
舊都」；「則攸之、禕、允之任也」，滿文譯作 "g'o io dz, fei wei,
dung yun sei jurgan"，意即「郭攸之、費禕、董允等之任也」；
「興復之效」，滿文譯作 "han gurun be dahūme
muktembure"，意即「復興漢朝」；「責攸之、禕、允等之咎，
以彰其慢」，滿文譯作 "g'o io dz, fei wei, dung yun se de waka ba
bici, weile arafi heolen be algimbu"，意即「郭攸之、費禕、董
允等若有過失，即治罪，以彰其怠慢」；「臣不勝受恩感激」，
滿文譯作 "bi kesi be alime gaici urgunjeme wajirakū ombi"，意
即「臣受恩不勝歡忭」；「臨表涕泣，不知所云，謹表」，滿文
譯作 "songgome biyoo bithe wesimbuhe"，意即「涕泣進呈表
文」。對照滿漢合璧本的滿漢文，或文義不合，或詳略不同，
頗有出入。

　　對照滿漢文的詞義，似可將漢文〈出師表〉，譯出語體文。「上疏說：先帝創立基業，不到一半之前，就半途駕崩了。現在天下分成三部分，益州地方，衰敗窮困，這真是到了危急存亡的時候。近臣不懈怠內務，忠志賢士棄身於外邊，都是追想先帝的恩眷，想報恩於陛下啊！陛下應當開張聖明，以光大先帝的遺德，擴大志士的志氣。不可自行退縮反而引喻失義，堵塞了忠諫的路。皇帝的宮中，丞相的府中，諸臣獎善懲惡，不可不一樣。要是有越法的奸宄，或是忠善的，應該交給主管獎賞治罪，這樣可以表示陛下平等的政治，不可偏私，使得內外有不同的政治。侍中侍郎郭攸之、費禕、董允等，都是老成志慮忠純的大臣，先帝選拔出來，留給陛下的人。宮裡的大小事，共同商議然後施行，必可補救殘缺，大有益處。將軍向寵性行溫良，曉暢軍事，先帝試用後，稱讚他能幹，所以大家商議，推舉向寵當都督。軍營裡的大小事都商議，必能使軍隊和睦，好壞都處理得當，能親近賢士，疏遠小人。先漢親近賢士，疏遠小人，所以興隆；後漢親近小人，疏遠賢士，所以衰敗。先帝在時，每次和我討論此事，無不為桓帝、靈帝而慨歎。侍中、尚書、長史、參軍此輩都是老成有義氣的臣子，陛下相信他們，託付他們，那麼漢室的興盛，就不久了。我本是一個普通老百姓，在南陽地方種田，在亂世保命活下去，不想認識聞名於諸侯。先帝對我不覺卑鄙，親自降低身分，從草廬三次邀請我詢問世事。由是感恩，許諾先帝效力。後來遭遇到覆敗的時候，在軍隊潰敗的時候接受職任，在危難的時候奉到旨令，到現在已經二十一年了。先帝知道我的謹慎，所以臨死的時候，交付大事。受命以來，日夜憂慮，深怕貽誤付託，恐怕有損先帝知人之明。所以在五月渡過瀘水，深入不長草的地方，平定南方。

現在兵已眾，器械充足之時，我當竭盡駑鈍之力，統率大軍北定中原，清除奸凶，復興漢室，收復舊都，這是我報答先帝之恩而盡忠於陛下的職分。至於商議損益，盡進忠言，則為郭攸之、費褘、董允等人的責任。希望陛下把討賊興復漢朝的任務託付給我，不成功就治罪，以告先帝的神靈。郭攸之、費褘、董允等若有過失，即治罪，以表明他們的怠慢。陛下也要想想尋求善道，採納有益的言語，仰副先帝遺詔。臣受恩不勝歡忭。現在我要遠離了，涕泣進呈表文。」《三國志通俗演義》滿漢合璧本對照滿文，有助於了解漢文的詞義。以諸葛亮〈出師表〉為例，對照滿文，譯出語體文，是可以嘗試的學習方法。

三、曹操納妾故事的滿文繙譯

　　張繡是武威祖厲人，驃騎將軍張濟族子。據《三國志‧魏書‧張繡傳》記載，「太祖南征，軍淯水，繡等舉眾降。太祖納濟妻，繡恨之。太祖聞其不悅，密有殺繡之計。」句中「太祖」，即曹操，追封魏太祖武皇帝。關於曹操納張濟妻故事，《三國志通俗演義》有一段記載，略謂，「一日操醉，退入寢所，私問左右曰：『此城中有妓女否？』操之兄子曹安民，知操意，乃密對曰：『昨晚小姪窺見館舍之側，有一婦人，生得十分美麗。問之，即繡叔張濟之妻也。』操聞言，便令安民領五十甲兵往取。須臾，取到軍中。操見之，果然美麗。問其姓名，婦答曰：『妾乃張濟之妻鄒氏也。』操曰：『夫人識吾否？』鄒氏曰：『久聞丞相威名，今夕幸得瞻拜。』操曰：『吾為夫人故，特納張繡之降；不然滅族矣。』鄒氏拜曰：『實感再生之恩。』操曰：『今日得見夫人，乃天幸也。今宵願同枕席，隨吾還都，安享富貴，何如？』鄒氏拜謝。是夜共宿於帳中。鄒氏曰：『久

住城中，繡必生疑，亦恐外人議論。』操曰：『明日同夫人去
寨中住。』次日，移於城外安歇，喚典韋就中軍帳房外宿衛。
他人非奉呼喚，不許輕入，因此，內外不通。操每日與鄒氏取
樂，不想歸期。」為了便於比較，並說明《三國志通俗演義》
滿漢合璧本的譯文，可先將曹操納張濟之妻的滿漢文影印如
後，並轉寫羅馬拼音，照錄漢文如下。

	emu yamji soktofi dedure bade dosifi, hashū ici ergi urse be tuwame hendume, ere hoton i dolo gise hehe bio. ts'oots'oo i ahūn i jui ts'oo an min, ts'oots'oo be dahame etuku jeku yaya hacin i dorgi weile de afaha bihe. ts'oo an min ts'oots'oo i gūnin be ulhifi julesi ibefi hendume, ajige jui sikse yamji tuwaci, giyamun i boo i dalbade emu hehe bi.
	一日操醉，入寢所，視左右曰：此城中有妓女否？兄子曹安民隨操專一管衣食內事。安民知操意，進言曰：小姪昨晚窺見管舍之側，有一婦女，

	banjihangge ambula saikan, fonjici, jang ji sargan sembi. ts'oots'oo donjifi, uthai ts'oo an min de uksin etuhe susai niyalma bufi ganabuha. majige andande gajifi, ts'oots'oo tuwaci, yala sain hehe mujangga. jang ji sargan niyakūrame acaha. ts'oots'oo fonjime, ere hehe sini hala ai. hehe jabume, bi, jang ji sargan dzeo sy kai. ts'oots'oo hendume, si mimbe takambio akūn. dzeo sy hendume, cenghiyang ni horonggo
	生得十分美麗。問之，乃張濟之妻。操聞之，便令安民領五十甲兵而取之。須臾到來，操視之，果美麗之人也。濟妻拜之，操問曰：夫人姓甚？婦答曰：妾乃張濟之妻鄒氏也。操曰：夫人識吾否？鄒氏曰：久聞丞相威名，

gebu be aifini donjiha, enenggi jabšan de bahafi acaha.
ts'oots'oo hendume, bi sini turgunde, tuttu jang šeo be
dahabuha. aikabade uttu akū ohode, boo gubci be
suntebumbi. dzeo sy niyakūrafi hendume, yargiyan i
dasame banjibuha kesi be baha. ts'oots'oo injefi
hendume, enenggi simbe bahafi acahangge abka kai.
ere yamji mini emgi emu bade deduki, mimbe dahame
sioi du de genehe de urunakū

今夕幸得瞻拜。操曰：吾今為汝，故准張繡之降，
若非如此，則滅全家矣。鄒氏拜曰：實感再生之
恩。操曰：今日得見夫人，乃天幸也，今宵願同
枕席，隨吾還許都，必以夫

amba sargan obure. dzeo sy baniha bufi, tere dobori
monggo boode emgi dedufi, dzeo sy hendume, hoton i
dolo goidame bihede, jang šeo kenehunjembi. niyalma
saha de inu leoleme gisurembi. ts'oots'oo hendume,
cimari si mini emgi ing de genefi biki sefi, jai inenggi
yala ing de gurime genehe. aikabade geren hafasa
leoleme gisurerahū seme

人為正室。鄒氏拜謝。是夜，共宿于帳中。鄒氏
曰：在城中久住，繡必生疑，人知亦議論。操曰：
明日同夫人去寨中住。次日，果移于寨中。恐各
官議論，

diyan wei be hūlafi monggo boo i hanci tatabuha.
monggo boo be tuwakiyara juwe tanggū funcere
niyalma be gisun akū ume dosire jurceci wambi sehe.
tuttu ofi dorgi tulergi ishunde hafunarakū. ts'oots'oo
inenggi dari dzeo sy i emgi sebjeleme bederere be
gūnirakū bi.

乃喚典韋就中軍帳房外安歇。提調把帳親軍二百
餘人，非奉呼喚，不許輒入，違者斬首。因此，
內外不通。操每日與鄒氏取樂，不想歸期。

　　《三國志通俗演義》滿漢合璧本因為滿漢兼書，對照漢文，可以知道滿文繙譯的詳略。「一日操醉」，句中「一日」，滿文譯作 "emu yamji"，意即「一夕」，滿漢文義不合。侄兒，規範滿文讀作 "jalahi jui"，滿漢合璧本中，「小姪」，滿文譯作 "ajige jui"，意即「小兒」，滿漢文義不合。「操」，滿文讀作 "ts'oots'oo"，意即「曹操」。「濟妻」，滿文讀作 "jang ji sargan"，意即「張濟妻」。「夫人」，滿文讀作 "hehe"，意即「婦人」。「今夕幸得瞻拜」，句中「今夕」，滿文譯作 "enenggi"，意即「今日」。「正室」，滿文譯作 "amba sargan"，意即「大太太」。大致而言，所譯滿文，淺顯易解。

四、曹叡不殺子鹿故事的滿文繙譯

　　《三國志魏書・魏書・明帝紀》記載：「明皇帝諱叡，字元仲，文帝太子也。生而太祖愛之，常令在左右。年十五，封武德侯，黃初二年為齊公，三年為平原王。以其母誅，故未建為嗣。七年夏五月，帝病篤，乃立為皇太子。丁巳，即皇帝位，大赦。尊皇太后曰太皇太后，皇后曰皇太后。諸臣封爵各有差。癸未，追諡母甄夫人曰文昭皇后。」黃初二年，相當西元 221 年。黃初七年（226），追諡生母甄夫人為文昭皇后。裴松之注引《魏末傳》曰：「帝常從文帝獵，見子母鹿。文帝射殺鹿母，使帝射鹿子，帝不從，曰：「陛下已殺其母，臣不忍復殺其子。因涕泣。文帝即放弓箭，以此深奇之，而樹立之意定。」據《三國志》滿漢合璧本記載，甄氏乃中山無極人，上蔡令甄逸之女，自三歲失父。建安中（196-219），袁紹知其美娶與子袁熙為婦。袁熙出鎮幽州，曹操攻破鄴城，曹丕見甄氏之美，遂納為妻，生子曹叡，自幼聰明，曹丕甚愛之。其後，曹丕又納安平廣宗人郭永之女為貴妃。郭女極美，號為女王。曹丕納郭女為妃，甄夫人失寵，被勒死於冷宮，立郭妃為后。因無出，養曹叡為己子，雖甚愛之，不立為嗣。曹叡十五歲時，曹丕帶曹叡出獵，見子母鹿，曹丕射殺母鹿，曹叡不忍心復殺其子，其仁德表現，後世傳為佳話。可將滿漢文內容照錄於後，並轉寫羅馬拼音。

ts'oo žui tofohon se, gabtara niyamniyara mangga. tere aniya niyengniyeri juwe biya de ts'oopi, ts'oo žui be gamame abalame genefi, alin i haihai jakaci eme jui juwe bugū tucike be, ts'oopi eme bugū be gabtame tuhebufi amasi forofi tuwaci, jui bugū uthai ts'oo žui morin i fejile deduhebi. ts'oopi den jilgan i hūlame hendume, jui ainu gabtarakū, ts'oo žui yasa i muke tuhebume hendume, han eme bugū be waha, bi adarame jempi jui bugū be wambi, ts'oopi tere gisun be donjifi, beri be na de maktafi hendume, mini jui unenggi gosin erdemungge ejen ombi kai sefi, uthai ts'oo žui be ci gung obufi, amala ping yuwan wang obuha.

叡年一十五歲，弓馬熟閑。當年春二月，丕帶叡出獵，行於山塢之間，趕出子母二鹿，丕一箭射倒母鹿，回視，小鹿臥於叡馬下。丕大呼曰：吾兒何不射之。叡泣告曰：「陛下已射其母，臣安忍復殺其子也。」丕聞之，擲弓於地曰：「吾兒真乃仁德之主也。」遂立叡為齊公，後改為平原王。

引文內容，滿漢文義相近，譯文生動。「弓馬熟閑」，規範滿文讀作"gabtara niyamniyarangge fulu ureshūn"，或作"gabtara niyamniyara be emdubei urebumbi"，此作"gabtara niyamniyara mangga"，亦即「善於馬步箭」。「山塢之間」，滿文譯作"alin i haihai jakaci"，意即「山腰之間」。「趕出子母二鹿」，滿文譯作"eme jui juwe bugū tucike"，意即「出現了母子二鹿」。「丕一箭射倒母鹿」，滿文譯作"ts'oopi eme bugū be gabtame tuhebufi"，意即「曹丕射倒母鹿後」。「小鹿臥於叡馬下」，滿文譯作 "jui bugū uthai ts'oo žui morin i fejile deduhebi"，意即「子鹿即臥於曹叡馬下」。「丕大呼曰」，滿文譯作 "ts'oopi den jilgan i hūlame hendume"，意即「曹丕高聲呼曰」。「叡泣告曰」，滿文譯作 "ts'oo žui yasa i muke tuhebume hendume"，意即「曹叡落淚曰」。可據譯文將引文內容譯出漢文：「曹叡十五歲，善於馬步箭。那年春二月，曹丕帶曹叡去打獵，在山腰間出現母子二鹿，曹丕射倒母鹿後回視，子鹿即臥於曹叡馬下。曹丕高聲呼曰：「孩兒為何不射？」曹叡落淚曰：「陛下已殺母鹿，我怎麼忍心殺子鹿？」曹丕聞其言後，擲弓於地曰：「我的孩兒真是仁德之主啊！」遂立曹叡為齊公，後改為平原王。譯文淺顯易解。

五、滿漢詞義的比較分析

滿漢詞義對照表

順次	漢文	滿文	羅馬字轉寫	詞義
1	中涓		taigiyan	太監
2	十常侍		juwan taigiyan	十太監
3	黃巾		suwayan mahala	黃帽
4	雕琢大臣		ujulaha amban	首輔大臣宰相

順次	漢文	滿文	羅馬字轉寫	詞義
5	寢		narhūšame somi	密藏
6	青蛇		sahaliyan meihe	黑蛇
7	災異		ganio sabi	災祥
8	碧眼		yasa i faha sahaliyan	黑眼珠 黑睛
9	碧眼		yasa sahahūn	淺黑眼
10	青眼		yasa niowanggiyan	綠眼
11	青旗		yacin tu	青旗、黑旗
12	青山		sahaliyan alin	黑山

順次	漢文	滿文	羅馬字轉寫	詞義
13	青旗		lamun tu	藍旗
14	黑面		dere sahaliyan	黑面
15	紫髯		salu fulahūn	淡紅鬚
16	紫鬚		salu fulgiyan	紅鬚
17	蒼天		sahaliyan abka	黑天
18	生受		joboho	勞苦
19	粉墻		šanggiyan fajiran	白墻
20	遊藝		daifurame yabuha	行醫

順次	漢文	滿文	羅馬字轉寫	詞義
21	青氣		yacin sukdun	黑氣
22	黑氣		sahaliyan sukdun	黑氣
23	掖門		dalbaki duka	旁門
24	方丈		miyoo i boo	廟房
25	甥		eyun i jui	姊之子
26	帳		monggo boo	蒙古包
27	帳下		cacari fejile	布棚下
28	夷狄		tulergi gurun	外國

順次	漢文	滿文	羅馬字轉寫	詞義
29	戎狄		monggoi gurun	蒙古國
30	胡人		monggo gurun	蒙古國
31	番		monggo gurun	蒙古國
32	胡漢		monggo nikan	蒙漢
33	蠻夷		man i gurun	蠻夷國
34	丘山		den alin	高山
35	虎踞		tasha, buya gurgu be jafara	虎捕小獸
36	鯨吞		amba nimaha, buya nisiha be nunggere	大魚吞小魚

資料來源：李卓吾原評《三國志》滿漢合璧本

表中漢文「中涓」，內侍，滿文譯作 "taigiyan"，是漢文

「太監」的音譯。「十常侍」，滿文譯作 "juwan taigiyan"，意即「十太監」。東漢末，鉅鹿人張角率領黃巾賊殺人放火，以黃巾為標幟。句中「黃巾」，滿文譯作 "suwayan mahala"，意即「黃帽」。「雕琢」，原指雕刻琢磨，比喻修飾文詞。表中「雕琢大臣」，滿文譯作 "ujulaha amban"，意即「首輔大臣」，或「宰相」。漢文「事寢」，句中「寢」，意即「停止進行」。表中「寢」，滿文譯作 "narhūšame somi"，意即「密藏」。

　　漢文「青」，滿文或譯作 "sahaliyan"，或譯作 "yacin"。表中「青蛇」，滿文譯作 "sahaliyan meihe"，意即「黑蛇」。表中「災異」，滿文譯作 "ganio sabi"，意即「災祥」。漢文「災異」，規範滿文讀作 "ganio gashan"，此作 "ganio sabi"，異。表中「青眼」，滿文譯作 "yasa niowanggiyan"，意即「綠眼」。「青山」，滿文譯作 "sahaliyan alin"，意即「黑山」。「青旗」，滿文譯作 "yacin tu"，又譯作 "lamun tu"，意即「藍旗」。「碧眼」，滿文譯作 "yasa i faha sahaliyan"，意即「黑睛」，或「黑眼珠」。滿文又譯作 "yasa sahahūn"，意即「淺黑眼」。滿文 "sahaliyan"，意即「黑色」。表中「黑面」，滿文譯作 "dere sahaliyan"。「黑氣」，滿文譯作 "sahaliyan sukdun"，文義相合。表中「蒼天」，滿文譯作 "sahaliyan abka"，意即「黑天」。

　　漢文中「紅」與「紫」，色彩不同，淺紫色，就是紅色，紫色則是青紅相合而成的顏色。表中「紫髯」，滿文譯作 "salu fulahūn"，意即「淺紅鬚」。「紫鬚」，滿文譯作 "salu fulgiyan"，意即「紅鬚」。「紅」與「紫」，色彩不分。

　　表中「生受」，滿文譯作 "joboho"，意即「勞苦」。「粉墻」，滿文譯作 "šanggiyan fajiran"，意即「白墻」。

　　漢文「藝術」，是指有審美價值的創作，如音樂、詩歌、雕刻、建築、繪畫、舞蹈、戲劇、電影，號稱八大藝術。古人認為醫生行醫，也是一種藝術。表中「遊藝」，滿文譯作"daifurame yabuha"，意即「行醫」。宮中后妃嬪貴人所居住的旁舍，俗稱掖庭。宮殿的邊垣，俗稱掖垣。表中「掖門」，滿文譯作"dalbaki duka"，意即「旁門」。佛寺住持，習稱方丈。表中「方丈」，滿文譯作"miyoo i boo"，意即「廟房」。佛寺中的廳堂，住持接待隨喜遊客的房間，亦稱方丈。

　　漢文「外甥」，規範滿文譯作"ina"。表中「甥」，滿文譯作"eyun i jui"，意即「姊姊之子」，姊妹之子，就是外甥。滿文"cacari"，是指涼棚，方形大天幕、尖頂大帳篷、大帷幄，都是"cacari"，表中「帳」，或譯作"monggo boo"，意即「蒙古包」；或譯作"cacari"，"cacari fejile"，意即「帳下」。地上高起的土堆，習稱小丘。表中「丘山」，滿文譯作"den alin"，意即「高山」。「虎踞」，句中「踞」，意即「蹲在物體上面」。表中「虎踞」，滿文譯作"tasha, buya gurgu be jafara"，意即「虎捕捉小獸」。「鯨吞」，滿文譯作"amba nimaha, buya nisiha be nunggere"，意即「大魚吞食小魚」。

　　滿、漢的種族意識，反映在遣詞用字上，南蠻北狄，東夷西戎，番胡，夷狄，漢族強調夷夏之防，歧視邊疆少數民族，滿族強調中華一體。表中「蠻夷」，滿文譯作"man i gurun"，意即「蠻夷國」。「夷狄」，滿文譯作"tulergi gurun"，意即「外國」。表中「夷狄」，又譯作"monggoi gurun"，意即「蒙古國」。「胡人」、「番」，滿文俱作"monggo gurun"。「胡漢」，滿文譯作"monggo nikan"，意即「蒙漢」。清朝的民族政策，強調大一統的概念，內外一體，所謂「南蠻北狄」，是魏晉南北朝偏安局勢下狹隘種族意識醜化少數族群的用詞。

六、滿漢詞彙的讀音對照

滿漢詞彙讀音對照表

順次	漢文	滿文	羅馬字轉寫	備註
1	鄆城		niyei ceng	
2	鄆郡		niyei jiyūn	
3	姓秦名宓		hala cin, gebu ni	
4	密州		ni jeo	
5	禰衡		ni heng	
6	冒頓		me te	
7	桃花		tooro ilga	
8	會稽		hūi ji	
9	澠池		miyan cy	

順次	漢文	滿文	羅馬字轉寫	備註
10	劉瑣		lio tui	
11	解良		hiyei liyang	
12	夏侯惇		hiya heo tūn	
13	樂進		yo jin	
14	徐璆		sioi lio	
15	頓丘		tūn cio	
16	解良		siyei liyang	
17	劉辟		lio pi	
18	單福		šan fu	
19	張繡		jang šeo	
20	烏戈國		ug'o gurun	

順次	漢文	滿文	羅馬字轉寫	備註
21	費褘		fei wei	
22	伏波將軍		fu po jiyanggiyūn	
23	蔡瑁		ts'ai moo	
24	的盧馬		di lu morin	
25	麥城		me ceng	
26	劉瑁		lio moo	
27	沮授		dzu šeo	
28	馬日磾		ma mi di	
29	樂毅		yo i	
30	麒麟		cilin	
31	臥龍岡		o lun g'ang	
32	曹參		ts'oo dzan	

順次	漢文	滿文	羅馬字轉寫	備註
33	岹碭山		mang seng san alin	
34	夫差		fu ca	
35	丁廙		ding i	
36	丁儀		ding ii	
37	遁甲		tūn jiya	
38	鹿		bugū	
39	臥牛山		o nio san alin	
40	豺狼		niohe yargū	
41	牡丹花		mudan ilga	
42	昨		sikse	

順次	漢文	滿文	羅馬字轉寫	備註
43	青氣		yacin sukdun	

資料來源：李卓吾原評《三國志》滿漢合璧本

　　《三國志通俗演義》滿漢合璧本，因為是對譯的，對照滿漢詞彙，有助於了解漢字的讀音。河南鄴郡，是舊縣名，「鄴」，漢字辭書讀音作「業」。表中「鄴城」，滿文讀作"niyei ceng"，句中「鄴」，滿文讀作"niyei"，音「捏」。表中「鄴郡」，滿文讀作"niyei jiyūn"。「鄴」，不讀「業」。漢字「宓」，讀「密」，意即「安靜」。讀「扶」，則指姓氏，如伏羲，又作「宓羲」。曹植〈洛神賦〉中云：「古人有言，斯水之神，名曰宓妃」。句中「宓」，讀作「扶」。伏羲氏之女宓妃，相傳溺死於洛水，遂為洛水之神。表中「姓秦名宓」，滿文讀作"hala cin, gebu ni"，句中"ni"，音「妮」，不讀「扶」。表中「密州」，滿文讀作"ni jeo"，句中"ni"，音「妮」，不讀「蜜」。「禰衡」，句中「禰」，姓氏音「迷」，禰衡，東漢平原人，性極剛傲，曾經裸身擊鼓，大罵曹操。表中「禰衡」，滿文讀作"ni heng"，句中"ni"，音「妮」，不讀「迷」。「冒頓」，是漢初匈奴單于，音「莫毒」，表中「冒頓」，滿文讀作"me te"，音「墨特」不讀「莫毒」。

　　桃花，滿文讀作"toro ilga"。表中「桃花」，滿文譯作"tooro ilga"，讀音不同。會稽，是浙江地方的古地名，音「貴雞」。表中「會稽」，滿文讀作"hūi ji"，音「惠雞」。漢字「澠」，地方音各地不同，源出山東臨淄的澠水，亦稱漢溱水。句中「澠」，音「繩」。源出河南廣陽山的澠河，句中「澠」，音「敏」。表中「澠池」，滿文讀作"miyan cy"，音「勉池」。表中「劉璝」，滿文讀作"lio

tui"，句中"tui"，音「頹」。漢字「解」，姓氏，音「謝」。表中
「解良」，滿文讀作"hiyei liyang"，句中"hiyei"，音「謝」。滿
文又譯作"siyei liyang"，句中"siyei"，音「謝」。

　　漢字「惇」，音「蹲」。表中「夏侯惇」，滿文讀作"hiya heo
tūn"，句中"tūn"，音「屯」。漢字「樂」，姓氏，音「越」。表
中「樂進」、「樂毅」，滿文讀作"yo jin"、"yo i"，句中"yo"，
音「右」。漢字「璆」，音「求」。表中「徐璆」，滿文讀作"sioi lio"，
句中"lio"，音「劉」。漢字「辟」，音「必」，又音「闢」。表中
「劉辟」，滿文讀作"lio pi"，句中"pi"，音「闢」。表中「單
福」，滿文讀作"šan fu"，句中"šan"，音「善」。漢字「繡」，
音「秀」。表中「張繡」，滿文讀作"jang šeo"，句中"šeo"，音
「受」。漢字「戈」，音「哥」。表中「烏戈國」，滿文讀作"ug'o
gurun"，句中"ug'o"，音「烏構」。漢字「禕」，音「依」。表中
「費禕」，滿文讀作"fei wei"，句中"wei"，音「偉」。漢字「波」，
音「剝」。表中「伏波將軍」，滿文讀作"fu po jiyanggiyūn"，句
中"po"，音「剖」。漢字「瑁」，音「妹」。表中「蔡瑁」，滿文
讀作"ts'ai moo"。「劉瑁」，滿文讀作"lio moo"。句中"moo"，
音「帽」。劉備乘騎的馬，名「的盧馬」，傳說能妨害馬主。表中
「的盧馬」，滿文讀作"di lu morin"，句中"di"，音「第」。

　　漢字「麥」，音「賣」。表中「麥城」，滿文讀作"me ceng"，
句中"me"，音「末」。漢字「沮」，音「矩」。表中「沮授」，滿
文讀作"dzu šeo"，句中"dzu"，音「阻」。表中「馬日磾」，滿
文讀作"ma mi di"，句中"mi"，音「迷」。麒麟，滿文音譯作
"kilin"，表中「麒麟」，滿文讀作"cilin"。漢文「臥」，音「窩」。
表中「臥龍岡」，滿文音譯作"o lun g'ang"。「臥牛山」，滿文讀
作"o nio san alin"。句中"o"，音「喔」。表中「曹參」，滿文
讀作"ts'oo dzan"，句中"dzan"，疑誤。漢字「參」，音「餐」，
或音「申」。表中"dzan"，似當作"ts'an"。漢字「碭」，音「宕」。

表中「岮磖山」，滿文讀作 "mang seng san alin"，句中 "seng"，音「僧」。春秋時的吳王「夫差」，讀音「膚釵」。表中「夫差」，滿文讀作 "fu ca"，句中 "ca"，音「插」。表中「丁廙」，滿文讀作 "ding i"，「丁儀」，滿文讀作 "ding ii"，"i" 與 "ii" 的差異，不可忽略。漢字「遁」，音「鈍」。表中「遁甲」，滿文讀作 "tūn jiya"，句中 "tūn"，音「屯」。鹿，規範滿文讀作 "buhū"，表中「鹿」，滿文讀作 "bugū"。豺狼，規範滿文讀作 "niohe yarhū"，表中「豺狼」，滿文讀作 "niohe yargū"。牡丹花，規範滿文讀作 "modan ilga"，表中「牡丹花」，滿文讀作 "mudan ilga"。表中「昨」(sikse)、「青氣」(yacin sukdun)，句中 "k"，當作陽性 "k"。

七、滿文繙譯的規範問題

滿漢詞彙對照表

順次	漢文	滿文	羅馬字轉寫	備註
1	桃園		tooro yafan	
2	桃園		toro yafan	
3	貂蟬		diyoocan	
4	貂蟬		diyoo can	
5	袁術		yuwanšu	

順次	漢文	滿文	羅馬字轉寫	備註
6	袁術		yuwan šu	
7	張繡		jang šeo	
8	張繡		jang sio	
9	百姓		tanggū hala i irgen	
10	百姓		geren irgen	
11	百姓		irgen	
12	老母		sakda aja	
13	老母		sakda eniye	
14	老母		sakda eme	
15	大丈夫		amba haha	

順次	漢文	滿文	羅馬字轉寫	備註
16	大丈夫		sain hahasi	
17	大丈夫		haha niyalma	
18	英雄		mangga baturu	
19	英雄		baturu mangga	
20	英雄		baturu kiyangkiyan	
21	社稷		še ji	
22	社稷		gurun i doro	
23	社稷		han i doro	

順次	漢文	滿文	羅馬字轉寫	備註
24	赤兔馬		c'ytu morin	
25	赤兔		citu morin	
26	青牙旗		yacin tu	
27	青袍		yacin etuku	
28	皂旗		yacin tu	
29	青蛇		sahaliyan meihe	
30	青天		genggiyen abka	

資料來源：李卓吾原評《三國志》滿漢合璧本

從簡表所列滿漢詞彙，可以說明《三國志通俗演義》滿文譯本並不規範。譬如：桃園，或譯作 "tooro yafan" ，或譯作 "toro yafan" ，讀音不同。貂蟬，或譯作 "diyoocan" ，或譯作 "diyoo

can"。袁術,或譯作"yuwanšu",或譯作"yuwan šu"。或連寫,
或不連寫,並不一致。張繡,或譯作"jang šeo",或譯作"jang
sio",讀音不同。百姓,滿文或譯作"tanggū hala i irgen",意即
「百姓之民」,或譯作"geren irgen",意即「眾民」,或譯作
"irgen",意即「民人」。

老母,滿文或譯作"sakda aja",意即「老娘」,或譯作"sakda
eniye",意即「老母親」,或譯作"sakda eme",意即「老母」。
大丈夫,滿文或譯作"amba haha",意即「大男人」,或譯作"sain
hahasi",意即「好漢們」,或譯作"haha niyalma",意即「男人」。

英雄,滿文或譯作"mangga baturu",或譯作"baturu
mangga",意即「好漢勇士」,或「勇士好漢」。英雄,滿文又譯
作"baturu kiyangkiyan",意即「驍勇」。社稷,或按漢字讀音譯
作"še ji",或譯作"gurun i doro",意即「國體」,或「國道」。
滿文又譯作"han i doro",意即「帝業」或「帝統」。赤兔即赤兔
馬,滿文按漢字音譯,或作"c'ytu morin",或作"citu morin"。
滿文"yacin",意即「黑的」,又作「青的」,與滿文"sahaliyan"
(黑),不易區分。譬如皂旗即黑旗,滿文譯作"yacin tu",簡
表中青牙旗,是一種青色尖角旗,滿文譯作"yacin tu"。青袍,
滿文譯作"yacin etuku"。至於青蛇,滿文譯作"sahaliyan
meihe",意即「黑蛇」。又如青天,滿文譯作"genggiyen abka",
意即「清天」。漢文「清天白日」,滿文當譯作"genggiyen abka gehun
šun",意即「光天化日」。《三國志通俗演義》滿文譯本雖然並
不規範,但是,對照滿漢文詞彙,有助於進一步了解滿漢文的
詞義。

八、民間諺語的滿文繙譯

　　諺語是流傳於民間的一種俗語，言簡意賅，通俗生動，富有啓發性和教育意義。它的内容，上涉天文，中關人事，下及地理。如果說春天是美麗的季節，諺語便是春天的花朵。滿漢諺語無論在語義内容上，還是在語言形式上，或是在語體風格上都有它的共同性。但因滿漢民族在形成、發展過程中的差異，逐漸創造出具有自己民族特色的語言藝術。滿族諺語生動地反映了早期騎射生活的特點，常以各種動物的習性構成諺語的基本題材，雖然語言樸素，但它蘊含的哲理，却十分深刻。

　　諺語是從長期的生活經驗中提煉出來的一種口頭語言，又稱俚語、俗言，說明了諺語的口語性及其通俗性。常用滿漢諺語，多冠以「俗諺」、「諺曰」、「俗語說」、「俗話說」、「常言道」、「古人云」、「聖人有云」等字樣。其中「俗諺」，滿文讀如 "dekdeni gisun de henduhengge"；「諺曰」，滿文讀如 "dekdeni henduhengge"；「俗話說」，滿文讀如 "dekdeni gisun"；「俗語說」，滿文讀如 "dekdeni henduhe gisun"，又讀如 "dekdeni gisun de gisurehe"，又讀如 "an i gisun de henduhengge"，「常言道」，滿文讀如 "an i gisun"，又讀如 "niyalma i henduhe gisun"，又讀如 "dekdeni henduhengge"，又讀如 "hendure balama"；「古人云」，滿文讀如 "julgei niyalmai henduhe gisun"，滿漢文並不規範，可以說明諺語生動、形象、通俗的多元性文化的特點。我國滿漢諺語，資源豐富。滿漢文本《三國志通俗演義》含有豐富的諺語，對滿文的學習，提供了珍貴的教材。可舉例如後，先列滿文例句，然後轉寫羅馬拼音，並照錄漢文。

古人云：「兔死狐悲，物傷其類。」

聖人有云：「禍福將至，善必先
　　知之，不善必先知之。」

古人云：「天下者，非一人之天
　　下，乃天下人之天下也。」

聖人云：「鳥之將死，其鳴也哀；
　　人之將死，其言也善。」

蓋聞馬逢伯樂而嘶，人遇知己而
死。

julgei niyalma i henduhengge, gūlmahūn bucehe manggi, dobi duwali kokiraha
　　seme songgombi sehebi.

enduringge niyalmai henduhengge, jobolon hūturi isinjiha de ehe sain be urunakū
　　doigon de sambi sehebi.

julge niyalmai henduhengge, abkai fejergi serengge, emu niyalmai abkai fejergi
　　waka, abkai fejergi niyalmai abkai fejergi sehebi.

enduringge niyalmai henduhengge, gasha buceme hamika de tere i guwenderengge
　　usacuka, niyalma buceme hamika de tere i gisun jilaka sehebi.

julge i niyalma henduhengge, sain morin, belo be saha de incambi, niyalma beye be
　　sara ejen be ucaraha de bucembi.

　　前引諺語中「古人云：兔死狐悲，物傷其類。」滿文讀作 "julgei
niyalma i henduhengge, gūlmahūn bucehe manggi, dobi duwali
kokiraha seme songgombi sehebi." ，意即「古人云：兔死後，狐傷
其類而哭泣。」「聖人有云：禍福將至，善必先知之，不善必先知

之。」，滿文讀作 "enduringge niyalmai henduhengge, jobolon hūturi isinjiha de ehe sain be urunakū doigon de sambi sehebi."，意即「福禍到來時，善惡必預先知道。」文義稍有出入。「古人云：天下者，非一人之天下，乃天下人之天下也。」滿文讀作 "julge niyalma henduhengge, abkai fejergi serengge, emu niyalmai abkai fejergi waka, abkai fejergi niyalmai abkai fejergi sehebi."，意即「天下者，非一人之天下，乃天下人之天下也。」滿漢文義相合，惟句中 "julge niyalma"，當作 "julgei niyalma"，或作 "julge i niyalma"，句中脫落 "i"。「聖人云：鳥之將死，其鳴也哀；人之將死，其言也善。」滿文讀作 "enduringge niyalmai henduhengge, gasha buceme hamika de tere i guwenderengge usacuka, niyalma buceme hamika de tere i gisun jilaka sehebi."，意即「聖人云：鳥之將死，其鳴也哀；人之將死，其言也可憐。」，句中 "jilaka"，意即「可憐」，或作「可憫」。「蓋聞馬逢伯樂而嘶，人遇知己而死。」滿文譯作 "julge i niyalma henduhengge, sain morin, belo be saha de incambi, niyalma beye be sara ejen be ucaraha de bucembi."，意即「古人云：好馬逢伯樂而嘶，人遇知己之主而死。」滿漢文義，稍有出入。句中「蓋聞」，滿文讀作 "julge i niyalma henduhengge"，意即「古人云」。句中 "niyalma"，當作 "niyalmai"。

九、《三國志通俗演義》滿文譯本的頒行與清朝關帝崇拜的普及

三國時期的蜀國名將關公，從唐代以來，中原內地對他的崇拜，已經很盛行，而且逐漸成為佛教和道教共同崇拜的神祇。佛教寺院尊關公為伽藍神之一。唐高宗儀鳳年間（676-678），佛教禪宗北派六祖神秀在玉泉山建造佛寺時，即以關公為伽藍神。宋哲宗紹聖三年（1096），賜關公玉泉寺廟

額為「顯烈廟」。宋徽宗崇寧元年（1102），因關公神力破除解州鹽池蚩尤禍患，加封關公為崇寧真君，追贈「忠惠公」。大觀二年（1108），加封關公為「武安王」。宋高宗建炎三年（1129），封為「壯繆義勇王」。

　　基於政治的考量，元、明兩代對關公也大加勅封。明世宗嘉靖十年（1531），勅封關公為「漢關帝壽亭侯」，開始稱關公為「帝」。明神宗萬曆年間（1573-1620），明廷勅封關公為「協天護國忠義大帝」，道教尊關公為「三界伏魔大帝神威遠震天尊關聖帝君」，簡稱關聖帝，或關帝，尊號顯赫。

　　關帝崇拜傳入遼東後，很快地被女真人或滿族等少數民族所接受。這位由英勇善戰的忠義名將演化而來的神祇，對崇尚武功，恪守信義的邊疆民族，具有特殊的吸引力。蒙古、女真部落首領與明朝邊將盟誓時，照例要請出雙方都篤信的關帝神像。例如明思宗崇禎九年（1636）十二月，宣大總督盧象昇奏報，是月初八日，山西大同署殺胡堡守備高鷥，與蒙古台吉議定邊約，宰殺黑牛一隻，烏雞一隻，請來關聖帝神像，傍立大刀二口，下立腰刀四十餘口，擺設香案祀奠，用黃表寫立台吉、頭目年庚誓狀一通，歃血盟誓，將血酒拋天徧飲，宣誓恭順明朝，出力報効。

　　《三國志通俗演義》是一部膾炙人口的章回小說，書中描寫關公的神武忠義，既生動，又感人。清太祖努爾哈齊好看《三國志通俗演義》，從中吸取政治、軍事謀略，關公的勇武形象，也成了努爾哈齊心目中的楷模。清太宗皇太極也非常喜愛閱讀《三國志通俗演義》，這部小說幾乎成為努爾哈齊、皇太極父子制訂內外國策、作戰方略，甚至為人處世所不可或缺的依據。

　　皇太極在位期間（1627-1643），曾命達海等人將《三國志通俗演義》繙譯成滿文，多爾袞攝政期間，又命滿族學士查布海等人繼續繙譯，校訂刊刻，頒給八旗將領，成為他們學習兵法的秘籍。滿族社會普遍的崇奉關公，確實是受《三國志通俗演義》滿文譯本的重大影響。清人王嵩儒就說過，「本朝未入關之先，以繙譯《三國志演義》為兵略，故極崇拜關羽。其後有託為關神顯靈衛駕之說，屢加封號，廟祀遂徧天下。」《三國志通俗演義》滿文譯本在滿洲社會的廣泛流傳，對關公的神武忠義故事，可謂家喻戶曉，關公就這樣以戰神的形象進入了滿、蒙等少數民族的社會，為各少數民族所頂禮膜拜。

　　《三國志通俗演義》滿文譯本附有關公本傳譯文，譯出羅馬拼音，並附錄漢文如下：

juwan bithe de henduhengge, guwan gung ni bisire fonde, saisa be gingguleme daifu hafasa be kunduleme, fejergi be gosime, ishunde becunure urse, guwan gung de habšanjiha de, guwan gung nure omibume acabumbi. niyalma temšendume becunumbihe de habšara be jenderakū ofi, kemuni hendurengge mafa aikabade joborahū seme, tere fon i niyalma sirkedeme habšahakūbi. tuttu ofi julge te i urse gemu tukiyeme guwan mafa seme hedumbihebi. jang i de banjitai hatan furu, udu dergi urse be kundulecibe, fejergi niyalma be gosirakū, yaya niyalma becunufi habšaha de uru waka be fonjirakū gemu wame ofi, amala niyalma wara de geleme habšanarakū bihebi, tuttu ofi guwan gung de irgen habšara be jenderakū, i de de irgen geleme habšarakū. terei wesihun ujen ningge tuttu kai.

傳曰：關公在生之時，敬重士大夫，撫恤下人，有互相毆罵者，告於公前，公以酒和之，後人爭鬥，不忍告理。常曰：恐犯爺爺也。時人為此不忍繁瀆焉，故自古訖今，皆稱曰：關爺爺也。張翼德平生性躁，雖敬上士，而不恤下人。凡有士卒爭鬥，告於飛前，不問曲直，並皆斬之。後人為此，不敢告理，但恐斬之，所以關公為人民不忍犯，翼德為人民不敢犯，其貴重也如此。

引文中敘述關公「敬重士大夫，撫恤下人」，張飛「雖敬上士，而不恤下人」。天聰七年（1633）六月，明將孔有德、耿仲明等率領部眾歸順滿洲，皇太極欲行抱見禮，以示隆重，諸貝勒反對抱見，請以一般禮儀相見。皇太極即引用關公敬上愛下的故事，對降將行抱見禮。他說：

> 昔張飛尊上而陵下，關公敬上而愛下，今以恩遇下，豈不善乎？元帥、總兵曾取登州，攻城略地，正當強盛，而納款輸誠，遣使者三，率其兵民，航海衝敵，來歸於我，功孰大焉？朕意當行抱見禮，以示優隆之意。

相見禮儀議定行抱見禮，孔有德等降將向皇太極叩頭後，抱膝相見，諸貝勒俱行抱見禮。

天聰九年（1635）三月，皇太極遣朝鮮使臣李俊回國，並致書朝鮮國王，《滿文原檔》詳載國書內容，書中記載皇太極曾引黃忠落馬，關公不殺的一段故事來指責朝鮮國王的背信棄義。《滿文原檔》有一段記載說：

> julge huwangdzung, guwan gung ni emgi afara de morin ci tuheke manggi, guwan gung wahakū morin yalubufi dasame afahangge uthai waci ton akū sehengge kai, guwan gung jiyangjiūn bime jurgan be dele arafi yargiyan akdun be jurcehe akū bi, wang emu gurun i ejen kooli be ambula hafuka bi, akdun jurgan be jurcehe doro bio, bi inu kenehunjerakū ofi donjiha babe wang de gidarakū hendumbi.

引文內容，譯出漢文如下：

> 從前黃忠與關公交戰時，從馬上落地後，關公未殺，令乘馬再戰，即使乘危殺之，也不算英勇啊？關公只是將軍，而以義為尚，不違背誠信。王乃一國之主，博通規章，豈有違背信義的道理呢？我也因為深信不疑，故將所聞直言於王而無隱。

在皇太極心目中，關公是一位講信義的英雄，黃忠馬失前蹄，關公並不乘危殺人，國與國之間，必須誠信相孚，然後和議方

能永久遵守。皇太極把《三國志通俗演義》作為治國、治軍的
方略，特別推崇關公，所以常舉關公的故事來教育、訓導大臣。

清太祖天命年間（1616-1626），除了設堂子祭祀外，還在
興京赫圖阿拉東山頂上興建了佛寺、玉皇廟、十王殿等廟宇。
在寧古塔建造佛教、道教寺觀七座，分別供奉觀音、龍王、關
帝駙馬等神。清太宗崇德年間（1636-1643），民間長期頂禮膜
拜的釋迦牟尼佛、觀音菩薩、關帝等已先後躋身於薩滿信仰的
神祇行列，成為滿洲宮廷及民間供奉的三大神祇，反映佛教和
道教的神祇及禮儀，也開始與薩滿信仰合流。崇德八年
（1643），在瀋陽地載門外，敕建關帝廟，賜額「義高千古」。
滿洲入關之初，即在北京興建關帝廟。清世祖順治九年
（1652），敕封關帝為「忠義神武關聖大帝」。清世宗雍正三年
（1725），加封關帝三代公爵，春秋祭祀。《關聖桃園明聖經》
一書所載「關聖帝君世系圖」謂關帝生於東漢桓帝延熹三年
（160）六月二十四日，歿於獻帝建安二十四年（219）十二月
初七日，享年六十歲。民間則以五月十三日為關帝聖誕，又稱
雨節，如遇亢旱，即於是日祈雨。關帝聖誕，皇帝欽派皇子等
人致祭。在錫伯族聚居的村屯中流傳著一種民俗，每逢大旱，
全村男女老幼，每人身背柳條一束，赤著腳，捲起褲腿，對著
天呼喚求雨，然後齊集關帝廟，宰羊祭祀。

清朝崇奉關帝，將關帝與孔子並列，以孔子為文聖，而以
關帝為武聖。《奉化縣志》有一段記載說：「世俗所以崇關帝者，
或目為福祿之神，或惑於《三國志演義》小說。」關帝傳說，
忠義感人，清朝崇奉關帝，確實是受到《三國志通俗演義》這
部小說的影響。清朝皇帝提倡關帝崇拜，確實有其政治目的，
雍正八年（1830）七月十一日，《起居注冊》記載一段諭旨，

雍正皇帝命內閣在京城白馬關帝廟旁選擇吉地,為開國以來盡忠報國,完名全節的滿漢文武大臣修建賢良祠,春秋祭祀。雍正皇帝在京城關帝廟旁建造賢良祠,將已故忠君愛國的滿漢文武大臣入祀祠內,其目的就是令當時及後世的臣民見賢思齊,為清朝効命。

乾隆皇帝提倡關帝崇拜,更是不遺餘力。乾隆四十一年(1776),詔改關羽本傳諡號「壯繆」為「忠義」。乾隆四十三年(1778),奉旨重修承德府麗正門右關帝廟,改用黃瓦。明清帝王,崇尚黃色,黃色物件,皇帝之外,禁止使用,關帝廟改用黃瓦,是提高關帝地位的具體表現。漢大臣之中曾以「關帝」字樣隱寓把皇帝關起來,或拘禁皇帝之意,語涉違礙,奏請改名。乾隆皇帝以關帝崇拜由來已久,可以聽其自然。乾隆皇帝崇奉關帝,稱關帝為關西夫子。

有清一代,對關帝的崇奉,可以說是達到登峰造極的地步,關帝變成了天神,成為滿族等北方少數民族的保護神,屢次顯靈,每度過一次重大的災難,清廷都要加封關帝,感謝關帝在冥冥之中暗加護佑。關帝廟與禹王廟、淮神廟、顯王廟、風神廟並列,每當暴風雨侵襲,地方水患,河工保護無虞,認為就是關帝等神祇的默佑,方能化險為夷。因此,水災過後,清廷照例發下藏香,在關帝廟、禹王廟、淮神廟、顯王廟、風神廟上香致謝。當天地會首領林爽文率眾起事以後,臺灣府城安然無恙,據地方官奏報,是因為府城東門城樓上關帝顯靈賜佑。大學士福康安率領大軍安穩渡過臺灣海峽,迅速平定亂事,相信也是關帝暗加護佑。乾隆五十三年(1787)七月十九日,乾隆皇帝頒降諭旨,臺灣府城改建城垣時,即重修關帝廟,將殿宇擴建,使其輪奐一新,但不可換塑關帝聖像。咸豐八年

（1858）十二月間，太平軍數千人圍攻福建寧洋縣城，城內兵勇單薄，眾寡懸殊，縣城危急，但是太平軍卻屢攻不下。據知縣稟稱，寧洋地方崇奉關帝君已經二百餘年，太平軍攻城時，眾人見城上旗幟人馬甚多，鎗刀挑列，礮聲震地，關聖帝穿著綠袍，狀貌魁偉，往來指揮，太平軍驚駭退散。閩浙總督慶端認為縣城轉危為安，實出關聖帝君神靈顯應，護國佑民，因此，奏請欽頒匾額。

　　滿洲稱「爺爺」為 "mafa"，漢字音譯作「瑪法」。《三國志通俗演義》中「關爺爺」，滿文譯本作 "guwan mafa"。關帝被滿族親切地恭稱「關瑪法」，在滿族長篇說部中，「關瑪法傳奇」佔有重要一席。用滿洲語講述，邊講邊唱，唱念相合，滿族老幼多喜聞樂聽。在滿族社會中講述的關瑪法故事，內容豐富，包括關瑪法出世於東海，盜馬、比武等情節，其飲食用具、穿著服飾及禮儀等都已滿族化，在中國北方少數民族社會中，關帝就是一位頗具北方民族個性的神話人物。在北方少數民族心目中，關帝和岳飛不同，岳飛飢餐胡虜肉，渴飲匈奴血，直搗黃龍的民族意識，引起北方各少數民族的深惡痛絕。在關帝的傳說中，種族意識，並不濃厚，滿洲化的關瑪法，頗能為蒙古、達呼爾、錫伯等族所接納。在明代，岳飛與關公可以說是平起平坐的，兩人同被供奉在關岳廟中，左關公，右岳飛，兩人都居正位，後來關岳廟改稱武廟，關公是三界伏魔大帝，岳飛是三界靖魔大帝。但是到了清朝，關公的地位不斷提高，清朝皇帝褒揚關公的忠義神武，不僅藉崇奉關帝來籠絡蒙古諸部，也為明末遼東降將及關內漢族提供強有力的理論根據，希望天下臣民效法關公的既忠且義，共同為清朝効力，以關公為榜樣。到了雍正年間，岳飛的靖魔大帝匾額已被下令從武廟中搬了出來。乾隆皇帝提倡忠君，更是不遺餘力，崇奉關帝就是忠君思想下的具體表現。

　　清代遼東地區，關帝廟到處林立，反映中國東北各少數民族的社會中關帝崇拜的普及。根據文淵閣寫本《欽定盛京通志》一書的記載，可將乾隆四十七年（1782）以前盛京各屬的關帝廟數目列出簡表如下：

清代前期盛京各屬關帝廟統計表

府	州	縣（城）	廟數	合計
奉天府	遼陽州	承德縣	3	
			2	
		海城縣	2	
		蓋平縣	3	
		開原縣	3	
		鐵嶺縣	2	
	復州		7	
		寧海縣	1	
		岫巖城	2	
		鳳凰城	1	26
錦州府	寧遠州	錦縣	16	
			16	
	義州	廣寧縣	6	
			6	44
吉林		吉林	3	
		寧古塔	3	
		伯都訥	1	
		三姓	2	
		阿勒楚喀	2	
		打牲烏拉	2	
		拉林	1	14

府	州	縣（城）	廟數	合計
黑龍江		齊齊哈爾	2	
		墨爾根	1	
		黑龍江	1	
		呼倫布爾	1	
		呼蘭	1	6
總計			90	90

　　由前列簡表可知乾隆四十七年（1782)以前，盛京各屬關帝廟多達九十座，可以說明遼東地區關帝崇拜的普及。根據光緒十三年（1887)刊印《承德府志》的記載，可將承德府境內各關帝廟的分佈及其建造年代，列出簡表如下：

順次	分佈地點	建造年分
1	承德府糧食街	康熙五十年（1711）
2	喀喇河屯營西	康熙五十四年（1715）
3	北二道河	康熙五十五年（1716）
4	金沙灘	康熙五十七年（1718）
5	喀喇河屯東南	康熙年間（1662-1722）
6	扎薩克旗茶棚	雍正五年（1727）
7	小子溝	雍正八年（1730）
8	承德府西南街	雍正十年（1732）
9	土城子西	雍正十年（1732）
10	黃姑屯	
11	郭家屯五十里湯泉	
12	大閣兒東南七十里鑲黃旗營	
13	大閣兒東南七十里頭道營	
14	大閣兒北八十里上黃旗	
15	大閣兒北一百二十里件圈子	

順次	分佈地點	建造年分
16	大閣兒西北一百四十里四岔山	
17	土城子東距治一百六十里官道側	
18	黃姑屯北八里阿拉營	
19	黃姑屯東北九里興隆嶺	
20	八溝河南	雍正十二年（1734）
21	北二道河	乾隆二年（1737）
22	七家茶棚	乾隆二年（1737）
23	八溝南	乾隆三年（1738）
24	塔子溝東街	乾隆七年（1742）
25	大鹿溝	
26	五道溝東南	
27	莊頭營	
28	三座塔城內東塔右	乾隆十三年（1748）
29	縣城東南隅	乾隆十四年（1749）
30	獅子溝	乾隆二十年（1755）
31	二道河	乾隆二十年（1755）
32	靳家溝	乾隆二十三年（1758）
33	青石梁官道側	乾隆二十三年（1758）
34	巴克什營	
35	河東	乾隆二十五年（1760）
36	三道河	

由前列簡表可知承德府境內關帝廟共計三十六座，其建造時間，主要在康熙末年至乾隆中葉。雍正十年（1732），承德府西南街建造的關帝廟，由雍正皇帝親自題寫廟額為「忠義伏魔」。此外，

據《遼陽縣志》記載，遼陽縣境內關帝廟，共計二十九座。東北地區，關帝廟林立，確實有其政治意義。

　　佛教、道教思想盛行以後，北方少數民族多喜歡以佛、道神祇來為新生的嬰兒命名，逐漸形成一種風氣。以乾隆朝《起居注冊》為例，常見的佛、道神祇名字包括：佛保、神保、佛會保、三神保、七星保、千佛保、諸神保、眾神保、那摩佛、福神保、文殊保、菩薩保、觀音保、釋迦保、彌勒保、韋陀保、地藏保、關聖保、關帝保、關音保、伏魔保、武神保等等不勝枚舉。關帝崇拜普及以後，關帝不僅進入了薩滿信仰的神祇行列，同時也進入了東北少數民族的日常社會生活裡，其具體的表現，就是有不少人喜歡以關帝命名，目的是祈求關帝的默佑，以求平安。

　　乾隆二十八年（1763）四月初四日，《起居注冊》有一段記載說：「鑲黃旗滿洲都統奏請補授防禦員缺，帶領保送人員引見，奉諭旨，著關音保補授防禦。」關音保，讀音近似觀音保，但以「關」字取代「觀」，目的是祈求關帝和觀音菩薩的共同保佑。伏魔保一名，是因關帝又稱三界伏魔大帝而得名。達呼爾族受漢族的影響，對關帝的崇奉，也很普遍。黑龍江璦琿地區的一些達呼爾族村屯，每屯都有一座小型關帝廟，祠廟的規模不大，多為木板結構，廟內供有關帝畫像，兩側還供奉龍王、娘娘等神。傳說關帝神是由達呼爾族出外當兵的人帶回來的，認為關帝是武神，能保佑出征的達呼爾人打勝仗，並且平安返回。滿族或達呼爾族社會中所常見的武神保這個名字，就是因關帝被尊奉為武神而得名，武神保就是關帝保。《清史稿》記載道光二十年（1840），關聖保補授禮部侍郎。據清代傳記資料記載，關聖保是滿洲鑲藍旗人，伊爾根覺羅氏，關聖保就是因關帝又稱關聖帝君而得名。東北各少數民族喜歡以關帝命名，分別取名為關帝保、關聖保、武神保、伏魔保、關音保等等,都是關帝崇拜的具體例證,相信關帝是保護神,為了祈求關帝的保佑,而以關帝命名,取名關帝保、關聖保等名字,相信冥冥之中,可以得到關帝的默佑。

薩滿信仰是北亞草原社會的共同信仰,相信萬物有靈,是屬於多神崇拜。中國北方各少數民族長期接觸佛教及道教以後,使薩滿信仰的神祇體系產生了很大的變化,佛教、道教的神祇,相繼進入了薩滿信仰的行列,中原漢族崇奉的關帝,也以忠義武神的形象登上了薩滿信仰的神壇,成為一位頗具北方民族個性的關瑪法(guwan mafa),而為滿洲、蒙古、達呼爾、錫伯等族所接納。由於《三國志通俗演義》滿文譯本的刊印,清朝皇帝的提倡忠君思想,關帝的地位遂不斷提高,超過了皇帝,與孔子並列為聖人,也成了天神,是清朝的保護神。從遼東地區關帝廟到處林立,廟祀遍及東北的事實,可以說明北方少數民族對關帝的頂禮膜拜,已經超越了民族情感,打破了種族界限。關帝不僅進入了北方民族的精神生活,同時也進入了他們的社會生活,有不少的家庭喜歡以關帝命名。從薩滿信仰神祇體系的演化,可以反映關帝崇拜的普及;由於薩滿信仰的盛行,則有助於關帝崇拜的普及。北方少數民族關帝崇拜的日益普及,有助於滿漢文化的同化及民族的融合。神話中的關帝,在中國文化及中國民族的發展演進過程中確實扮演了重要角色。

十、《三譯總解》滿文與滿漢合璧本滿文的比較——以〈鳳儀亭呂布戲貂蟬〉爲中心

　　西元一九五六年，韓國延禧大學東方學研究所出版《國故叢刊》第九，景印《八歲兒》，一卷，《小兒論》，一卷，《三譯總解》，十卷，《同文類解》，二卷，合輯出版。其中《三譯總解》於清聖祖康熙四十二年（1703）九月開刊。清高宗乾隆三十九年（1774），改刊。原書選譯《三國志通俗演義》十篇，卷一，即第一，篇名為：〈鳳儀亭呂布戲貂蟬〉（fung i ting de lioi bu diyocan i baru efihe）。卷二，即第二，篇名為：〈關雲長千里獨行〉（guwan yūn cang minggan babe emhun yabuha）。卷三，即第三，篇名為：〈諸葛亮智激孫權〉（jug'oliyang argai sun cuwan be jili banjiha）。卷四，即第四，篇名為：〈諸葛亮計伏周瑜〉（jug'oliyang arga i jeo ioi be gidaha）。卷五，即第五，篇名為：〈黃蓋獻計破曹操〉（hūwang g'ai arga deribufi ts'oots'oo be efulehe）。卷六，即第六，篇名為：〈闞澤密獻詐降書〉（g'an dze holtome dahara bithe daldame benehe）。卷七，即第七，篇名為：〈龐統進獻連環計〉（pangtung cuwan holboro arga deribuhe）。卷八，即第八，篇名為：〈曹孟德橫槊賦詩〉（ts'oo meng de gida be hetu jafafi uculehe）。卷九，即第九，篇名為：〈關雲長義釋曹操〉（guwan yūn cang jurgan i ts'oots'oo be sindaha）。卷十，即第十，篇名為：〈錦囊計趙雲救主〉（fadu i arga i joo yūn ejen be tucibuhe）。為了說明《三譯總解》的滿文與滿漢合璧本的滿文，彼此的異同，可以《三譯總解》第一〈鳳儀亭呂布戲貂蟬〉為例，據滿文譯出羅馬拼音及漢文，並作校注如後。

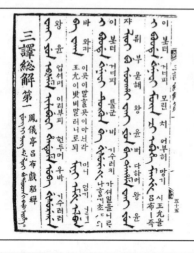

fung i ting de lioi bu diyocan i baru efihe.
wang yun ebšeme ilibufi hendume uba gisurere ba waka, mini emgi elben i boode genefi turgun be gisureki, lioi bu uthai wang yun be dahame wang yun i boode genefi morin ci ebuhe manggi,

鳳儀亭呂布戲貂蟬[1]

王允急止之曰:「此非說話處,請同我到草舍去,訴說其緣故。」呂布即隨王允到王允家,下馬後

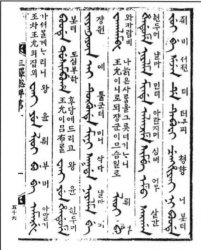

wang yun lioi bu be amargi boode dosimbuha. wang yun hendume, jiyangjiyūn ai turgunde mini sakda niyalma be wakalambi. lioi bu hendume, niyalma minde alanjime simbe emu sargan jui be sejen de tebufi cenghiyang ni boode

王允請呂布進入後堂。王允曰:「將軍何故怪老夫[2]?」呂布曰:「有人來報我,說你把氈車送一女入相府,

---

1 鳳儀亭呂布戲貂蟬,滿漢合璧本滿文讀作 "fung i ting ni boo de, lioi bu diyoocan be efihe",句中 "fung i ting ni boo",《三譯總解》滿文作 "fung i ting";"diyoocan be efihe",《三譯總解》滿文作 "diyocan i baru efihe"。

2 將軍何故怪老夫,句中「將軍」,滿文讀作 "jiyangjiyūn",滿漢合璧本滿文作 "jiyanggiyūn",或 "jiyangjiyūn"。句中「何故」,滿漢合璧本滿文作 "turgun de",此連寫作 "turgunde",異。

benehe sembi, tere diyocan waka oci we. wang yun hendume, jiyangjiyūn dule sarkū nikai. lioi bu hendume, sini dorgi weile be ainambahafi sambi. wang yun hendume, sikse inenggi taisy han i

那不是貂蟬[3]，是誰？」王允曰：「將軍原來不知啊！」呂布曰：「怎能得知你內裡的事？」王允曰：「昨日太師

yamun de mini baru hendume, minde emu gisun bi, cimaha inenggi sini boode geneki sere jakade, bi tuttu emu ajige sarin dagilafi aliyaha bihe, enenggi taisy jifi sarilara dulimbade hendume,

在朝堂上，對我說：『我有一事，明日要到你家。』我因此準備小宴等候。今日太師來，飲宴中間，說：『

3　貂蟬，滿文讀作"diyocan"，滿漢合璧本滿文讀作"diyoocan"。

bi donjici sinde emu sargan jui bi,
gebu diyocan mini jui fung siyan de
bumbi seme angga aljahabi sere,
simbe aikabade burakū ojorahū seme
cohome jombume jihe, sakda niyalma
bi taisy i beye jici

我聞你有一女，名喚貂蟬，已許我兒
奉先，恐你不給，特來提醒。』老夫
我見太師親自到來，

ai gelgun akū jurcembi seme, uthai
diyocan be tucibufi amha taisy de
hengkileme acabuha. taisy hendume,
enenggi sain inenggi bi urun be uthai
gamafi sarin dagilafi fung siyan de
buki seme gamaha.

不敢有違[4]，隨引貂蟬出來拜見公公
太師。太師曰：『今日良辰，我就將
媳婦帶去[5]，備辦酒宴，配與奉先。』

---

4 不敢有違，句中「敢」，規範滿文讀作 "gelhun"，此作 "gelgun"，
 誤。
5 我就將媳婦帶去，滿文讀作 "bi urun be uthai gamafi"，滿漢合璧本滿
 文讀作 "bi urun be gamafi"，句中脫落 "uthai"。

jiyangjiyūn seole, taisy i beye jifi uttu gisureci bi ai gelgun akū marambi. lioi bu hendume, sytu ume wakalara, lioi bu bi ere tašaraha weile be cimaha inenggi aliki, wang yun hendume, mini ajige

將軍試思，太師親臨如此言語，我焉敢推阻？」呂布曰：「司徒不要怪罪，呂布我一時錯見，來日負荊請罪。」王允曰：「我的小

sargan jui miyamiga i jaka majige bihe, jiyangjiyūn i boode gamaha manggi beneki. lioi bu baniha arafi genehe. tere dobori dungdzo diyocan be gaifi jai inenggi morin erin de isitala ilirakū. lioi bu

女頗有些粧奩首飾[6]，待過將軍府下，便當送來。」呂布致謝而去。當夜董卓召幸貂蟬，次日，直至午時未起。呂布

---

6 粧奩首飾，規範滿文讀作 "miyamigan"，《三譯總解》滿文讀作 "miyamiga"，滿漢合璧本滿文讀作 "miyamihan"。

medege gaime cenghiyang ni yamun
de geneci umai mejige akū, dulimbai
boode dosifi takūrara hehesi de
fonjime, taisy aibide bi, hehesi
jabume, taisy ice niyalma i emgi
dedufi ilire unde,

去丞相府中打聽信息，並無音耗，逕
入中堂尋問侍妾太師何在？侍妾答
曰：「太師與新人共寢未起。」

lioi bu tuwaki seme hūlhame dungdzo
deduhe booi jakade genehe. tereci
diyocan ilifi fa jakade funiyehe ijime
tulesi tuwaci omoi dolo emu niyalma i
helme sabumbi, beye den bime
madaga, cencileme

呂布想要窺探，而潛入董卓臥房近
前。其時貂蟬起床於窗下梳頭，向外
看見池中有一人影[7]，身材又高又大，

---

7 池中有一人影，句中「影」，滿文讀作 "helme"，滿漢合璧本滿文讀
作 "helmen"。

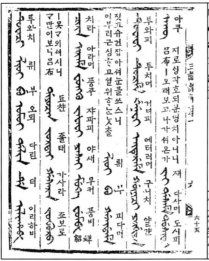

tuwaci lioi bu omoi dalin de ilihabi, diyocan jortai gasara joboro cira arame, fungku jafafi yasai muke fumbi. lioi bu goidame tuwafi tucime genefi eitereme gūnici yargiyan akū, jai dasame dosifi

偷眼視之，呂布立於池畔，貂蟬故做憂愁之態，復以手巾擦拭眼淚。呂布窺視良久，乃出，沉吟思忖，未得真實，少頃又入，

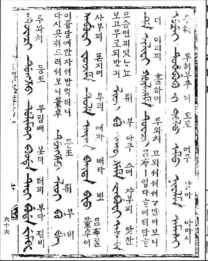

tuwaci dungdzo dulimbai boode tefi buda jembi. dungdzo lioi bu be sabufi fonjime, tule aika baita bio. lioi bu akū seme jabufi ashan de ilifi hūlhame tuwaci, ucei tuhebuku i dolo emu niyalma amasi

見董卓坐於中堂吃飯。董卓見呂布，問曰：「外面有什麼事嗎？」呂布對以無事，侍立於側，偷目窺視，見房門繡簾內一人

julesi yabume dere be dulin tucibufi tulergi baru yasa arame tuwambi. lioi bu diyocan be takafi beye i fayangga beye de akū oho. dungdzo lioi bu i gisun hese ijishūn akū jing dorgi baru tuwara be safi hendume,

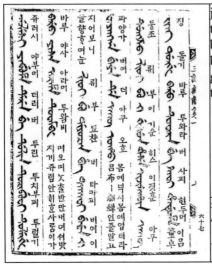

往來行走，露出半面向外，以目送情。呂布知是貂蟬，神魂飄蕩，董卓見呂布語言不順，正向裏面窺視，曰：

fung siyan baita akū oci taka bedere. lioi bu nememe kenehunjeme boode bederehe. sargan lioi bu i joboro cira be safi fonjime, si enenggi dung taisy de wakalabuha aise. lioi bu hendume,

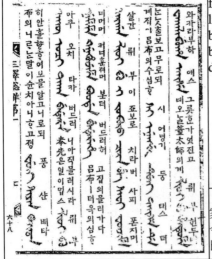

「奉先無事且退。」呂布愈疑回到家，妻見呂布滿臉愁容，問曰：「汝今日莫非被董太師見責來？」呂布曰：

taisy mimbe adarame kadalame mutembi, sargan geleme jai fonjiha akū. lioi bu tereci diyocan be gūnime inenggidari cenghiyang ni yamun de dosici emgeri bahafi acarakū. dungdzo diyocan be gaihaci boco de dosifi

「太師安能制我哉！」妻害怕沒再問。呂布從此思念貂蟬，每日進入丞相府中，不得一見。董卓自納貂蟬後，為色所迷，

emu biya funcetala baita icihiyame tucirakū. tere fonde jing niyengniyeri erin ofi, dungdzo ajige nimeku bahafi nimere de, diyocan etuku surakū tuwakiyame eršembi. dungdzo ambula urgunjehe. emu

月餘不出理事[8]。時值春季，董卓偶染小疾，貂蟬衣不解帶，看護服侍，董卓愈喜

---

8 月餘不出理事，句中「月餘」，滿文讀作 "emu biya funcetala"，滿漢合璧本滿文讀作 "emu biya funcetele"。

inenggi dungdzo bersergen de amhaha
de lioi bu genefi besergen i dalbade
iliha, diyocan besergen i amala ilifi
yasai faha guriburakū jing lioi bu be
tuwambi, emu galai ini beye be
jorimbi, emu galai dungdzo be jorime,
yasai

一日，董卓睡在床上，呂布進去站在
床邊，貂蟬站在床後，目不轉睛地正
望著呂布，以一手指她自己，以一手
指著董卓，

muke emdubei tuhebumbi, lioi bu safi
dolo feser seme genefi damu uju
gehešembi. dungdzo amu suwaliyame
lioi bu i arbušara be sabufi, amasi
forofi tuwaci diyocan wei ping ni
amala ilihabi.

眼淚頻落，呂布見了心碎，只是點
頭[9]。董卓睡意朦朧，看見呂布的
動作，回身一看，見貂蟬立於圍屏
後，

---

9 只是點頭，滿文讀作 "damu uju gehešembi"，句中 "damu"，滿漢合
璧本滿文作 "emu"，誤。

ambula jili banjifi, lioi bu be esukiyeme hendume, si ai gelgun akū mini haji hehe i baru efiyembi sefi, hashū ici ergi urse be hūlafi, ere be jai boode ume dosimbure seme fafulafi, lioi bu be bošome tucibuhe.

大怒，呵斥呂布曰：「汝敢戲我愛姬耶！」喚左右將呂布逐出，傳令不許這廝再入堂中。

lioi bu jili banjifi, ambula seyeme boode bederehe. niyalma tere be li žu de alanaha. li žu ebuhu sabuhū dungdzo de acanjifi hendume, taisy ai turgunde fung siyan be wakalaha. dungdzo

呂布大怒，懷恨而歸。有人將其事告知李儒，李儒急忙來見董卓曰：「太師何故斥奉先？」董卓

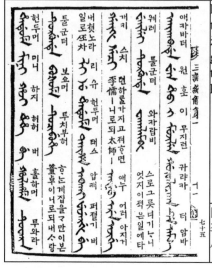

hendume, mini haji hehe be hūlhame tuwara turgunde bošome tucibuhe. li žu hendume, taisy abkai fejergi be gaiki seci, ainu ere ajige weilei turgunde wakalambi. aikabade wen heo i mujilen gūwaliyaka de amba

曰：「因偷窺我愛姬，故逐出[10]。」
李儒曰：「太師欲取天下，何故以此小事而斥責，倘若溫侯心變，

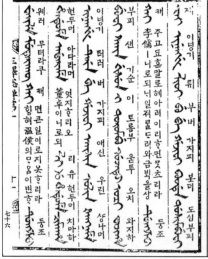

weile muterakū kai. dungdzo hendume, adarame. li žu hendume, cimaha inenggi tere be gajifi aisin ulin šangname bufi sain gisun i torombu uttu oci wajiha kai. dungdzo jai inenggi lioi bu be gajifi boode dosimbufi

大事去矣。」董卓曰：「奈何？」李儒曰：「來日喚他來，賞賜金帛，以好言勸慰，如此則無事矣。」董卓次日喚呂布入堂，

10　因偷窺我愛姬，故逐出，滿文讀作 "mini haji hehe be hūlhame tuwara turgunde bošome tucibuhe"，句中 "turgunde"，滿漢合璧本滿文讀作 "turgun de"。

hendume, bi sikse nimeme ofi dolo faihacame gisurehe gisun be hono sarkū, simbe wakalahabi, si ume ehe gūnire, cimaha inenggi ci mini jaka ci ume hokoro sefi, juwan gin aisin orin gecuheri šangname buhe.

曰：「我昨日因病，心中煩悶，不知所言，責備了你，你不要記心[11]，來日勿離左右[12]。」隨賜金十斤，錦二十疋。

lioi bu baniha arafi hendume, amba niyalma mimbe wakalaha be, bi ai gelgun akū ehe gūnimbi sefi, tereci dolo dosime yabume umai olhoro targarakū. dungdzo i nimeku majige yebe ofi diyocan be

呂布致謝曰：「大人見怪，我何敢記心。」自此再入堂中行走，並無忌憚。董卓的疾病稍癒，

11　不要記心，滿文讀作 "ume ehe gūnire"，意即「不要念惡」。

12　來日勿離左右，滿文讀作 "cimaha inenggi ci mini jaka ci ume hokoro"，句中 "inenggi ci"、"jaka ci"，滿漢合璧本滿文作 "inenggici"、"jakaci"。

baha ci ebsi mei žu hecen de generakū. han i yamun de genembihe de lioi bu ji gida jafafi morin yalufi sejen i juleri yabumbi. dungdzo yamun i juleri sejen ci ebufi loho ashahai han i diyan de tafumbi, lioi bu gida jafahai

自從有了貂蟬以來[13]，已不去郿塢城。每入朝[14]，呂布手執畫戟乘馬走在車前。董卓在殿前下車帶劍上殿，呂布執戟

tafukū i juleri ilimbi, tanggū hafasa gemu yamun i hūwa de niyakūrafi uju gidafi gisun be donjimbi, yamun ci bederere de lioi bu morin yalufi juleri yabumbi. emu inenggi lioi bu dungdzo

立於階前，百官拜伏於丹墀垂首聽命。退朝時，呂布乘馬於前引導。一日，呂布

---

13 自從有了貂蟬以來，滿文讀作 "diyocan be baha ci ebsi" ，句中 "baha ci" ，滿漢合璧本滿文作 "bahaci" 。

14 每入朝，滿文讀作 "han i yamun de genembihe de" ，句中 "genembihe de" ，滿漢合璧本連寫作 "genembihede" 。

be dahame yamulame genefi dorgi duka de isinafi majige tefi tuwaci, dungdzo hiyandi han i baru gisurembi, lioi bu ebuhu sabuhū gida jafafi dorgi duka be tucifi morin yalufi cenghiyang ni boode jihe, morin be

隨董卓上朝到內門略坐，見董卓與獻帝談論，呂布慌忙提戟出內門乘馬來到丞相府[15]，

jugūn i dalbade hūwaitafi gida jafahai diyocan be baime amargi boode dosika. diyocan lioi bu i baire be sabufi okdome tucifi hendume, si amargi yafan i fung i ting ni jakade genefi mimbe aliya, bi uthai

繫馬於道傍，提戟進入後堂[16]，尋覓貂蟬，貂蟬見呂布尋覓出迎曰：「汝可去後園中鳳儀亭邊等我[17]，我便

---

15 來到丞相府，滿文讀作 "cenghiyang ni boode jihe"，句中 "boode"，滿漢合璧本滿文作 "boo de"。

16 後堂，滿文讀作 "amargi boode"，句中 "boode"，滿漢合璧本滿文作 "boo de"。

17 鳳儀亭，句中「儀」，滿文字形當作「ᠶ」，此作「ᠶ」，誤。

Genere. lioi bu yafan de genefi fung i ting ni fejergi jerguwen i dalbade ilifi aliyaha bici diyocan jimbi. tuwaci biya i dorgi enduri sargan jui adali, diyocan songgome lioi bu i baru hendume, bi udu

來。」呂布逕往鳳儀亭，立於亭下曲欄之傍，等候貂蟬來，一見果如月宮仙子，貂蟬泣謂呂布曰：「我雖

wang sytu i banjiha sargan jui waka bicibe mimbe tana gui adali gosime ujimbihe, jiyangjiyūn de ucarafi bumbi sere jakade, mini gūnin de elhe bihe. taisy gosin akū mujilen be deribufi, mini beye be

非王司徒親生之女，然待妾愛養如珠玉[18]，遇將軍許侍後，妾意已安。誰想太師起不仁之心，

18　珠玉，滿文讀作“tana gu”，意即「東珠玉」，滿漢合璧本漢文作「神珠玉顆」。

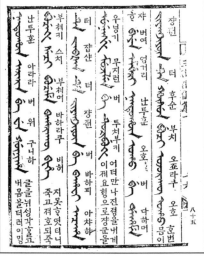

nantuhūn arara be we gūniha, buceki seci buceme baharakū bihe, te jabšan de jiyangjiyūn be bahafi acaha, unenggi mujilen be tucibuki, beye emgeri nantuhūn oho be dahame, jiyangjiyūn te hūsun buci ojorakū oho,

淫污妾身，欲死不得死，今幸得見將軍表明誠心，因身已污，不得侍將軍矣[19]。

jiyangjiyūn i juleri bucefi, jiyangjiyūn i gūnin lakcakini sefi, jerguwen be jafafi šu ilgai omo de fekuki sere de, lioi bu ebšeme tebeliyeme jafafi songgome hendume, bi sini mujilen be aifini saha,

願死於將軍前，以絕將軍之念。言畢，手攀曲欄，欲跳荷花池時[20]，呂布急忙抱住，泣曰：「我早知汝心，

19　不得侍將軍矣，滿文讀作 "jiyangjiyūn te hūsun buci ojorakū oho"，句中 "te"，滿漢合璧本滿文作 "de"，此 "te"，誤，當作 "de"。

20　欲跳荷花池時，滿文讀作 "šu ilgai omo de fekuki sere de"，句中 "omo de"，滿漢合璧本滿文連寫作 "omode"。

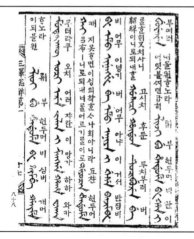

damu emgi bahafi gisurehekū i jalin de korsombi. diyocan inu lioi bu be tatame jafafi hendume, bi ere jalan de jiyangjiyūn i sargan oci ojorakū, amaga jalan de jiyangjiyūn i sargan ojoro be buyere.

只恨不能夠共語[21]！」貂蟬亦拉扯呂布曰：「妾今生若不能夠與將軍為妻，願後世能夠與將軍為妻[22]。」

lioi bu hendume, bi simbe gaime muterakū oci, ere jalan i mangga haha waka kai. diyocan hendume, bi emu inenggi be emu aniya i gese banjimbi, gosici hūdun tucibure be buyere. ioi bu hendume, bi han i

呂布曰：「我若不能夠娶汝，非今世之英雄也！」貂蟬曰：「妾度日如年[23]，願憐憫而速救之。」呂布曰：「我從內廷

---

21 只恨不能夠共語，滿文讀作 "damu emgi bahafi gisurehekū i jalin de korsombi"，句中 "jalin de"，滿漢合璧本滿文連寫作 "jalinde"。

22 願後世能夠與將軍為妻，滿文讀作 "amaga jalan de jiyangjiyūn i sargan ojoro be buyere"，滿漢合璧本滿文相合，漢文作「願相期于後世」。

23 妾度日如年，滿文讀作 "bi emu inenggi be emu aniya i gese banjimbi"，意即「我過一日如一年」。

yamun ci šolo tuwafi hūlhame jihe, sakada hūlha kenehunjerahū hūdun geneci acambi sefi. gida jafafi geneki sere de, diyocan etuku be tatame jafafi hendume, jiyangjiyūn sakda hūlha de uttu geleci,

偷空而來，恐老賊見疑，應當速去。」提戟欲去時，貂蟬拉扯衣服曰：「將軍如此懼怕老賊，

bi abka šun be sabure inenggi akū oho. lioi bu ilifi hendume, bi emu arga deribufi muse eigen sargan ofi banjiki, diyocan hendume, bi sargan jui fonci jiyangjiyūn i gebu be akjan akjandara adali donjiha,

妾無見天日之期矣！」呂布立住曰：「容我思忖一計，咱們夫妻共同度日。」貂蟬曰：「妾在深閨聞將軍之名[24]，如雷灌耳，

24　妾在深閨聞將軍之名，句中「深閨」，滿文讀作"sargan jui fonci"，意即「從閨女之時起」。

ere jalan de jiyangjiyūn i teile seme gūniha bihe, elemangga niyalma de kadalabure be we gūniha sefi. yasai muke aga agara gese tuhebume, ishunde fakcame jenderakū bisire de, dungdzo diyan i dele tefi

以為當世將軍而已，誰想反受制於人？」言訖淚下如雨，兩人不忍相離。董卓坐在殿上，

amasi forofi tuwaci lioi bu akū. dolo kenehunjeme sejen de tefi amasi boode bederefi tuwaci, lioi bu i morin dukai tule hūwaitahabi. dukai niyalma de fonjiha manggi, alame wen heo amargi boode dosika.

回頭時，不見呂布。心中懷疑，登車回府，見呂布之馬拴於門外。問門人，告訴說：「溫侯進入後堂去了。」

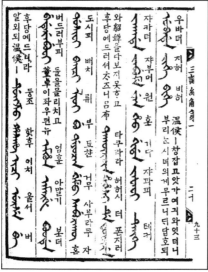

dungdzo hashū ici urse be bederebufi, emhun amargi boode dosifi baici, lioi bu diyocan gemu saburakū. takūrara hehesi de fonjire jakade jabume, wen heo gida jafafi teike ubade jihe bihe,

董卓叱退左右，獨自進入後堂尋覓，呂布、貂蟬俱不見[25]，問侍妾。答曰：「溫侯方纔執畫戟來此，

absi genehe be sarkū. dungdzo amargi yafan de dosifi tuwaci, lioi bu gida de nikefi diyocan i emgi fung i ting ni fejile ilihabi. dungdzo hanci genefi den jilgan i emgeri esukiyere jakade, lioi

不知何往？」董卓進入後園，見呂布倚戟與貂蟬立於鳳儀亭下。董卓走近，大喝一聲，

---

25 貂蟬，滿漢合璧本滿文讀作"diyoocan"，此作"diyocan"，異。

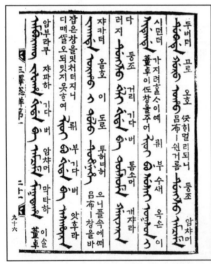

bu amasi forofi dungdzo be sabufi ambula golohobi, dungdzo uthai lioi bu i gida be durire jakade, lioi bu uthai burlaha, dungdzo amcara de lioi bu sujure hūdun, dungdzo targū ofi amcaci

呂布回頭見董卓大驚，董卓即奪下呂布的畫戟，呂布便走，董卓追趕時，呂布走得快，董卓因肥胖，

amburakū jafaha gida be amcame maktaha. lioi bu gida be ashūra jakade, orho i dolo tuhenehe. dungdzo geli gida be tomsome gaijara sidende, lioi bu susai okson i dubede goro oho, dungdzo amcame

所以追趕不上[26]，投擲所執畫戟，呂布手打畫戟落于草中，董卓又拾起畫戟之間，呂布已走五十步遠了。

---

26 董卓因肥胖，句中「胖」，規範滿文讀作 "tarhūn"，此作 "targū"，滿漢合璧本滿文作 "tarhū"。追趕不上，規範滿文讀作 "amcaci amcaburakū"，此作 "amcaci amburakū"，誤。

yafan i duka be tucire de, tulergi ci emu niyalma deyere gese sujume jime, dungdzo i tunggen de karcafi, dungdzo na de tuheke.

董卓趕出園門，有一人從外邊飛也似地跑過來，碰撞董卓胸膛，董卓倒在地上。

　　將《三譯總解》的滿文，與滿漢合璧本的滿文相互對照後，發現其滿文大致相同，可將彼此的出入，舉例說明。《三譯總解・第一》〈鳳儀亭呂布戲貂蟬〉滿文讀作"fung i ting de lioi bu diyocan i baru efihe"，滿漢合璧本滿文讀作"fung i ting ni boo de, lioi bu diyoocan be efihe"，句中"fung i ting ni boo"，意即「鳳儀亭的房屋」，《三譯總解》滿文讀作"fung i ting"，是漢文「鳳儀亭」的滿文音譯；「呂布戲貂蟬」，滿漢合璧本滿文譯作"lioi bu diyoocan be efihe"，意即「呂布戲耍貂蟬」，滿漢文義相合。《三譯總解》滿文譯作"lioi bu diyocan i baru efihe"，意即「呂布跟貂蟬戲耍」，滿漢文義稍有出入。句中「貂蟬」，滿漢合璧本滿文讀作"diyoocan"，《三譯總解》滿文讀作"diyocan"。

　　「我就將媳婦帶去」，《三譯總解》滿文讀作"bi urun be uthai gamafi"，滿漢合璧本滿文讀作"bi urun be gamafi"，句中脫落"uthai"。「粧奩首飾」，規範滿文讀作"miyamigan"，《三譯總解》滿文讀作"miyamiga"，滿漢合璧本滿文讀作"miyamihan"。「池中有一人影」，句中「影」，滿漢合璧本滿文讀作"helmen"，《三譯總解》滿文讀作"helme"。「月餘不出理事」，句中「月餘」，滿漢合璧本滿文讀作"emu biya funcetele"，《三譯總解》滿文讀作"emu biya funcetala"。「只是點頭」，《三譯總解》滿文讀作

"damu uju gehešembi"，句中"damu"，滿漢合璧本滿文讀作
"emu"，誤，當作"damu"。「汝可去後園中鳳儀亭邊等我」，句
中「鳳儀亭」之「儀」，滿文字形當作「ろ」，《三譯總解》滿文
作「ㄋ」，誤。「不得侍將軍矣」，滿漢合璧本滿文讀作"jiyangjiyūn
de hūsun buci ojorakū oho"，句中"de"，《三譯總解》滿文讀作
"te"，誤，當作"de"。「妾在深閨聞將軍之名」，句中「深閨」，
滿文讀作"sargan jui fonci"，意即「從閨女之時起」。「董卓因肥
胖」，句中「胖」，規範滿文讀作"tarhūn"，滿漢合璧本滿文本
作"tarhū"，《三譯總解》滿文讀作"targū"，讀音稍異。

　　格助詞連寫，或不連寫，因人而異，對研究版本異同，提
供了參考價值。「將軍何故怪老夫」、「故逐出」，句中「故」，
滿漢合璧本滿文作"turgun de"，《三譯總解》滿文連寫
"turgunde"。「來日勿離左右」，滿漢合璧本滿文讀作"cimaha
inenggici mini jakaci ume hokoro"，句中"inenggici"，《三譯總解》
滿文作"inenggi ci"；"jakaci"，《三譯總解》滿文作"jaka ci"，
俱不連寫。「自從有了貂蟬以來」，滿漢合璧本滿文讀作
"diyoocan be bahaci ebsi"，句中"diyoocan"，《三譯總解》滿文
作"diyocan"；"bahaci"，《三譯總解》滿文作"baha ci"。「每
入朝」，滿漢合璧本滿文讀作"han i yamun de genembihede"，句
中"genembihede"，《三譯總解》滿文作"genembihe de"。「來到
丞相府」，滿漢合璧本滿文讀作"cenghiyang ni boo de jihe"，句
中"boo de"，《三譯總解》滿文作"boode"。「提戟進入後堂」，
句中「後堂」，滿漢合璧本滿文作"amargi boo de"，句中"boo
de"，《三譯總解》滿文作"boode"。「欲跳荷花池時」，滿漢合璧
本滿文讀作"šu ilgai omode fekuki sere de"，句中"omode"，《三
譯總解》滿文作"omo de"。「只恨不能夠共語」，滿漢合璧本滿
文讀作"damu emgi bahafi gisurehekū i jalinde korsombi"，句中
"jalinde"，《三譯總解》滿文讀作"jalin de"。大致而言，《三譯
總解》的滿文內容，與滿漢合璧本的滿文相近。《三譯總解》
的滿文，以韓文逐字標明讀音，並逐句譯出韓文，為朝鮮人學
習滿文提供了重要的文獻。

文獻足徵

——以《大清太祖武皇帝實錄》滿文本為中心的比較研究

導　讀

　　我國歷代以來，就是一個多民族的國家，各兄弟民族多有自己的民族語言和文字。滿洲先世，出自女眞，蒙古滅金後，女眞遺族散居於混同江流域，開元城以北，東濱海，西接兀良哈，南鄰朝鮮。由於元朝蒙古對東北女眞的長期統治，以及地緣的便利，在滿洲崛起以前，女眞與蒙古的接觸，已極密切，蒙古文化對女眞產生了很大的影響，女眞地區除了使用漢文外，同時也使用蒙古語言文字。明代後期，滿族的經濟與文化，進入迅速發展階段，但在滿洲居住的地區，仍然沒有自己的文字，其文移往來，主要使用蒙古文字，必須「習蒙古書，譯蒙古語通之。」使用女眞語的滿族書寫蒙古文字，未習蒙古語的滿族則無從了解，這種現象實在不能適應新興滿族共同體的需要。明神宗萬曆二十七年（1599）二月，清太祖努爾哈齊命巴克什額爾德尼等人創造滿文。滿文本《大清太祖武皇帝實錄》記載清太祖努爾哈齊與巴克什額爾德尼等人的對話，先將滿文影印如後，並轉寫羅馬拼音，照錄漢文內容。

《大清太祖武皇帝實錄》滿文

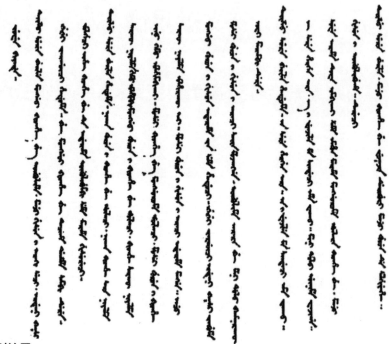

羅馬拼音

juwe biyade, taidzu sure beile monggo bithe be kūbulime, manju gisun i araki seci, erdeni baksi, g'ag'ai jargūci hendume, be monggoi bithe be taciha dahame sambi dere. julgeci jihe bithe be te adarame kūbulibumbi seme marame gisureci. taidzu sure beile hendume, nikan gurun i bithe be hūlaci, nikan bithe sara niyalma, sarkū niyalma gemu ulhimbi. monggo gurun i bithe be hūlaci, bithe sarkū niyalma inu gemu ulhimbikai. musei bithe be monggorome hūlaci musei gurun i bithe sarkū niyalma ulhirakū kai. musei gurun i gisun i araci adarame mangga, encu monggo gurun i gisun i adarame ja seme henduci. g'ag'ai jargūci, erdeni baksi jabume, musei gurun i gisun i araci sain mujangga. kūbulime arara be meni dolo bahanarakū ofi marambi dere. taidzu sure beile hendume, a sere hergen ara, a i fejile ma sindaci ama wakao. e sere hergen ara, e i fejile me sindaci eme wakao. mini dolo gūnime wajiha. suwe arame tuwa ombikai seme emhun marame monggorome hūlara bithe be manju gisun i kūbulibuha. tereci taidzu sure beile manju bithe be fukjin deribufi manju gurun de selgiyehe[1].

---

[1] 《大清太祖武皇帝實錄》，滿文本（北京，民族出版社，2016 年 4 月），

漢譯內容

　　二月，太祖欲以蒙古字編成國語，榜識厄兒得溺、剛蓋對曰：
「我等習蒙古字，始知蒙古語，若以我國語編創譯書，我等實
不能。」太祖曰：「漢人念漢字，學與不學者皆知；蒙古之人
念蒙古字，學與不學者亦皆知。我國之言，寫蒙古之字，則不
習蒙古語者，不能知矣，何汝等以本國言語編字為難，以習他
國之言為易耶？」剛蓋、厄兒得溺對曰：「以我國之言編成文
字最善，但因翻編成句，吾等不能，故難耳。」太祖曰：「寫
阿字下合一媽字，此非阿媽乎（阿媽，父也）？厄字下合一脉
字，此非厄脉乎（厄脉，母也）？吾意決矣，爾等試寫可也。」
于是自將蒙古字編成國語頒行，創製滿洲文字，自太祖始[2]。

　　前引「國語」，即滿洲語；榜識厄兒得溺，即巴克什額爾德尼；
剛蓋，即扎爾固齊噶蓋。清太祖，滿文作 "taidzu sure beile"，漢
字音譯可作「太祖淑勒貝勒」。清太祖努爾哈齊爲了文移往來及記
注政事的需要，即命巴克什額爾德尼等仿照老蒙文創製滿文，亦
即以老蒙文字母爲基礎，拼寫女眞語音，聯綴成句。例如將蒙古
字母的「ᠠ」（a）字下接「ᠮᠠ」（ma）字就成「ᠠᠮᠠ」（ama），意
即父親。將老蒙文字母的「ᠡ」（e）字下接「ᠮᠡ」（me），就成「ᠡᠮᠡ」
（eme），意即母親。這種由畏兀兒體老蒙文脫胎而來的初期滿文，
在字旁未加圈點，僅稍改變老蒙文的字母形體。這種未加圈點的滿
文，習稱老滿文，使用老滿文記注的檔案，稱為無圈點檔。臺北國
立故宮博物院典藏無圈點檔最早的記事，始自明神宗萬曆三十五年
（1607），影印二頁如下。

　　卷二，頁 119-121。
[2] 《大清太祖武皇帝實錄》，漢文本（臺北，國立故宮博物院），卷二，
　頁 1。

無圈點老滿文檔　　　　　　　　丁未年（1607）

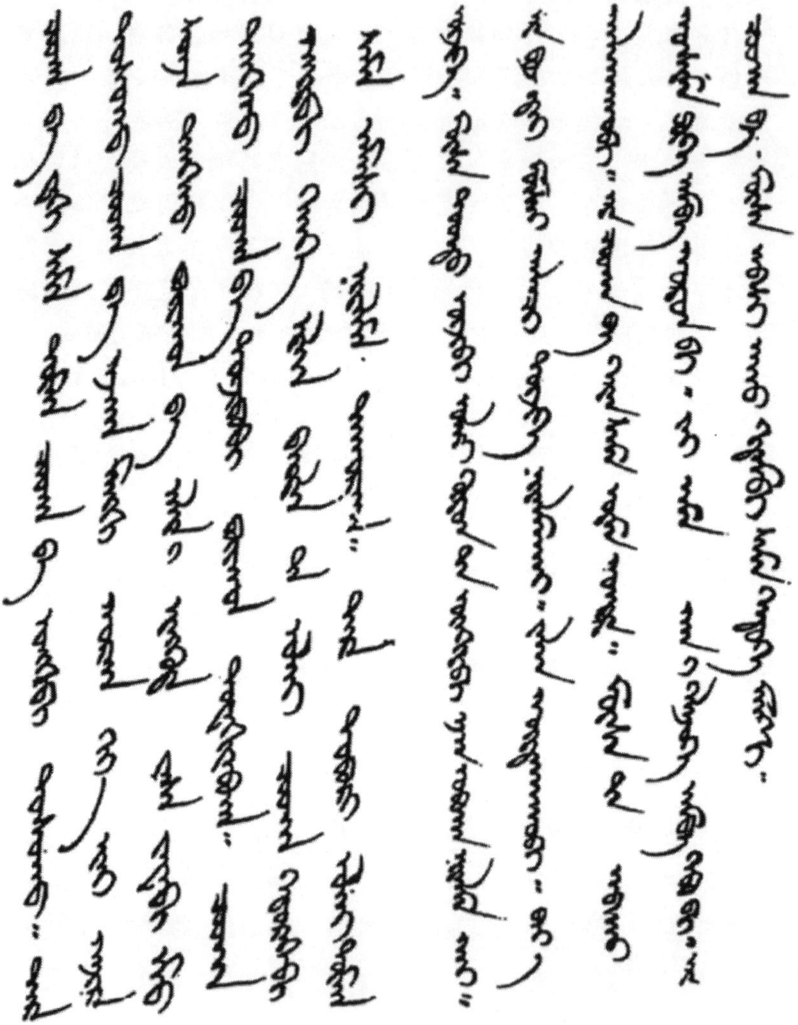

由老蒙文脫胎而來的無圈點老滿文，是一種拼音系統的文字，用來拼寫女真語音，有其實用性，學習容易。但因其未加圈點，不

能充分表達女真語音，而且因滿洲和蒙古的語言，彼此不同，所借用的老蒙文字母，無從區別人名、地名的讀音，往往彼此雷同。天聰六年（1632）三月，清太宗皇太極命巴克什達海將無圈點滿文在字旁加置圈點，使其音義分明。《大清太宗文皇帝實錄》記載諭旨云：

> 上諭巴克什達海曰：「國書十二頭字，向無圈點，上下字雷同無別，幼學習之，遇書中尋常語言，視其文義，易於通曉。若至人名地名，必致錯誤，爾可酌加圈點，以分析之，則音義明曉，於字學更有裨益矣[3]。」

引文中「國書十二頭字」，即指滿文十二字頭。達海是滿洲正藍旗人，九歲即通滿、漢文義，曾奉命繙譯《大明會典》、《素書》、《三略》等書。達海遵旨將十二字頭酌加圈點於字旁，又將滿文與漢字對音，補所未備。舊有十二字頭為正字，新補為外字，其未盡協者，則以兩字合音為一字，至此滿文始大備[4]。達海奉命改進的滿文，稱為加圈點滿文，習稱新滿文。

滿洲文字的創製，是清朝文化的重要特色。滿洲文，清朝稱爲清文，滿洲語稱爲國語。民初清史館曾經纂修《國語志稿》，共一百冊，第一冊卷首有奎善撰〈滿文源流〉一文，略謂：

> 滿洲初無文字，太祖己亥年二月，始命巴克什（師也）額爾德尼、噶蓋，以蒙古字改制國文，二人以難辭。上曰，無難也，以蒙古字合我國語音，即可因文見義焉，遂定國書，頒行傳布。其字直讀與漢文無異，但自左而右，適與漢文相反。

---

[3] 《大清太宗文皇帝實錄》，卷十一，頁 13。天聰六年三月戊戌，上諭。

[4] 《清史稿校註・達海傳》（臺北，國史館，1988 年 8 月），第十冊，頁 8001。

案文字所以代結繩，無論何國文字，其糾結屈曲，無不含有
結繩遺意。然體制不一，則又以地勢而殊。歐洲多水，故英
法諸國文字橫行，如風浪，如水紋。滿洲故里多山林，故文
字矗立高聳，如古樹，如孤峯。蓋制造文字，本乎人心，人
心之靈，實根於天地自然之理，非偶然也。其字分真行二種，
其字母共十二頭，每頭約百餘字，然以第一頭為主要，餘則
形異音差，讀之亦簡單易學。其拼音有用二字者，有用四、
五字者，極合音籟之自然，最為正確，不在四聲賅備也。至
其意蘊閎深，包孕富有，不惟漢文所到之處，滿文無不能到，
即漢文所不能到之處，滿文亦能曲傳而代達之，宜乎皇王制
作行之數百年而流傳未艾也。又考自入關定鼎以來，執政臣
工或有未曉者，歷朝俱優容之，未嘗施以強迫。至乾隆朝雖
有新科庶常均令入館學習國文之舉，因年長舌強，誦讀稍
差，行之未久，而議遂寢，亦美猶有憾者爾。茲編纂清史伊
始，竊以清書為一朝創製國粹，未便闕而不錄，謹首述源流
大略，次述字母，次分類繙譯，庶使後世徵文者有所考焉[5]。

　　滿文的創製，有其文化、地理背景，的確不是偶然的。滿文義
蘊閎深，漢文所到之處，滿文無不能到，都具有「文以載道」的能
力。

　　清太祖、太宗時期，滿洲記注政事及抄錄往來文書的檔冊，主
要是以無圈點老滿文及加圈點新滿文記載的老檔，可以稱之爲《滿
文原檔》。滿洲入關後，《滿文原檔》由盛京移至北京，由內閣掌

---

[5]　奎善撰〈滿文源流〉，《國語志稿》（臺北，國立故宮博物院），《清
　　史館檔》，第一冊，頁1。

管，內閣檔案中有老檔出納簿，備載閣僚借出卷冊時日，及繳還後塗銷的圖記。

　　乾隆六年（1741），清高宗鑒於內閣大庫所藏無圈點檔冊，年久敝舊，所載字畫，與乾隆年間通行的新滿文不同，諭令大學士鄂爾泰等人按照新滿文，編纂《無圈點字書》，書首附有奏摺，其內容如下：

> 內閣大學士太保三等伯臣鄂爾泰等謹奏，為遵旨事。乾隆六年七月二十一日奉上諭：「無圈點字原係滿文之本，今若不編製成書貯藏，日後失據，人將不知滿文肇端於無圈點字。著交鄂爾泰、徐元夢按照無圈點檔，依照十二字頭之順序，編製成書，繕寫一部。並令宗室覺羅學及國子監各學各鈔一部貯藏。欽此。」臣等詳閱內閣庫存無圈點檔，現今雖不用此體，而滿洲文字實肇基於是。且八旗牛彔之淵源，賞給世職之緣由，均著於斯。檔內之字，不僅無圈點，復有假借者，若不融會上下文字之意義，誠屬不易辨識。今奉聖旨編書貯藏，實為注重滿洲文字之根本，不失其考據之至意。臣謹遵聖旨，將檔內之字，加設圈點讀之。除可認識者外，其有與今之字體不同，及難於辨識者，均行檢出，附註現今字體，依據十二字頭編製成書，謹呈御覽。俟聖裁後，除內閣貯藏一部外，並令宗室覺羅學及國子監等學各鈔一部貯存，以示後人知滿洲文字肇端於此。再查此檔因年久殘闕，既期垂之永久，似應逐頁托裱裝訂，為此謹奏請旨。乾隆六年十一月十一日，大學士太保三等伯鄂爾泰、尚書銜太子少保徐元夢奏。本日奉旨：「將此摺錄於書首，照繕三帙呈進，餘依議[6]。」

6　張玉全撰〈述滿文老檔〉，《文獻論叢》（臺北，臺聯國風出版社，1967年10月），論述二，頁207。

　　由鄂爾泰、徐元夢奏摺可知清高宗對《滿文原檔》的重視。內閣大庫所存《無圈點檔》就是《滿文原檔》中使用無圈點老滿文書寫的檔冊，記錄了八旗牛条的淵源，及賞給世職的緣由等等。但因《無圈點檔》年久殘闕，所以鄂爾泰等人奏請逐頁托裱裝訂。鄂爾泰等人遵旨編纂的無圈點十二字頭，就是所謂《無圈點字書》（tongki fuka akū hergen i bithe）。

　　乾隆四十年（1775）二月十二日，軍機大臣具摺奏稱：「內閣大庫恭藏無圈點老檔，年久斁舊，所載字畫，與現行清字不同。乾隆六年奉旨照現行清字纂成無圈點十二字頭，以備稽考。但以字頭釐正字蹟，未免逐卷翻閱，且老檔止此一分，日久或致擦損，應請照現在清字，另行音出一分，同原本恭藏。」奉旨：「是，應如此辦理[7]。」所謂《無圈點老檔》，就是內閣大庫保存的原本，亦即《滿文原檔》。軍機大臣奏准依照通行新滿文另行音出一分後，即交國史館纂修等官，加置圈點，陸續進呈。惟其重抄工作進行緩慢，同年三月二十日，大學士舒赫德等又奏稱：「查老檔原頁共計三千餘篇，今分頁繕錄，並另行音出一分；篇頁浩繁，未免稽延時日。雖老檔卷頁，前經托裱；究屬年久斁舊，恐日久摸擦，所關甚鉅。必須迅速趕辦，敬謹尊藏，以昭慎重[8]。」重抄的本子有兩種：一種是依照當時通行的新滿文繕寫並加簽注的重抄本；一種是仿照無圈點老滿文的字體抄錄而刪其重複的重抄本。乾隆四十三年（1778）十月以前完成繕寫的工作，貯藏於北京大內，可稱之爲北京藏本。乾

---

[7]　《大清高宗純皇帝實錄》，卷九七六，頁 28，乾隆四十年二月庚寅，據軍機大臣奏。

[8]　徐中舒撰〈再述內閣大庫檔案之由來及其整理〉，《中央研究院歷史語言研究所集刊》，第三本，第四分（北平，中央研究院，1931 年），頁 569。

隆四十五年（1780）初，又按無圈點老滿文及加圈點新滿文各抄一分，齎送盛京崇謨閣貯藏。福康安於〈奏聞尊藏老檔等由〉一摺指出：

> 乾隆四十五年二月初四日，盛京戶部侍郎全魁自京 回任，遵旨恭齎無圈點老檔前來，奴才福康安謹即出郭恭請聖安，同侍郎全魁恭齎老檔至內務府衙門，查明齎到老檔共十四包，計五十二套，三百六十本，敬謹查收。伏思老檔乃紀載太祖、太宗發祥之事實，理宜遵旨敬謹尊藏，以垂久遠。奴才福康安當即恭奉天命年無圈點老檔三包，計十套，八十一本；天命年加圈點老檔三包，計十套，八十一本，於崇謨閣太祖實錄、聖訓匣內尊藏。恭奉天聰年無圈點老檔二包，計十套，六十一本；天聰年加圈點老檔二包，計十套，六十一本。崇德年無圈點老檔二包，計六套，三十八本；崇德年加圈點老檔二包，計六套，三十八本，於崇謨閣太宗實錄、聖訓匣內尊藏，並督率經管各員，以時晒晾，永遠妥協存貯[9]。

福康安奏摺已指出崇謨閣尊藏的抄本，分為二種：一種是《無圈點老檔》，內含天命朝、天聰朝、崇德朝，共七包，二十六套，一百八十本；一種是《加圈點老檔》，內含天命朝、天聰朝、崇德朝，共七包，二十六套，一百八十本。福康安奏摺於乾隆四十五年（1780）二月初十日具奏，同年三月十七日奉硃批。福康安奏摺中所謂《無圈點老檔》和《加圈點老檔》，都是重抄本，不是《滿文原檔》，亦未使用《滿文老檔》的名稱。貯藏盛京崇謨閣的老檔重抄本，可以稱之為盛京藏本。乾隆年間重抄本，無論是北京藏本或

---

9 《軍機處檔・月摺包》，第 2705 箱，118 包，26512 號。乾隆四十五年二月初十日，福康安奏摺錄副。

盛京藏本，其書法及所用紙張，都與滿洲入關前記錄的《滿文原檔》
不同。北京藏本與盛京藏本，在內容及外形上並無差別，「唯一不
同的是北平藏本中有乾隆朝在文裡很多難通晦澀的詞句間所加的
附註，而盛京本沒有[10]。」為了比較無圈點檔與加圈點檔的異同，
可將北京藏本太祖朝重抄本第一冊，第一、二頁節錄影印如下，並
轉寫羅馬拼音，譯出漢文如後。

加圈點新滿文檔

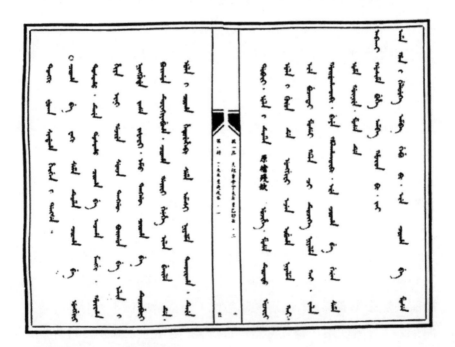

羅馬拼音（加圈點檔）

---

[10] 陳捷先撰〈舊滿洲檔述略〉，《舊滿洲檔》（臺北，國立故宮博物院，
1969 年），第一冊，頁 12。

tongki fuka sindaha hergen i dangse. cooha be waki seme tumen cooha be unggifi tosoho, tere tosoho cooha be acaha manggi, hūrhan hiya ini gajire sunja tanggū boigon be, alin i ninggude jase jafafi, emu tanggū cooha be tucibufi boigon tuwakiyabuha, cooha gaifi genehe ilan beile de, ula i cooha heturehebi seme amasi niyalma takūraha, tere dobori, ula i tumen……ujihe, muse tuttu ujifi ula i gurun de unggifi ejen obuha niyalma kai, ere bujantai musei gala ci tucike niyalma kai, jalan goidahakūbi, beye halahakūbi, ere cooha be geren seme ume gūnire, muse de abkai gosime buhe amba horon bi, jai ama han i gelecuke amba gebu bi, ere cooha be muse.[11]

漢文繙譯（加圈點檔）

欲殺我兵，發兵一萬截於路。遇其截路之兵後，扈爾漢侍衛將其收回之五百戶眷屬，結寨於山巔，派兵百名守護，並遣人回返，將烏喇兵截路情形報告領兵三位貝勒。是夜，烏喇之萬兵〔原檔殘缺〕收養之。我等如此豢養遣歸烏喇國為君之人哉！此布占泰乃從我等手中釋放之人啊！年時未久，其身猶然未改，勿慮此兵眾多，我等荷天眷，仗天賜宏威，又有父汗英名，我等何憂不破此兵。

　　《滿文原檔》是使用早期滿文字體所記載的原始檔冊，對滿文由舊變新發展變化的過程，提供了珍貴的語文研究資料。乾隆年間，內閣大學士鄂爾泰等人已指出，滿文肇端於無圈點字，內閣大庫所保存的「無圈點檔」，檔內之字，不僅無圈點，復有假借者，若不融會上下文字的意義，誠屬不易辨識。因此，遵旨將檔內文字

---

[11] 《內閣藏本滿文老檔》（瀋陽，遼寧民族出版社，2009 年 12 月），第一冊，頁 5。

加設圈點，除可認識者外，其有難於辨識者，均行檢出，附註乾隆年間通行字體，依據十二字頭編製成書。張玉全撰〈述滿文老檔〉一文已指出，乾隆年間重抄的加圈點《滿文老檔》，將老滿字改書新體字，檔內有費解的舊滿語，則以新滿語詳加注釋，並將蒙文迻譯滿文，其功用較之鄂爾泰所編的《無圈點字書》，似覺更有價值，並非僅重抄而已。誠然，重抄本《滿文老檔》的價值，不僅是加圈點而已。《內閣藏本滿文老檔》對詮釋《滿文原檔》文字之處，確實值得重視。

清太祖實錄始修於清太宗時。天聰九年（1635）八月，畫工張儉、張應魁合繪清太祖戰圖告成。因其與歷代帝王實錄體例不合，尋命內國史院大學士希福、剛林等以滿、蒙、漢三體文字改編實錄，去圖加諡。崇德元年（1636）十一月，纂輯告成，題爲《大清太祖承天廣運聖德神功肇紀立極仁孝武皇帝實錄》，簡稱 《大清太祖武皇帝實錄》，計四卷，是爲清太祖實錄初纂本。清世祖順治初年，重繕《清太祖武皇帝實錄》，書中於康熙以降諸帝御名諱俱不避。

清聖祖康熙二十一年（1682）十一月，特開史局，命大學士勒德洪爲監修總裁官，明珠、王熙、吳正治、李霨、黃機等爲總裁官，仿清太宗實錄體裁，重修清太祖實錄。辨異審同，增刪潤飾，釐爲十卷，並增序、表、凡例、目錄，合爲十二卷。康熙二十五年（1686）二月，書成，題爲《大清太祖承天廣運聖德神功肇紀立極仁孝睿武弘文定業高皇帝實錄》，簡稱《大清太祖高皇帝實錄》。清世宗雍正十二年（1734）十一月，復加校訂，酌古準今，辨正姓氏，劃一人名、地名，歷時五載，清高宗乾隆四年（1739）十二月，始告成書，計實錄十卷，序、表、凡例、目錄三卷，合爲十三卷。

清太祖實錄，屢經重修，盡刪所諱，湮沒史蹟。《大清太祖武皇帝實錄》爲初纂本，書法質樸，譯名俚俗，保存原始史料較豐富。臺北國立故宮博物院現藏《大清太祖武皇帝實錄》，漢文本三部，每部各四卷，各四冊，計十二冊；滿文本卷二至卷四，存一部三冊，缺卷一，一冊。

　　由於《大清太祖武皇帝實錄》滿漢文本的分存各地，其內容及典藏概況，引起滿學研究者的關注。臺北國立故宮博物院現藏《大清太祖武皇帝實錄》滿文本與日本《東方學紀要》影印滿文本，其來源如何？對照滿漢文的人名、地名，有助於了解《大清太祖武皇帝實錄》滿文本與《滿洲實錄》滿文本的異同。清太祖努爾哈齊創製滿文，促進了滿洲文化的發展，對滿洲民族共同體的形成，起了積極的作用。以創製滿文為主題，進行比較，有助於了解《大清太祖武皇帝實錄》滿文與《滿洲實錄》滿文的差異。天命三年（1618），清太祖努爾哈齊以七宗惱恨興師伐明，滿文檔案文獻所載內容詳略不同，可進行比較。清太祖努爾哈齊率兵圍攻撫順時致書遊擊李永芳，其滿文書信是重要文獻，諸書記載，有何異同？本書嘗試以滿文本《大清太祖武皇帝實錄》為中心進行比較，旨在說明滿文檔案文獻的史料價值，文獻足徵。

一、滿洲發祥──《大清太祖武皇帝實錄》漢文本與《大清太祖高皇帝實錄》漢文本的比較

　　清太祖實錄，屢經重修，其內容頗有增損。繕本《大清太祖武皇帝實錄》為太祖實錄初纂本，成書較早，所載史事，較近歷史事實，於清朝先世，直書不諱，不失滿洲舊俗。《大清太祖高皇帝實錄》經清聖祖以降歷朝再三修改潤飾，斟酌損益，史實已晦，雖有正誤之功，究難掩諱飾之過。為便於比較，先將繕本《清太祖武皇帝實錄》漢文本、《大清太祖高皇帝實錄》漢文本記載清朝先世發祥的經過，節錄其內容，影印於後。

大清太祖承天廣運聖德神功肇紀立極仁孝武皇帝實錄卷
之一

實錄卷一

長白山高約二百里，週圍約千里，此山之上有一潭，名他們，週
約八十里。鴨綠、混同、愛滹三江俱從此山流出。鴨綠江自山
南瀉出，向西流，直入遼東之南海。混同江自山北瀉出，向北流，
直入北海。愛滹江向東流，直入東海。此三江中每有珠寶。長白
山山高地寒，風勁不休，夏日環山之獸俱投憩此山中。此山盡
是浮石，乃其夙風凜凜之故也。滿洲源流，滿洲原起于長白山之東
北布庫里山下一泊，名布兒湖里。初天降三仙女浴於泊，長名

恩古倫，次名正古倫，三名佛古倫。浴畢上岸，有神鵲啣一朱果
置佛古倫衣上，色甚鮮妍，佛古倫愛之，不忍釋手，遂啣口中，甫
著衣其果入腹中，即成孕，告二姊曰吾覺腹重不能同升，
奈何？二姊曰吾等曾服丹藥諒無死理，此乃天意，俟爾身輕上
昇未晚，遂別去。佛古倫後生一男，生而能言，倏爾長成，母告子
曰天生汝實令汝以定亂國，可往彼處，將所生緣由一一詳說，
乃與一舟，順水去即其地也。言訖忽不見。其子乘舟順流而下
至於人居之處，登岸折柳條為坐具，似椅形，獨踞其上。彼時長
白山東南鰲莫惠〔地名〕鰲朵里城內有三姓夷酋爭長終日

《大清太祖武皇帝實錄》，卷一，頁一

互相殺傷。適一人來取水，見其子舉止奇異，相貌非常，回至爭
鬥之處，告眾曰汝等勿爭，我於取水處遇一奇男子，非凡人也。
天不虛生此人，眾皆往觀之，及見果非常人，異而詰之，答曰我
乃天女佛古倫所生，姓愛新〔華言金也〕覺羅〔姓也〕名布庫里英雄，天降
我定汝等之亂。因將所生緣由一一詳說之，眾皆驚異曰此人
不可使之徒行，遂相挾抱而回，三姓人息爭，共奉布庫里英雄為主，
以百里女妻之。其國定號滿洲，乃其始祖也〔南朝誤名建州〕。

歷數世後，其子孫暴虐，部屬遂叛，於六月間將鰲朵里攻破，
盡殺其闔族子孫，內有一幼兒，名范察，脫身走至曠野。後兵
追之，會有一神鵲栖兒頭上，追兵謂人首無鵲栖之理，疑為
枯木樁，遂回，於是范察得出，遂隱其身以終焉。滿洲後世子
孫俱以鵲為祖，故不加害。

範察之孫都督孟特木生有智略，將祖被難時仇人之子孫四十餘計
誘於蘇蘇河虎欄哈達山下黑禿阿剌地方，
俱以雪憤殺之。昔奪我國之仇，至於孟特木時盡報其半，距鰲朵里西千五百餘里。
既得遂意，於是孟特木率族屬復居于黑禿阿剌。

孟特木本生二子，長名充善，次名楮宴。充善生三子，長名妥羅，次名
妥義謨，三名錫寶齊篇古，錫寶齊篇古生一子名都督福滿。

《大清太祖武皇帝實錄》，卷一，頁二

奇石根奇生一子都督福滿福滿生六子長名德石庫
次名劉諳三名曹常剛四名黨常剛五名豹郎剛六
豹石德石庫住覺里义地方劉諳住阿哈河洛地方曹
常剛住河洛剛善地方
方豹郎剛住尼麻蘭地方豹石住張家地方六子六處
各立城池稼為六王六祖豹郎剛生三子長
名蘇黑臣代夫次名談吐三名娘吉二祖劉諳剛生三子
長名稼胡臣次名麻寧稌三名門土三祖曹常剛生五

头長名李次名武三名釋氣阿朱古四名龍敦五
名罪英敦四祖覺常剛生五長名李敦把土魯把土
景㒯也次名尼里哀三名界坎四名塔石五名
塔义五祖豹郎剛生二子長名對泰次名稜得恩六祖
豹石生四子長火稜彼時有一人名灼沙納九子胥强悍又一
一人名加虎生七子俱號勇常有才智其子李敦又
恃其强勇每各處擾竄時覺常身披重鎧連躍九牛二姓
英戚遂率其本族六王將二姓盡滅之自五嶺進東蘇

《大清太祖武皇帝實錄》，卷一，頁三

蘇河迤西二百里內諸部盡皆賓服六王目此興盛物
豹石次子阿哈納里沙革連諸歆聘部長巴斯漢把土
魯妹為妻巴斯漢曰爾雖六王子孫家貧索妹必不妻
汝阿哈納曰汝雖不充吾尖不甘心遂討愛留獅而去
巴斯漢愛東果部尼克轍威富遂以妹妻其子尼克
後尼阿稌部下九賊截殺之賊中有與阿哈納同居者
尼吐漢阿克轍曰巴斯漢家回至阿布塔刀嶺被扼河處
之子阿哈納欲聘吾女娶其兄不允吾遂娶合殺吾

牽賊相告路人怨傳阿哈納之辰先豹石
兒爸必此人之時哈達國汗萬名開其言遣使性吾克
轍曰汝子非豹石之子所授乃尼吐阿稌部下九賊殺
之我擒此九賊與爾當順我克轍曰吾等殺地
又令我除此不過以路遠之尼吐阿稌曰吾兄被殺何故
屬同陵若果豹石之子未殺吾兒何不以金帛償哈達
時有曹常剛部落尼革奇尼開之即柱吾顛革與尼革青
私遣人往誑克轍曰汝子是我部下兄顏草與尼革青
稼諜殺若以金帛遺我我當殺此二人克轍曰哈達汗

《大清太祖武皇帝實錄》，卷一，頁四

言厄吐阿棟部下九賊殺之兩又云蘭部人殺之此必汝等設計誣我于是遂成仇隙因引兵攻克六王東南所屬二處六王不能支相謀曰我等同祖所生今分居十二處甚是渙散何不敗居共相保守衆謀定遍或太不從曰我等同住一處牲畜難以生息吾今諸衆分哈達汗處借兵報復於是遂借兵往攻克轍二次殺其數寨物本惜六王之先六王與哈達國汗互相結親兵勢此庸日借兵後六王之甥漸裏覺常剛第四子塔石媳夫人乃阿姑都奇長女姓奧塔喇名尼墨氣生三子長

實錄卷一

五

名　覺兒哈奇
太祖　號淑勒貝勒　淑勒貝勒言聰睿王也　次名春兒

名奇號打喇漢把土魯奇三名牙兒戈次夫人乃哈達國汗所養枝女姓納喇姐姐生一子名措枝兆里克　能里克約把阿　側室生一子名木兒哈奇號卿把土魯初厄墨氣孛十三月生太祖時己未歲大明嘉靖三十八年也是時有識見之長者言滿洲必有大明人出戰亂致治諸國而為帝此言傳聞人宵妄自期許太祖生鳳眼大耳面如冠玉身體高聳骨格雄偉言詞明

《大清太祖武皇帝實錄》，卷一，頁五

奧攀音聲亮一聽不忘一見即識龍行虎步舉止威嚴其沁忠實剛果任賢不二去非無疑武藝超羣英勇蓋世深謀遠略用兵如神國此號為明汗十歲時喪母繼母妬之父惑於繼母言遂分居年乙十九失家私止拾戰頂後見太祖有才增復以家私與之太祖終不受時各部壞滿洲國攪亂國者有蘇河蘇河部渾河部王家部粟末部析陳部長白山內陰部鴨綠江部東部夜黑部輝發部各部絆起雷攝王爭長互相戰役甚海言部斡兒部哈部虎兒部胡龍国中兀喇部哈達

實錄卷一

六

太祖能思威並稱順者以德服逆者以兵臨於是剗平諸且骨肉殘狼凌凌辰暴寡部後攻趙大明遼東諸城諸部世系兀喇國本名胡籠姓納喇後因居兀喇河岸故名兀喇始祖名納奇卜禄土江桑里和氣上江桑里和氣生如麻哈芳朱戶如麻哈芳生瑞吞生瑞吞生杜兒機杜兒機生二子長名兀世納都督次名庫堆木顏兀世

《大清太祖武皇帝實錄》，卷一，頁六

大清太祖承天廣運聖德神功肇紀立極仁孝
睿武端毅欽安弘文定業高皇帝實錄卷之一

敕修

敕恭校

太祖承天廣運聖德神功肇紀立極仁孝睿武端毅
欽安弘文定業高皇帝姓愛新覺羅氏諱
先世發祥於長白山是山高二百餘里綿亘
千餘里有樹嶺峻極之雄觀草扶與之靈氣山之
上有潭曰闥門周八十里源深流廣鴨綠混
同愛滹三江之水出焉鴨綠江自山南西流

《大清太祖高皇帝實錄》，卷一，頁一

入遼東之南海混同江自山北流入北海愛
滹江東流入東海三江孕奇毓異所產珠璣
珍貝為世寶其山風勁氣寒奇木靈藥應
候挺生每夏日環山之歌單棲息其中山之
東有布庫里山山下有池曰布爾湖里相傳
有天女三曰恩古倫次正古倫次佛庫倫浴
於池浴畢有神鵲銜朱果置季女衣季女愛
之不忍置諸地含口中甫被衿忽已入腹遂
有身告二姊曰吾身重不能飛昇奈何二姊
曰吾等列仙籍無他虞也此天授爾娠俟免
身來未晚言已別去佛庫倫尋產一男生而
能言體貌奇異及長母告以吞朱果有身之
故因命之曰汝以愛新覺羅為姓名布庫里
雍順天生汝以定亂國其往治之汝順流而
往即其地也與小舠乘之母遂凌空去子乘
舠順流下至河步登岸折柳枝及藝蒿為坐具
端坐其上是時其地有三姓爭為雄長日搆
兵相仇殺亂靡由定有取水河步者見而異

《大清太祖高皇帝實錄》，卷一，頁二

之歸語衆曰汝等勿爭吾取水河步見一男
子衆其貌非常人也天必不虛生此心衆往
觀之皆以為異因結所由來答曰我天女佛
庫倫所生姓愛新覺羅氏名布庫里雍順天
生我以定汝等之亂者衆驚曰此天生聖人
也不可使之徒行遂交手為轝迎至家二姓
者議曰我等盍息爭推此人為國主以女百
里妻之遂定議妻以百里奉為貝勒其亂乃
定於是布庫里雍順居長白山東俄漠惠之
野俄朶里城國號曰滿洲是為滿洲開基之
始也歷傳至後世不善撫其國人國人叛之
圍俄朶里城布庫里雍順之族被我有幼子
名范察者遁於荒野國人追之會有神鵲止
其裔孫遠望鵲栖處疑為枯木遂中道而
近范察獲兔隱其身以終焉自此後世子孫
俱德鵲誠勿加害云其後傳至
肇祖原皇帝諱
恢復為志計誅先世仇人之後四十餘人至
生有智略慨然以

《大清太祖高皇帝實錄》，卷一，頁三

蘇克蘇滸河虎攔哈達山下赫圖阿喇地距
俄朶里城西五百餘里誅其牛以雪祖仇
執其牛以索舊業既得遂擇之於是
肇祖居虎攔哈達山下赫圖阿喇地生子二長
充善次諸宴充錫寶生子三長安羅次安義誤
次錫寶齊篇古錫寶齊篇古生子一即
興祖直皇帝諱
興祖生于六長德世庫次劉闡次索長阿次即
景祖翼皇帝諱
景祖生于
興祖異皇帝諱
居河洛噶善地
庫居覺爾察地劉闡居阿哈河洛地索長阿
景祖居祖基赫圖阿喇地包朗阿居尼麻喇地
寶實居章甲地六人各築城分居而赫圖阿
喇城與五城相距近者五里遠者二十里環
衛而居稱為寧古塔貝勒是為六祖元長祖
德世庫生子三長蘇赫臣代夫次譚圖次尼
陽古篇古二祖劉闡生子三長陸虎臣次馬
寧格次門圖三祖索長阿生子五長李泰次

《大清太祖高皇帝實錄》，卷一，頁四

吳泰次輝奇阿注庫敦次龍敦次飛永歇

景祖生子五長禮敦巴圖魯次額爾袞次界堪

次即

顯祖宣皇帝諱

阿生子二長對泰次稜敦六祖寶寶生子四

次塔察篇古五祖包朗

時近地部落中有名碩色納者生子七俱輕捷多力當身

長廉嘉次阿篤齊次多爾郭齊是

悍又有名加虎者

披鎧甲連躍九牛二族恃其強侵陵諸路

勒往征之破碩色納子九人滅加虎子七人

盡收五嶺遞東蘇克蘇滸河迄西二百里內

諸部六貝勒由此強盛尋有寶寶之子阿哈

納渥濟格欲聘薩克達路長巴斯翰巴圖魯

之妹往結婚欲聘薩克達路長巴斯翰雖不從

貝勒但家家吾妹不妻汝阿哈納曰爾不從

吾不已也甄髮留之而還後巴斯翰巴圖魯

以妹妻董鄂部主克轍巴顏之子額爾機瓦

《大清太祖高皇帝實錄》，卷一，頁五

爾喀額爾機瓦爾喀自妻家薩克達之地問

至阿布達里鎮被托漠河部長額吐阿祿部

下九賊截殺之九賊中亦有名阿哈納者賊

呼其名聞者傳語克轍巴顏於是克轍巴顏

曰住者寧古塔阿哈納渥濟格欲聘之女吾

子娶之想因此見投於寧古塔貝勒也時哈

達萬汗聞之使人告克轍巴顏曰汝子非寧

古塔人所殺乃額吐阿祿部下九賊殺之我

擒以與爾復爾仇歸附我克轍巴顏曰吾

子被殺奈何又欲降我此必寧古塔人以額

吐阿祿地遠故為飾詞以委謝耳吾等乃比

鄰兄弟若直在寧古塔人可令饋哈達金帛

執九賊與我面質九賊詞服果非寧古塔人

所殺則所饋金帛吾倍償之時有索長

阿家人額克秦開之告其主索長阿密遣人

告克轍巴顏曰爾子方我部下人我當殺之爾以金

額克青格所殺我部下人我當殺之爾以金

帛與我克轍巴顏曰哈達萬汗既擒額吐阿

《大清太祖高皇帝實錄》，卷一，頁六

祿部下九賊所鞍爾又云爾部人所殺皆爾
寧古塔人欺我也遂為仇怨引兵攻掠寧古
塔貝勒所屬東南二路寧古塔貝勒幾不能
支相與謀曰我等皆一祖所生分居十二處
勢渙散難相聲援投當聚族而居既定議索長
為舉息畜產地矛今不必聚居借兵於哈達
萬汗吳泰婿相語也於是借兵攻
阿子便哈達萬汗又敗其議曰一處何可居也將不
董鄂部二次復其數察初未借兵之先寧古
塔貝勒與哈達萬汗互為婚媾自借兵後寧
古塔貝勒稍示弱焉
顯祖嫡妃喜塔喇氏乃阿古都督女是為
宣皇后生子三長即
上也稱為聰睿貝勒
宣皇后孕十三月乃生歲己未是為明嘉靖三
十八年也次名舒爾哈齊饒遠爾漢巴圖魯
次名雅爾哈齊繼娶納喇氏乃哈達萬汗所
養族女生子一名巴雅喇號卓禮克圖庶妃

《大清太祖高皇帝實錄》，卷一，頁七

生子一名穆爾哈齊號青巴圖魯先是皇考
者言滿洲將有聖人出甦定眾亂統一諸國
而履帝位及
上生龍顏鳳目偉軀大耳天表玉立髯若洪鐘
儀度威重舉止非常英勇蓋世騎射軼倫雄
謀大略用兵如神而又至誠御物剛果能斷
任賢不貳去邪不疑凡所觀記一經耳目終
身不忘眾稱為英明主云
上生十歲時
宣皇后崩繼妃納喇氏撫育寡恩年十九俾分
居予產獨薄後
顯祖知
上有才德復厚予之
上解不愛時諸國紛亂滿洲國之蘇克蘇滸
河部渾河部。王甲部董鄂部哲陳部長白山之
訥殷部鴨綠江部東海之渥集部瓦爾喀部
庫爾喀部虎倫國之烏喇部哈達部葉赫部
輝發部羣雄蜂起搆王搆爭為雄長各主其

《大清太祖高皇帝實錄》，卷一，頁八

　　對照《大清太祖高皇帝實錄》可知，《大清太祖武皇帝實錄》的漢文，譯名俚俗，或同音異譯。譬如：長白山上的潭名，《武皇帝實錄》作「他們」，《高皇帝實錄》作「闥門」。《武皇帝實錄》記載長白山「盡是浮石」，《高皇帝實錄》刪略「盡是浮石」字樣。布庫里山下的池名，《武皇帝實錄》作「布兒湖里」，《高皇帝實錄》作「布爾湖里」。第三仙女的名字，《武皇帝實錄》作「佛古倫」，《高皇帝實錄》作「佛庫倫」。《武皇帝實錄》記載圖騰感孕的內容云：「有神鵲啣一朱果置佛古倫衣上，色鮮甚妍。佛古倫愛之，不忍釋手，遂啣口中，甫着衣，其果入腹中，即感而成孕。」《高皇帝實錄》的記載，經修改潤飾後云：「有神鵲銜朱果置季女衣，季女愛之，不忍置諸地，含口中，甫被衣，忽已入腹，遂有身。」其內容詳略不同。《武皇帝實錄》記載母子一段對話云：「佛古倫後生一男，生而能言，倏爾長成。母告子曰：『天生汝，實令汝為夷國主，可往彼處。』將所生緣由一一詳說。」《高皇帝實錄》改稱：「佛庫倫尋產一子，生而能言，體貌奇異，及長，母告以吞朱果有身之故，因命之曰：『汝以愛新覺羅為姓，名布庫里雍順，天生汝以定亂國，其往治之。』」《武皇帝實錄》記載「愛新」，意即「金」；「覺落」，「姓也」；名「布庫里英雄」。由《武皇帝實錄》的記載可知，「布庫里英雄」，是擬人化的名字，就是布庫里山下的英雄。地名「鰲莫惠」；城名「鰲朵里」，《高皇帝實錄》作「俄莫惠」、「俄朵里」。幼兒「范嗏」，《高皇帝實錄》作「范察」，都是同音異譯。在滿洲先世發祥神話中反映鳥圖騰崇拜的痕跡，神鵲對滿洲先世的降生，族裔的蕃衍，都有不世之功。《武皇帝實錄》記載，「滿洲後世子孫，俱以鵲為祖，故不加害。」句中「以鵲為祖」，《高皇帝實錄》改為「俱德鵲」，愛護鵲，不加害。「以鵲為祖」就是以「鵲」為圖騰，對研究圖騰崇拜提供珍貴的史料，《高皇帝實錄》改為「德鵲」，已失原意。

　　地名「蘇蘇河」、「虎欄哈達」、「黑禿阿喇」，《高皇帝實

錄》作「蘇克蘇滸河」、「虎攔哈達」、「赫圖阿喇」。「都督孟
特木」、「都督福滿」、福滿四子「覺常剛」、覺常剛四子「塔石」，
奚塔喇氏名「厄墨氣」，太祖淑勒貝勒名「弩兒哈奇」，《高皇帝
實錄》因避名諱，貼以黃籤，而不見其本名。其人名譯音，多同音
異譯。《武皇帝實錄》記載，都督孟特木生二子，長名充善，次名
「除烟」，句中「除烟」，《高皇帝實錄》作「褚宴」。《武皇帝
實錄》記載，充善生三子，長名拖落，次名脫一莫，三名石報奇。
《高皇帝實錄》記載，充善生子三，長妥羅，次妥義謨，次錫寶齊
篇古。《武皇帝實錄》記載，都督福滿生六子，長名德石庫，次名
劉諂，三名曹常剛，四名覺常剛，五名豹郎剛，六名豹石。《高皇
帝實錄》記載，興祖生子六，長德世庫，次劉闡，次索長阿，次即
景祖翼皇帝，次包郎阿，次寶實。《武皇帝實錄》記載，長祖德石
庫生三子，長名蘇黑臣代夫，次名談吐，三名娘古。《高皇帝實錄》
記載，長祖德世庫生子三，長蘇赫臣代夫，次譚圖，次尼陽古篇古。
《武皇帝實錄》記載，二祖劉諂生三子，長名祿胡臣，次名麻寧格，
三名門土。《高皇帝實錄》記載二祖劉闡生子三，長陸虎臣，次馬
寧格，次門圖。《武皇帝實錄》記載，三祖曹常剛生五子，長名李
太，次名武太，三名綽氣阿朱古，四名龍敦，五名非英敦。《高皇
帝實錄》記載，三祖索長阿生子五，長李泰，次吳泰，次綽奇阿注
庫，次龍敦，次飛永敦。《武皇帝實錄》記載，四祖覺常剛生五子，
長名李敦把土魯，次名厄里袞，三名界坎，四名塔石，五名塔乂。
《高皇帝實錄》記載，景祖生子五，長禮敦巴圖魯，次額爾袞，次
界堪，次即顯祖宣皇帝，次塔察篇古。《武皇帝實錄》記載，五祖
豹郎剛生二子，長名對秦，次名稜得恩。《高皇帝實錄》記載，五
祖包朗阿生子二，長對秦，次稜敦。《武皇帝實錄》記載，六祖豹
石生四子，長名康嘉，次名阿哈納，三名阿都揬，四名朵里火揬。
《高皇帝實錄》記載，六祖寶實生子四，長康嘉，次阿哈納，次阿
篤齊，次多爾郭齊。當時近地部落中有二姓，即「灼沙納」與「加

虎」，恃其強悍，侵陵諸路，四祖覺常剛率寧古塔諸貝勒征服二姓。二姓中「灼沙納」，《高皇帝實錄》作「碩色納」。

　　《武皇帝實錄》記載，六祖豹石次子阿哈納至沙革達部，欲聘部長巴斯漢把土魯妹為妻，巴斯漢曰：爾雖六王子孫，家貧，吾妹必不妻汝。阿哈納曰：汝雖不允，吾決不甘心，遂割髮留擲而去。巴斯漢愛東果部長克轍殷富，遂以妹妻其子厄兒機。《高皇帝實錄》記載，寶實之子阿哈納渥濟格，欲聘薩克達路長巴斯翰巴圖魯之妹，往結婚。巴斯翰巴圖魯曰：爾雖寧古塔貝勒，但家貧，吾妹不妻汝。阿哈納曰：爾不從，吾不已也。截髮留之而還。後巴斯翰巴圖魯以妹妻董鄂部主克轍巴顏之子額爾機瓦爾喀。所載內容，大同小異，但文中人名、地名，多同音異譯。文中「把土魯」，滿文讀作 "baturu"，亦即「勇士」，《高皇帝實錄》作「巴圖魯」。「塔察篇古」，詞中「篇古」，滿文讀作 "fiyanggū"，意即「最末的」，或「最小的」，漢譯又作「費揚古」。

　　《武皇帝實錄》記載，覺常剛第四子塔石，嫡夫人乃阿姑都督長女姓奚塔喇，名厄墨氣，生三子。長名弩兒哈奇（即太祖），號淑勒貝勒（淑勒貝勒，華言聰睿王也）。次名黍兒哈奇，號打喇漢把土魯。三名牙兒哈奇，次夫人乃哈達國汗所養族女，姓納喇，名揹姐，生一子，名把牙喇，號兆里兔（兆里兔，華言能幹也）。側室生一子，名木兒哈奇，號卿把土魯。初厄墨氣孕十三月，生太祖，時己未歲，大明嘉靖三十八年也。《高皇帝實錄》記載，顯祖嫡妃喜塔喇氏，乃阿古都督女，是為宣皇后，生子三，長即上也，稱為聰睿貝勒，宣皇后孕十三月乃生，歲己未，是為明嘉靖三十八年也。次名舒爾哈齊，號達爾漢巴圖魯，次名雅爾哈齊。繼娶納喇氏，乃哈達萬汗所養族女，生子一，名巴雅喇，號卓禮克圖。庶妃生子一，名穆爾哈齊，號青巴圖魯。《高皇帝實錄》所載內容，詳略不同。人名地名，同音異譯，雅俗不同。

　　《高皇帝實錄》是重修本，斟酌損益，隱諱史事。《武皇實錄》記載哈達國主孟革卜鹵私通嬪御謀逆伏誅的內容云：

> 太祖欲以女莽古姬與孟革卜鹵為妻，放還其國。適孟革卜鹵
> 私通嬪御。又與剛蓋通謀，欲篡位，事洩。將孟革卜鹵、剛
> 蓋與通姦女俱伏誅[12]。

《高皇帝實錄》修改後的內容如下：

> 其後，上欲釋孟格布祿歸國。適孟格布祿與我國大臣噶蓋謀
> 逆事洩，俱伏誅[13]。

《高皇帝實錄》雖載哈達國主孟格布祿謀逆伏誅一節，卻盡刪其私
通嬪御的內容。《武皇帝實錄》記載帝后殉葬的內容云：

> 帝后原係夜黑國主楊機奴貝勒女，崩後，復立兀喇國滿泰貝
> 勒女為后。饒丰姿，然心懷嫉妬，每致帝不悅，雖有機變，
> 終為帝之明所制留之。恐後為國亂，預遺言於諸王曰：「俟
> 吾終，必令殉之。」諸王以帝遺言告后，后支吾不從。諸王
> 曰：「先帝有命，雖欲不從，不可得也。」后遂服禮衣，盡
> 以珠寶飾之，哀謂諸王曰：「吾自十二歲事先帝，豐衣美食，
> 已二十六年，吾不忍離，故相從于地下，吾二幼子多兒哄、
> 多躲當恩養之。」諸王泣而對曰：「二幼弟吾等若不恩養，
> 是忘父也，豈有不恩養之理。」于是后於十二日辛亥辰時自
> 盡，壽三十七，乃與帝同柩[14]。

引文中「多兒哄」，即「多爾袞」，「多躲」，即「多鐸」。《高
皇帝實錄》刪略諸王逼令大妃殉葬的內容。其文云：

> 先是，孝慈皇后崩後，立烏喇國貝勒滿太女為大妃。辛亥辰
> 刻，大妃以身殉焉，年三十有七，遂同時而殞[15]。

---

[12]　《大清太祖武皇帝實錄》，卷二，頁5。
[13]　《大清太祖高皇帝實錄》（臺北，華聯出版社，1964年9月），卷三，
　　頁5。
[14]　《大清太祖武皇帝實錄》，卷四，頁32。
[15]　《大清太祖高皇帝實錄》，卷十，頁21。

私通嬪御，事不雅馴，固皆刪除。諸王逼殺繼母，褻瀆聖德，例不應書，《高皇帝實錄》刪略不載，以致史事不詳。《武皇帝實錄》記載中宮皇后薨後侍婢殉葬的內容云：

> 中宮皇后薨。后姓納喇，名孟古姐姐，乃夜黑國楊機奴貝勒之女，年十四適太祖。其面如滿月，丰姿妍麗，器量寬洪，端重恭儉，聰穎柔順。見逢迎而心不喜，聞惡言而色不變。口無惡言，耳無妄聽。不悅委曲讒佞輩，脗合太祖之心，始終如一，毫無過失。太祖愛不能捨，將四婢殉之[16]。

漢俗不載后妃之名，中宮皇后納喇氏，其名「孟古姐姐」，《高皇帝實錄》刪略不載；「中宮皇后薨」，改作「孝慈皇后崩」；「太祖愛不能捨，將四婢殉之」，改作「上悼甚，喪殮祭享，儀物悉加禮」。侍婢殉葬，隻字不載。

二、寧遠之役——《大清太祖武皇帝實錄》滿文本與《大清太祖高皇帝實錄》滿文本的比較

　　天命十一年（1626）正月十四日，清太祖努爾哈齊率諸貝勒大臣統軍征明，其眾號稱二十萬人。是月二十三日，大軍至寧遠城外安營。二十四日，奮力攻城。寧遠道袁崇煥等嬰城固守，努爾哈齊自二十五歲征伐以來，戰無不勝，攻無不克，惟寧遠一城，屢攻不下，朝鮮譯官韓瑗竟謂努爾哈齊身負重傷。蕭一山著《清代通史》稱，「寧遠之役，努兒哈赤以百戰老將敗於崇煥，且負重傷。」稻葉君山著《清朝全史》據韓瑗所述，遂謂努爾哈齊「欲醫此傷瘡」而赴清河，浴於溫泉，旋即「死於瘡痍」。為求了解寧遠戰役經過，可就天命十一年正月分《大清太祖武皇帝實錄》及《大清太祖高皇帝實錄》滿文照錄於後。

---

[16] 《大清太祖武皇帝實錄》，卷二，頁5。

（一）《大清太祖武皇帝實錄》滿文

[滿文／Manchu script text in vertical columns, read right to left] fulgiyan tasha abkai fulinggai genggiyen han i juwan emuci aniya, aniya biyai juwan duin de, taidzu genggiyen han geren beise ambasa be gaifi daiming gurun be dailame, amba cooha jurafi juwan ninggun de dung cang pu de isinafi, juwan nadan de lioo hoo bira be doofi amba bihan de geren cooha adafi onco. emu galai cooha julergi mederi de isinahabi. emu galai cooha liyoodung ci guwangning de genere dalan i amba jugūn be dulekebi. julegi amargi eyerei muke i gese. uju uncehen be saburakū. tu kiru tukiyehengge gida jangkū i jafahangge weji bujan i adali. julergi tucike siliha cooha si ping

丙寅天命明汗十一年，正月十四日，太祖明汗率諸貝勒大臣統大軍征大明。十六日，至東昌堡。十七日，渡遼河，於曠野廣列諸軍。一翼兵南至海岸；一翼兵自遼東至廣寧堤道大路，前後如流水，不見首尾，旌旗劍戟如林，前鋒精銳至西平

ᠨᠢᠷᠣᠯᠠ ᠮᠠᠨᠵᡠ ᠪᠢᡨᡥᡝᠢ ᡥᡝᡵᡤᡝᠨ ᡳ ᡤᡳᠰᡠᠨ᠂ ᠮᠠᠨᠵᡠ
ᠪᡳᡨᡥᡝᠢ ᡤᡳᠰᡠᠨ᠂ ᠠᡳᠰᡳᠨ ᡤᡳᠣᡵᠣ ᠶᠠᠪᠠᠯᠠ᠂ ᠮᠠᠨᠵᡠ
ᡳ ᠠᡳᠰᡳᠨ ᡤᡳᠣᡵᠣ ᡥᠠᠯᠠᠩᡤᠠ ᠨᡳᠶᠠᠯᠮᠠ᠂ ᡳᠨᡝᠩᡤᡳ
ᠨᡳᠨᡤᡤᡳᠶᠠᠨ ᠠᠪᡴᠠᠢ ᡥᡝᠰᡝᡳ ᠪᠠ ᠨᠠ ᠪᡝ
ᠠᡳᠰᡳᠨ ᡤᡳᠣᡵᠣ ᡥᠠᠯᠠᠩᡤᠠ᠂ ᠰᡝᡥᡝ ᡳᠨᡝᠩᡤᡳ᠂
ᠨᠢᠷᠣᠯᠠ ᠮᠠᠨᠵᡠ ᡤᡳᠰᡠᠨ ᠪᡝ ᠪᠠᠶᠠᠨ ᠮᠠᠨᠵᡠᠰᠠᡳ
ᡥᠠᠯᠠᠩᡤᠠ᠂ ᠰᡝᡥᡝ ᠪᡳᡨᡥᡝᡳ ᡤᡳᠰᡠᠨ᠂ ᡳᠨᡝᠩᡤᡳ ᠨᠢᠷᠣᠯᠠᡵᠠᠪᡠᠮᡝ

ᠮᠠᠨᠵᡠᠰᠠᡳ ᠠᠰᠠᡵᡳ ᡤᡳᠰᡠᠨ᠂ ᡝᡵᡝ ᡠᠳᡝ᠂ "ᠮᠠᠨᠵᡠᠰᠠᡳ
ᡥᠠᠯᠠᠩᡤᠠ᠂ ᠠᡳᠰᡳᠨ ᡤᡳᠣᡵᠣ ᡥᠠᠯᠠ᠂" ᠰᡝᠮᡝ
ᠮᠠᠨᠵᡠᠰᠠᠢ ᡥᠠᠯᠠ᠂ "ᠠᡳᠰᡳᠨ ᡤᡳᠣᡵᠣ ᡥᠠᠯᠠ᠂ ᠰᡝᡥᡝ᠂

"ᠮᠠᠨᠵᡠᠰᠠᡳ ᠰᠠᠯᠠᡵᠠ ᠪᠠ᠂" "ᠮᠠᠨᠵᡠᠰᠠᠢ
ᠠᠯᠠᡵᠠ ᠯᠠᠨ ᠮᠠᠨ ᠪᠠ ᠠᡳᠰᡳᠨ ᡤᡳᠣᡵᠣ᠂" ᠰᡝᡥᡝ᠂

⑥ ᠨᠢᠷᠣᠯᠠ ᠮᠠᠨᠵᡠ᠂ ᠰᡝᠮᡝ ᠠᡳᠰᡳᠨ ᡤᡳᠣᡵᠣ ᡥᠠᠯᠠᠩᡤᠠ
ᠪᠢᡨᡥᡝ

pu de daiming gurun i karun i niyalma be weihun jafafi fonjici, daiming ni cooha io tun ui de emu minggan, dalingho de sunja tanggū, jin jeo hecen de ilan minggan bi, tereci casi irgen unduri tehebi seme alaha manggi. amba cooha dobori dedume, inenggi yabume io tun ui de isinaci, io tun ui be tuwakiyaha ilan minggan coohai ejen san jiyang hergen i jeo šeo liyan cooha irgen be gaifi burlame genehebi. taidzu genggiyen han jakūn hafan de duin tumen yafahan i cooha be afabufi, daiming gurun i cuwan i juwehe jeku mederi dalin de bisirengge be, gemu io tun ui hoton i dolo juweme dosimbu seme werifi.

堡，活捉大明哨探訊之。告曰：「大明兵右屯衛一千，大凌河五百，錦州城三千，此外人民，隨處而居。」大軍夜宿日行，兼程而進，至右屯衛時，其守右屯衛三千兵主將參將周守廉率軍民遁走。太祖明汗令八官統步兵四萬，將大明舟運積貯海岸之糧，俱運入右屯衛城內貯藏。

ᠳᠠᠰᠠᠨ ᠪᠠ ᠪᡠᡵᡠᠨ ᠳᠠᠰᠠᠮ ᠪᠠᠨ ᠮᡝᠳᡝᠴᡝᠨ " ᠳᠠᠨ ᠳᡝᠴᡝᠷ ᠪᡝᠴᡝ ᠮᡝᠳᡝᠴᡝ ᠶᡝᠴᡝᠷ ᠪᠠᠨ ᠰᡝᠴᡝᠮᡝᠪᠠ

ᡝᡠᠴᠠᠨ ᠪᠠ ᠳᠠᠴᡝᠨᠳᠠᠨ ᠶᡝᠴᡝᠮᠠ ᠪᠠ ᠳᠠᠴᡝᠴᠠ ᠳᠠᠮᡝᠴᠠ ᡝ ᠮᡝᠳᡝ ᠪᠠ ᠳᠠᠴᡝᠨ ᡝ ᠮᡝᠳᡝ ᠮᡝᠴᠠᠴᠠᠨ

ᡝᠴᠠᠨ ᠮᡝᠳᡝᠴᠠᠨ ᡝᡠᠴᠠᠨ ᠴᡝᠴᠠᠨ ᡝᠴᡝᠴᠠ " ᠳᠠᠮᠠᠷ ᠳᠠᠴᠠᠷ ᠪᠠ ᠮᡝᠳᡝᠨ ᠮᡝᠴᠠᠨ ᡝᠴᠠ ᠳᠠᠴᠠᠷ

ᡝᡠᠴᠠᠴᠴᠠᠨ ᠮᡝᠴᠠᠴᠠᠮ ᠮᡝᠳᡝᠴᠠᠷ ᠳᡝᠴᡝᠨ ᡝᠴᠠᠨ ᡝᠴᠠᠨ ᠮᡝᠴᠠᠴᠠᠨ ᠮᡝᠴᠠᠴᠠᠨ ᠪᠠ ᡝᠴᠠᠨ ᡝ ᠮᡝᠴᠠᠴᠴᠠᠨ ᠵᡝ ᠴᡝᠴᠠ ᠪᠠ

ᡝᠴᠠ ᠳᠠᠴᠠᠨ ᡝ " ᠴᡝᠴᠠᠴᠠᠴᠠ ᡝᠴᡝᠴᠠᠴᠠᠴᠠ " ᡝᠴᠠᠮᠠᠷ "ᠴᡝᠴᠠᠷ ᠪᠠ" ᡝᠴᠠᠮᠠ " ᡝᠴᠠᠮᠠ" ᡝ ᠴᡝ ᡝᠴᡝ ᠴᡝᠴᠠᠷ ᡝᠴᡝᠴᡝᠴᠠᠴᠠ ᠴ

ᡝᠴᠠᠮᠠᡝᠴᠠᠴᠠ ᡝᠴᡝᠴᠠᠴᠠ ᡝᠴᠠᠴᠠᠴᠠ ᡝᠴᠠᠴᠠᠴᠠ ᠮᡝᠴᠠᠴᠠᠨ ᡝ ᠴᡝ ᡝᠴᠠᠴᠠᠮᠠᠴᠠᠴᠠ " ᡝᠴᡝᠴᠠᠴᠠ ᡝᠴᠠᠮᠠᠨ ᡝ ᠳᡝ ᠴᡝ " ᡝᠴᡝᠴᠠᠮᠠᠷ

ᡝᠴᠠᠴᠴᠠᠮ ᡝᠴᠠᠷ ᡝᠴᠠᠴᡝ ᡝᠴᠠᠴᠠ ᠳ ᡝᠴᠠᠴᡝᠴᠠ ᠴ ᠳᡝᠴᡝ ᡝᠴᠠᠷ " ᡝᠴᡝᠴᠠᠴᡝ ᡝᠴᡝᠴᠠ ᡝᠴᠠᠮᠠᠷ " ᡝᠴᡝᠴᠠ ᡝᠴᡝᠴ

ᡝᠴᠠᠴᠠᠴᡝᠨ ᡝᠴᠠᠴᠴᠠ ᡝᠴᠠᠮᠠᠷ ᡝᠴᡝᠴᠠᠴᠠᠨ ᡝᠴᠠᠴᠠ ᠴ ᡝᠴᠠᠴ ᡝᠴᡝᠴᠠ ᡝ ᡝᠴᠠᠴᠴᠠᠴᠴᠠ ᡝᠴᡝᠴᠠᠴᠠᠴᠠ ᡝᠴᡝᠴᠠᠴᡝ ᡝᠴᠠᠴᠴᠠᠷ

tereci amba cooha aššafi geneci jin jeo hecen be tuwakiyaha ilan minggan coohai ejen iogi hergen i hioo šeng, sung jiyun jang siyan, dusy lioi sung, sungsan be tuwakiyaha ilan minggan coohai ejen sanjiyang hergen i dzo fu, sung jiyun moo fung i, dalinghoo, šolinghoo, hingsan, liyan san, tasan, ere nadan hoton i jiyangjiyūn cooha irgen gemu manjui amba coohai horon de golofi, boo jeku be gemu tuwa sindafi dosi burlame genehebi. orin ilan de amba cooha ning yuwan hecen de isinafi, sunja ba duleme genefi, san hai guwan i ergi be dalime amba jugūn be hetu lasha ing ilifi. ning yuwan hecen de jafaha niyalma be takūrame,

大軍前進，錦州守城三千兵主將遊擊蕭聖、中軍張賢、都司呂忠，守松山三千兵主將參將左輔、中軍毛鳳翼，及大凌河、小凌河、杏山、連山、塔山，此七城將軍兵民皆震懾滿洲大軍之威，俱焚其廬舍糧儲而內遁。二十三日，大軍至寧遠城，越城五里，橫截山海關大路立營，遣所獲之人往寧遠城，

ᠮᠠᠨᡴᠠᠨ ᠰᠣᠮᠪᡠᠨ ᠵᠠᡴᡡᠨ ᠪᠠᠨ ᠨᠠᠯᠠᠩ ᠵᠠᡴᠣᠯᠪᡠᠨ ᠮᠠᠶᡳᠨ ᠰᠠᡵᡳᠨ ᠂᠂ ᠨᠠᠶᠣᠨ ᠰᠠᠪᡳᠨ ᠪ ᠵᠠᠩᠵᠣ

ᠪᠠᠶᠠᠯ ᠪᠠᠰᡠᠨ ᠂᠂ ᠪᠣ ᠮᠠᠶᡳᡥᠠ ᠵᠠᠪᡳᠨᠠᠶ ᠪᠣᠨ ᠰᠣᠰᠠᡥᠠᠯᠣ ᠨᡳᠮᠠᠯᠰᡳ ᠂᠂ ᠰᠠᠶᠠᠶᠠᠯ

ᠪᠠᠯᠠᠶ ᠪᠠᠪᠣ ᠂᠂ ᠰᠠᡵᡳᠨ ᠪ ᠰᠠᠮᠪᠠᠶ ᠨᠠᠶᠠᠯ ᠵᠠᠶᡳᠶᠠᠯ ᠵᠠᠶᡳᠰᡳᠨ ᠰᠠᠪᡳᠨ ᠂᠂ ᠮᠠᠰᠠᡥᡳ ᠵᠠᠶᠠᠨ ᠵᠠᠶᡳᠶ

ᠪᠠᠶᠠᠯᠰᡳ ᠮᠠᠶᠣᠨ ᠰᠠᡳᠨ ᠰᠠᠪᡳᠯᠰᡳ ᠮᠠᠶᠣᠯ ᠂᠂ ᠨᠠᠶᠣᠶ ᠪᠠᠶᠣᠶ ᠮᠠᠶᠣᠯ ᠰᠠᠨᠣᠶᠠᠯᠰᠣᠨ ᠰᠠᡥᠠᠶᠣᠶ ᠰᠠᠪᡳᠯ ᠂᠂ ᠰᠠᠪᡳᠨ

ᠰᠠᠶᠠᠶᠣᠯ ᠵᠠᠶᠠᠯ ᠂᠂ ᠰᠠᠶᠠᠶ ᠵᠠᠶᡳ ᠂᠂ ᠪᠠᠶᠠᠯ ᠵᠠᠶᡳᠯ ᠠ ᠪᠠᠶᠣᠯ ᠵᠠᡥᠠᠰᡳᠨ ᠪᠠᠰᠠᡥᡳᠯ ᠂᠂ ᠪᠣ ᠵᠠᠶᡳᠰᡳᠨ

ᠰᠠᠶᠣᠯ ᠪᠠ ᠵᠠᡥᠠᡵᠣᠯᡳ ᠨᠠᠶᡳᠯᠠᠶ ᠂᠂ ᠪᠠ ᠵᠠᡳᠰᡳᠶᠣᠯ ᠨᠠᠪᠣᠶᠠᠯ ᠨᠠᡥᠠᠨᡳᠯ ᠂᠂ ᠰᠠᠶᡳᠶᠠᠯ ᠪ ᠨᠠᠶᠣᠶ

ᠪᠠ ᠰᠠᠶᠠᡥᠠᡥᠣᠯ ᠪᠠᠶᠠ ᠨᠠᠶᠣᠶᠠᠯ ᠵᠠᠶᠠᠯᡳᠶ ᠂᠂ ᠰᠠᠶᡳᠶ ᠪ ᠰᠠᠶᡳᠨ ᠨᠠᠶᠣᠯᠰᡳᠨ ᠵᠠᠶᠣᠯᡳᠯ

ᠪᠠᠶᠣᠨ ᠪᠠᠶᠠᠯ ᠵᠠᠶᠠᠯ ᠪᠣ ᠵᠠᡳᡵᠣᠶ ᠰᠠᠶᠣᠯ ᠰᠠᠮᡳᠯᡳᠶ ᠪᠠᠶᠣᠰᠣᠯᠰᡳ ᠰᠠᠶᠠᠨᠰᡳ ᠵᠠᠶᠣᠶᠠᠰᡳᠨ ᠵᠠᠶᠣᠶᠣᠯ ᠵᠠᠶᡳ ᠂᠂

suweni ere hecen be mini orin tumen coohai afaci urunakū efujembi kai. hecen i dorgi hafasa suwe dahaci, bi wesihun obufi ujire. hecen i ejen dooli hergen i yuwan sung hūwan jabume, han ai turgun de uttu holkon de cooha jihe. jin jeo, ning yuwan i babe suwe bahafi waliyaha. be suweni waliyaha babe dasafi tehe. meni meni babe tuwakiyahai bucembi dere. dahaha doro bio. han i cooha orin tumen serengge tašan. ainci juwan ilan tumen bikai. be inu tere be komso serakū. tereci genggiyen han hecen be afabume coohai niyalma wan kalka dagilame wajiha manggi. orin duin i inenggi

---

告曰：「汝等此城，我以二十萬兵來攻，破之必矣。城內官若降，我即封以高爵加以豢養。」城主道員袁崇煥答曰：「汗何故遽爾加兵耶？錦州、寧遠之地，汝等既得而棄之，我等將汝等所棄之地，修治而居，寧各死守其地，豈有降理？汗稱來兵二十萬，虛也。或許有十三萬，我等亦不覺來兵為少也。」明汗欲攻城，遂令軍中備攻具。二十四日，

ᡥᡡᠸᠠᠩᡩᡳ᠂ ᠴᠣᡴᡨᠣ᠂ ᡥᡝᠴᡝᠨ᠂ ᠮᡝᡩᡝᡥᡝ᠂ ᡥᡝᠴᡝᠨ ᡩᡝ ᡥᠣᡵᠣᠨ᠂ ᡨᠠᠴᡳᠨ᠂ ᠮᡝᡩᡝᡥᡝ ᡩᡝ ᠮᠣᡵᡳᠨ᠂ ᠴᠣᡴᡨᠣ ᡳᡧᠠᠨ᠂ ᠮᡝᡩᡝᡥᡝ ᡳᠴᡝ ᡥᠠᠮᠠ ᠴᠣᡴᡨᠣ ᡥᡝᠴᡝᠨ ᠮᡝᡩᡝᡥᡝ ᠴᠣᡴᡨᠣ ᡥᡝᠴᡝᠨ ᡴᠣᡵᠣᠨ ᠰᡝᠮᡝ ᡥᡝᠴᡝᠨ ᡳᠨᡳ

ᠮᡝᡩᡝᡥᡝ᠂ ᡴᠠᠷᠣᠨ ᠮᡝᡩᡝᡥᡝ ᠯᡝᠪᡝ ᡳᠯᠠᠨ ᠮᡝᡩᡝᡥᡝ ᠴᠣᡴᡨᠣᠯᠠᠮᠪᡳ᠂ ᡥᡝᠴᡝᠨ ᠮᡝᡩᡝᡥᡝ ᠴᠣᡴᡨᠣᠯᠠᠮᠪᡳ᠂ ᠴᠣᡴᡨᠣ

ᠴᠣᡴᡨᠣᠯᠠᠮᠪᡳ ᡥᠠᠷᠠᠨ ᡥᡝᠰᡝᡵᡝᠨ ᠮᡝᡩᡝᡥᡝ ᠴᠣᡴᡨᠣᠯᠠᠮᠪᡳ᠂ ᠮᡝᡩᡝᡥᡝ ᠮᡝᡩᡝᡥᡝ ᡩᠠᡥᠠᠮᡝ ᠰᠣ ᠶᠠᠯᠠᠮᠪᡳ᠂ ᠴᠣᡴᡨᠣ

ᠮᡝᡩᡝᡥᡝ ᠶ ᡨᠠᠴᡳᠨ ᡳᠴᡝ᠂ ᠮᡝᡩᡝᡥᡝ ᡩᡝ ᠴᠣᡴᡨᠣ ᠮᡝᡩᡝᡥᡝ᠂ ᠰᡝᠮ ᡨᠠᠯᠠᠨ ᠪᠠ ᠪᡳ ᡨᠠᠨ᠂

ᠮᡝᡩᡝᡥᡝ ᠨᡳᠶᠠᠯᠮᠠ ᡩᡝᠨ ᠪᠠᠰᠠᠨ᠂ ᠴᠣᡴᡨᠣ᠂ ᠮᡝᡩᡝᡥᡝ ᠮᡝᡩᡝᡥᡝ ᡩᠠᡥᠠᠮᡝ ᠰᠣ ᠪᡳ ᡥᡝᠴᡝᠨ

ᠮᡝᡩᡝᠯᠠᠮᠪᡳ ᡳᠴᡝ᠂ ᠮᡝᡩᡝᡥᡝ ᡳᠨᡝᠩᡤᡳ ᠮᡝᡩᡝᡥᡝ ᠮᡝᡩᡝᡥᡝ ᡨᠠᠴᡳᠨ᠂ ᡥᠠᠷᠠᠨ ᠪᠠ ᠮᡝᡩᡝᡥᡝᠨᡝᡵᡝ

ᠮᡝᡩᡝᡥᡝ ᠮᡝᡩᡝᡥᡝ᠂ ᠮᡝᡩᡝᡥᡝ ᠮᡝᡩᡝᡥᡝ ᠮᡝᡩᡝᠯᠠᠮᠪᡳ ᡩᡝᠨ᠂ ᠴᠣᡴᡨᠣ ᠮᡝᡩᡝᡥᡝᠨ ᡳᠪᠠ ᠰᠣᠨ

manjui cooha i niyalma hecen de kalka latubufi, hecen be efuleme afara de abka beikuwerefi hecen gecefi, ambula sangga arame efulehe ba urime tuherakū. coohai niyalma jing afara de, tere hecen i coohai ejen sung bing guwan hergen i man gui. dooli hergen i yuwan sung hūwan, san jiyang su dai šeo, hecen be bekileme tuwakiyafi buceme afame emdubei poo sindara, oktoi tuwa maktara, wehe fahara afara de, manjui cooha afame muterakū bederefi. jai inenggi orin sunja de geli afafi muterakū bederehe. tere juwe inenggi afarade manjui cooha i juwe iogi, juwe bei ioi guwan, coohai niyalma sunja tanggū

滿洲軍士執楯貼近城下，將毀城進攻時，天寒土凍，鑿穿窟窿數處，而城不墮，軍士正攻打間，其城兵主將總兵官滿桂、道員袁崇煥、參將祖大壽嬰城固守，死戰不退，頻頻放礮，拋炸藥，擲石頭攻打時，滿洲兵不能進攻而退卻。次日二十五日復攻之，又不能克而退。二白攻城，陣亡滿洲兵二遊擊，二備禦官，軍士五百。

bucehe. orin ninggun de ning yuwan i hecen i julergi juwan ninggun bai dubede mederi dorgi, jiyoo hūwa doo gebungge tun de san hai guwan i tulergi coohai niyalmai jetere jeku orho be, gemu cuwan i juwefi sindahabi seme donjifi. taidzu genggiyen han jakūn gūsai monggoi cooha i ejen unege de, manju i cooha jakūn tanggū nonggifi, jiyoo hūwa doo be gaisu seme unggifi. manju gurun i coohai ambasa isinafi tuwaci, daiming ni bele orho be tuwakiyaha duin tumen coohai ejen san jiyang hergen i yoo fu min, hū i ning, jin guwan, iogi hergen i ji šan, u ioi, jang guwe cing, mederi juhei dele ing ilifi. juhe be

二十六日，聞山海關外軍士所食糧草，俱舟運於寧遠城南十六里外海中覺華島。太祖明汗差遣吳訥格率所部八旗蒙古，又加滿洲兵八百，往取覺華島。滿洲兵大臣至，見大明防守糧草四萬兵主將參將姚撫民、胡一寧、金冠，遊擊季善、吳玉、張國青，於海裡冰上立營，

ᠨᡳ᠋ᠶᠠᠯᠮᠠ ᠨᠢ ᠵᠠᡴᠠᠨ ᠮᡝᠵᡝᡥᠡ ᠮᡝᠵᡝᡥᡝᠨ᠈᠈ ᠵᡝᡴᡝᠨ ᠣᠨᡳᠨ ᠮᡝᠵᡝᡥᡝᠨ ᠣᠨᡳ ᠨᠢ ᠨᡝᠨ ᠵᡝᠨ

ᠨᡠᡝᡥᡝᡳᠠᠨ᠈᠈ ᠮᡝᡴᡝᠨ ᠨᡝᡥᡝᠨ ᠮᡝᠨ   ᠮᡝᡴᡝᡴᡝᡳ ᠮᠠᠵᡥᡝᠨ ᠨᡝᠨ ᠵᡝᠨᡝᡥᡝ ᠮᠠ ᠨᠠᡥᡝᡳ ᠨᠠ

ᠮᡝᡴᡝᡥᡝᡳ ᠮᡝᡴᡝᠵᡝᡳ ᠵᡝᡴᡝᠨ ᠮᡝᠵᡝᡳᠨ ᠮᠠᡥᡝᡳ ᠮᠠ ᠨᡠᡴᡝ ᠮᡝᡥᡝᠨ ᠵᡝᡥᡝᠨ᠈᠈ ᠮᡝᡴᡝᠨ ᠮᡝᡥᡝᠨ ᠮᠠ

ᠮᡝᡴᡝ ᠨᡠ ᠨᡠᡴᡝᠨ ᠮᡝᠵᡝᡥᡝᠨ ᠮᡝᡥᡝᠨ ᠵᡝᡴᡝᡳ ᠵᡝᡥᡝᡳᠨ ᠮᡝᡴᡝᠨ ᠮᡝᡥᡝᠨ ᠵᡝᡥᡝᠨᠨ

ᠮᡝᡴᡝᡳ ᠨᡠ ᠮᡝᡴᡝᡥᡝᠨ᠈᠈ ᠨᡠᡴᡝᡳ ᠮᡝᠵᡝᡥᡝᡳ ᠮᡝᡴᡝᠨ ᠮᠠᡥᡝᠨ ᠵᡝᡴᡝᠨ ᠵᠠ᠈ ᠵᡝᡥᡝᡳ ᠵᠠ

ᠮᡝᡴᡝᡳ ᠵᡝᡴᡝᠨ ᠮᡝᠨ ᠨᡠᡴᡝᠨ ᠮᡝᠵᡝᡥᡝᡳ ᠮᡝᡥᡝᠨ᠈᠈ ᠨᡠᡴᡝᡳ ᠮᠠᡥᡝᠨ ᠵᡝᡴᡝᠨ ᠵᡝᡥᡝᠨᠨ ᠨᠠ᠈ ᠵᡝᡥᡝᡳ ᠨᠠ

ᠮᡝᡴᡝᡥᡝᡳ ᠮᡝᡥᡝᡳ ᠮᡝᡴᡝᡳ ᠮᡝᡥᡝᠨ᠈ ᠵᡝᡴᡝᡳ ᠵᡝᡥᡝᡳ ᠵᡝᡥᡝᡳ ᠨᠠᡥᡝ ᠵᡝᡥᡝᠨᠨ

sacime tofohon bade isitala ulan i adali šuyen arafi, sejen kalka dalifi cooha faidahabi. manjui cooha tere ulan i dubederi sacime dosifi uthai gidafi bošome wame wacihiyafi tuwaci. tun i alin de daiming ni cooha jai juwe ing ilihabi. manjui cooha uthai afame dosifi tere juwe ing ni cooha be gidafi wame wacihiyafi, juwe minggan funceme cuwan, booi gese muhaliyaha minggan funceme buktan i bele orho be gemu tuwa sindafi. amba cooha de acanjiha. orin nadan de taidzu genggiyen han cooha bedereme io tun ui jeku be gemu tuwa sindafi. juwe biyai ice uyun de sin yang hecen de

──────────

鑿冰十五里為壕，列陣以車楯衛之。滿洲兵奪未鑿處殺入，遂敗其兵，盡殺之。又見島中山巔，立有二營大明兵，滿洲兵即攻入，敗其兵，亦盡殺之，放火焚其船二千餘及如屋高所積糧草千餘堆，乃復回與大軍會合。二十七日，太祖明汗還軍，至右屯衛，將糧芻悉放火焚之。二月初九日，至瀋陽。

ᠰᠠᡳᠨ ᠠᠮᠪᠠᠨ ᠮᠤᠵᡳᠯᠠᠨ ᠶᠠᠪᡠᠮᠪᡳᠨᡳ ᠨᡳᠶᠠᠯᠮᠠ
ᡳᠨᡳ ᠵᠣᡥᠣᠨ ᠪᠠᠨ ᠰᠠᡳᠰᠠᠮᠪᡳ ᠰᡳᠮᠪᡳᠴᡳᠯᠠ ᠮᠣᠵᡳᠨ
ᠨᠠᠨᡳ .. ᠨᡳᠶᠠᠯᠮᠠ ᠵᠣᡥᠣᠨ ᠪᠠᠨ ᠶᡝᠪᠠᡳᠮᠪᡳᠨᡳ
ᠮᠠᡳᠪᡳ .. ᡝᠵᠠᡥᠠ ᠶᡝᠯᡝ ᠪᠠᠨ ᡝᡳᠨᡝ ᠨᡳᠶᠠᠯᠮᠠ
ᠪᠠᠨ ᠰᡠᡳᠴᡳᡳ .. ᡝᠶᡝ ᠶᡝᠯᡝ ᠶᡝᠴᠠᡳᠨ ᠨᡳ
ᠴᠣᠯᠣ ᠠᠮᠪᠠᠨ ᠪᠠᠨ ᠪᠠᠨᡳ ᠶᡝᠴᡠᠪᠠ

ᡴᠠᠮᠴᡳᠮᡝ ..

isinjiha. taidzu genggiyen han orin sunja se ci baba be dailame hecen hoton be afaci bahakū etehekūngge akū. damu ning yuwan hecen be afame bahakū ofi ambula korsome bederehe.

太祖明汗自二十五歲征討諸處，戰無不勝，攻城無不克，惟攻寧遠一城不下，遂大懷憤恨而回。

（二）《大清太祖高皇帝實錄》滿文

han, geren beise ambasa be gaifi, ming gurun be dailame cooha jurafi, šanggiyan bonio inenggi dung cang pu de isinafi, jai inenggi liyoha bira be doofi, amba bigan de geren cooha dashūwan jebele juwe gala hūwalame adafi, onco, emu galai cooha julergi mederi de isinahabi, emu galai cooha liyoo dung ci guwang ning de genere dalan i amba jugūn be dulekebi, julergi amargi siran

汗率諸貝勒大臣統兵征明。庚申，至東昌堡。次日，渡遼河，分左右翼排列曠野。一翼直至南海岸；一翼越遼東至廣寧堤大路，前後相繼，

ᠨᠠᠷᡥᡡᠨ ᠮᠡᠨ ᠵᠠᠰᠠᡴᡳ ᠁
ᠪᠠ ᡵᡝᡥᡝ ᠁
ᠵᠠᠮ ᠮᡝᠨᠳᡠ ᠮᡝᠨ ᠁
ᠰᠠᠪᡝ ᠪᠠᠨᠵᡳ ᠁
ᠨᠠᡵᠠᡳ ᠁

siran i lakcarakū yabume, uju uncehen be saburakū, tu kiru i tukiyehengge, gida jangkū i jafahangge weji bujan i adali, juleri tucike siliha cooha, si ping pu de, ming gurun i karun i niyalma be weihun jafafi fonjici, ming gurun i cooha io tun wei de emu minggan, dalingho de sunja tanggū, gin jeo hecen de ilan minggan bi, tereci casi irgen unduri tehebi seme alaha manggi, amba cooha hacihiyame

---

絡繹不絕，不見首尾，旌旗劍戟如林，前鋒精銳，至西平堡，生獲明哨探訊之，告以明兵右屯衛一千，大凌河五百，錦州城三千，此外人民，隨地散居，大軍

ᠴᠠᠬᠠᠷ
ᠵᠢᠨ
ᠣ

ᠠᠩᠭᠠᠬᠰᠠᠨ᠂
ᠲᠡᠢᠨ
ᠣ

ᠨᠠᠷᠠ

ᠬᠡᠮᡝᡝᠨ

ᠲᠠᠭᠠᠯᠠᠨᠲᠠᠷ᠂
ᠶᠡᠬᡝ

ᠪᠡᠷ
ᠣᠯᠠᠨ
ᠣ

ᠬᠡᠪᡝᡝ᠂
ᠨᡝᡝᠷᡝᠨ

ᠪᡝᠷ
ᠵᠢᠷᠭᠣᠭᠠᠨ

ᠲᠠᠪᠣᠨ

ᠣᠷᠣᠭᠰᠠᠨ
ᠣ

ᠨᠠᠷᠠ᠂

ᠬᡝᠭᠡᠳ
ᠨᡝᡝᠷᡝᠨ

ᠵᠢᠷᠭᠣᠭᠠᠨ
ᠣ

ᠵᠢᠯ

ᠣᠨ

ᠮᠡᠳᡝᡝᠷᠡᠬᠦ᠂
ᠵᠢᠷᠭᠣᠭᠠᠨ

ᠲᠠᠪᠣᠨ
ᠣ

ᠲᡝᡝᠷᡝ᠂
ᠨᡝᡝᠷᡝᠨ

ᠪᠡᠷ
ᠲᡝᡝᠷᡝ

ᠪᡝᡝᠷ᠂

ᠲᠠᠪᠣᠨ
ᠣ

ᠪᡝᠶᡝ᠂
ᠨᡝᡝᠷᡝᠨ

ᠲᡝᡝᠷᡝ᠂

ᠬᡝᠮᡝᡝᠨ

ᠨᡝᡝᠷᡝᠨ

ᠨᠡᠷᡝ
ᠨᡝᡝ᠂

ᠨᡝᡝᠷᡝᠨ
ᠣ

ᠲᡝᡝᠷᡝ᠂

yabume, io tun wei de isinaci, io tun wei be tuwakiyaha coohai ejen
ts'anjiyang jeo šeo liyan, cooha irgen be gaifi burulame genehebi. han,
jakūn hafan de duin tumen yafahan i cooha be afabufi, ming gurun i
cuwan i juwehe jeku mederi dalin de bisirengge be, gemu io tun wei
hoton i dolo juweme dosimbu seme werifi, amba cooha aššafi geneci,
ming gurun i gin

兼程而進，至右屯衛。右屯衛守兵主將參將周守廉率軍民遁走。汗
留八官統步卒四萬，將明舟運積貯海岸之糧，悉移貯右屯衛城內。
大軍前進，明錦州

ᠮᡝᠨᡳ
ᠨᡳ
ᠠᠯᡳᠨ
ᠵᡝᠴᡝᠨ
ᠪᠠᡩᠠᡵᠠᠮᠪᡳ

jeo hecen be tuwakiyaha coohai ejen iogi siyoo šeng, jung giyūn jang hiyan, dusy lioi jung, sung šan be tuwakiyaha coohai ejen ts'anjiyang dzo fu, jung giyūn moo fung i, dalingho, šolingho, hing šan, liyan šan, ta šan, ere nadan hoton i jiyanggiyūn cooha irgen, musei amba cooha dosime genere be donjifi ambula golofi, boo jeku be gemu tuwa sindafi, dosi burlame genehebi.

守城兵主將遊擊蕭升、中軍張賢、都司呂忠，守松山兵主將參將左輔、中軍毛鳳翼，及大凌河、小凌河、杏山、連山、塔山此七城將軍軍民，聞我大軍進來，皆大懼，皆放火焚其廬舍糧儲而內遁。

。

ᠲᠠᠮᠠᠬᠠᠨ
ᠪᠢ᠂
ᠠᠮᠠᠨ
ᠶᠠᠪᠤ
ᠠᠮᠠᠨ
ᠰᠡᠴᠡᠨ
ᠵᠠᠩ

ᠮᠤᠨ
᠂
ᠲᠠᠮᠠᠬᠠᠨ
ᠲᠠᠨᠳᠠ
ᠠᠷᠠᠬᠠᠨ
᠂
ᠨᠢᠯᠬᠠ

ᠴᠢᠨᠠᠷᠰᠠᠨ
ᠪᠠᠶᠢᠵᠤ
ᠶᠠᠪᠤ
ᠪᠤᠨ
ᠲᠠᠬᠠᠨ
ᠳᠡᠭᠡᠷᠡᠬᠢ
ᠬᠠᠮᠳᠤ

ᠲᠡᠮᠳᠡᠭᠯᠡᠯ᠂
ᠪᠤᠷᠤᠨ
ᠠᠷᠠᠬᠠᠨ
᠂
ᠲᠠᠬᠠᠨᠵᠤ
ᠲᠠᠩᠰᠠᠨ
᠂
ᠪᠠᠶᠠᠨ

ᠪᠠᠶᠢᠨᠠ
ᠪᠤᠷᠤᠨ
ᠪᠤᠷᠤᠨ
᠂
ᠮᠠᠨᠳᠤ
ᠨᠢᠭᠡᠨ
᠂
ᠪᠠᠶᠠᠨ

ᠪᠠᠶᠢᠨᠠ
ᠪᠢᠴᠢᠭ
᠂
ᠪᠤᠷᠤᠬᠠᠨ
ᠲᠡᠮᠳᠡᠭᠯᠡᠨᠢ
ᠲᠠᠩᠰᠠᠨᠤ

fulahūn gūlmahūn inenggi, amba cooha ning yuwan hecen de isinafi,
sunja ba duleme genefi, šanaha i ergi be dalime amba jugūn be hetu
lasha ing ilifi, ning yuwan hecen de jafaha niyalma be takūrame,
suweni ere hecen be mini orin tumen coohai afaci, urunakū efujembikai,
hecen i dorgi hafasa suwe dahaci, bi wesihun obufi ujire, ning yuwan i
doo yuwan cung

丁卯，大軍至寧遠城，越城五里，橫截山海關大路駐營。縱放所俘
人入寧遠城，告曰：「汝等此城，我以二十萬兵來攻，破之必矣。
城內官爾等若降，我等尊貴豢養之。」寧遠道袁崇

ᠮᠣᠩᠭᠣᠯ
ᠪᠢᠴᠢᠭ᠌᠂

ᠪᠢᠴᠢᠭᠦᠯᠦᠭᠰᠡᠨ᠂

ᠪᠢᠴᠢᠭ᠌
ᠪᠢᠴᠢᠭᠦᠯᠦᠭᠰᠡᠨ
ᠪᠢᠴᠢᠭᠦᠯᠦᠭᠰᠡᠨ

ᠪᠢᠴᠢᠭ᠌
ᠪᠢᠴᠢᠭᠦᠯᠦᠭᠰᠡᠨ
ᠪᠢᠴᠢᠭᠦᠯᠦᠭᠰᠡᠨ᠂
ᠪᠢᠴᠢᠭᠦᠯᠦᠭᠰᠡᠨ᠂
ᠪᠢᠴᠢᠭᠦᠯᠦᠭᠰᠡᠨ

hūwan jabume, han, ai turgunde uttu holkonde cooha jihe gin jeo, ning yuwan i babe suwe bahafi, waliyaha, be suweni waliyaha babe dasafi tehe, meni meni babe tuwakiyahai bucembi dere, dahaha doro bio. han i cooha orin tumen serengge tašan, ainci juwan ilan tumen bikai, be inu terebe komso serakū sehe manggi,

煥答曰：「汗何故遽爾加兵耶？錦州、寧遠地方，汝等得而棄之，我等將汝等所棄之地，修治而居，寧各死守其地，豈有投降之理？汗稱來兵二十萬虛也，或許約有十三萬，我等亦不覺其為少也。」

han, hecen be afabume, coohai niyalma wan kalka dagilame wajifi, suwayan muduri inenggi, musei coohai niyalma, hecen de kalka latubufi, hecen be efuleme afara de abka beikuwerefi hecen gecefi, ambula sangga arame efulehe ba urime tuherakū, coohai niyalma jing afara de, ming gurun i dzung bing man gui, ning yuwan i doo yuwan cung hūwan, ts'anjiyang dzu da šeo, hecen be

---

汗欲攻城，命軍士備齊梯楯。戊辰，我兵執楯貼近城下，將毀城進攻時，天寒城凍，鑿穿數處，而城不墮，軍士正攻擊間，明總兵滿桂、寧遠道袁崇煥、參將祖大壽

bekileme tuwakiyafi, buceme afame, emdubei poo sindara, oktoi tuwa maktara, wehe fahame afara de, musei cooha afame muterakū bederefi, jai inenggi geli afafi muterakū bederehe, tere juwe inenggi afara de, musei juwe iogi, juwe bei ioi guwan, coohai niyalma sunja tanggū, kaiboha[gaibuha] šanggiyan morin inenggi, ning yuwan i hecen i julergi juwan ninggun ba i dubede, mederi dorgi giyoo

---

嬰城固守，死戰不退，頻頻放礮，拋炸藥，擲石頭攻打時，我兵不能進攻而退卻。次日，再攻，又不能克而退，計二日攻城，折我二遊擊，二備禦官，軍士五百。庚午，聞寧遠城外南十六里外，海中有

hūwa doo gebungge tun de šanaha i furdan i tulergi coohai niyalmai
jetere jeku, orho be gemu cuwan i juwefi sindahabi seme donjifi, han,
jakūn gūsai monggoi coohai ejen unege de, manju i cooha jakūn tanggū
nonggifi, giyoo hūwa doo be gaisu seme unggifi, musei cooha isinafi
tuwaci, ming gurun i bele orho be tuwakiyaha duin tumen coohai ejen
ts'anjiyang yoo

覺華島，其山海關外兵丁糧草俱舟運置放於此，汗命八旗蒙古兵主
將吳訥格率所部，加增滿洲兵八百，往取覺華島。我兵至，見明防
守糧草四萬兵主將參將

ᠪᠢ
ᡤᡝᠨ᠂
ᡝᠮᡝᠨ ᠂
ᠪᠢ ᠨ ᡳ
ᡝᠯᡝ ᠂
ᠵᠠᡴᠠ

ᡝᠯᡝ
ᡝᠯ ᠂
ᡝ ᠂
ᠪᡳ
ᠯᡝ ᠂
ᠵᠠᡴᠠᠨ

ᠮᠠᠩᡤᠠ ᠨ
ᠪᠠᠯᡝ
ᡥᠠᡴᠠ
ᠵᡝᡴᡝᠨ
ᠮᠠᠩᡤ ᠨ
ᠮᠠᠩᡤ ᠨ
ᡝᠮᡝ ᠨ

fu min, hū i ning, gin guwan, iogi gi šan, u ioi, jang guwe cing mederi juhei dele ing ilifi, juhe be sacime tofohon bade isitala ulan i adali šuyen arafi, sejen kalka dalifi cooha faidahabi. musei cooha tere ulan i dubederi sacime dosifi, uthai gidafi bošome wame wacihiyafi, geli tun i alin de jai juwe ing ilifi bisire be, musei cooha

姚撫民、胡一寧、金觀，遊擊季善、吳玉、張國青，於海中冰上安營，鑿冰十五里如壕溝為窟窿，列陣以車楯衛之。我兵從其壕溝末端砍入，即敗之，盡驅斬之。島中山巔又立二營，我兵

ᡳᠯᡳᡥᠠ ᠮᠠᠩ
ᠮᠠᠩ ᠣᠣ ᠨᡳᠴᠣ
ᠪᠣᠯᠣᠮᠠᠩ ᠣᠯᠠᠨᡳ ᠨᠣ
ᠵᠠᠰᠠᠮᠪᡳᠪ ᠪᠠ ᠨᡳᠶᠠᠯᠮᠠ
ᠨᠣ ᠠᡵᠠᠮᠪᡳ ᡤᡝᠯᡳ ᠶᠠᠶᠠᠮᠪᡳ

uthai afame dosifi, tere juwe ing ni cooha be gidafi wame wacihiyafi juwe minggan funceme cuwan, booi gese muhaliyaha minggan funceme buktan i bele orho be gemu tuwa sindafi, amba cooha de acanjiha, sahūn honin inenggi, han, cooha bedereme io tun wei de isinjifi, jeku be gemu tuwa sindaha.

即攻入，敗其二營兵，盡殲之。其船二千餘，所積高似屋千餘堆糧草，皆放火焚之，與大軍會合。辛未，汗還軍，至右屯衛，悉放火焚其糧。

ᠮᠠᠨ ‧ ᠰᠠᠮᠠᠨ
ᠮᠣᠩᠭᠣ ᠰ
ᡠᠩᡤᡝᠯᡝᠨ ᠮᡝᠨᡳ ᠴᡳᠨ
ᠨᡳ ᡥᠠᠵᠠ᠈ ᠠᠴᡳᠨ ᠰᡝ ᠮ
ᠪᠠᠶᠠᠨ ᠰ ᠨᠠᡴᠠᠴᡳᠨ᠈
ᠴᠠᡳ ᠪᠠ ᠣ ᠵᡳᠯᠠᠨ᠈
ᡳᠨᡝᠩᡤᡳ ᠪᠠ ᠪᠠᠰᠠ ᡴᡝᠮ ᡴᡝ
ᠰᠠᡳ ᠠᡴᡝ ‧ ᠰᠠᡳᠨ
ᠰᠠᡳᠨ ᠴ ᠪᡳ ‧ ᠴᡳᠨ ᠶ ᠣᠪᡠᠮᠪᡳ
ᠪᠠᡳᠰᡳᠨ ᠨᡳᠶᠠᠯᠮᠠ ᠣᠪᡠᠮᠪᡳ
ᡳᠨᡝᠩᡤᡳ ‧ ᡳᠰᡳᠨᠠᡥᠠᠪᡳ ‧

juwe biyai ice de, niowanggiyan indahūn. sahaliyan morin inenggi, han, šen yang hecen de isinjiha. han, orin sunja se ci, ba babe dailame, hecen hoton be afaci, bahakū etehekūngge akū, damu ning yuwan hecen be afame bahakū ofi, ambula korsome bederehe.

二月初一日，甲戌。壬午，汗至瀋陽城。汗自二十五歲以來，征討諸處，攻城無不克，惟寧遠城攻不下，遂大忿恨而回。

　　前引《清太祖實錄》內容為天命十一年（1626）正月十四日至同年二月初九日記事。可將《武皇帝實錄》滿文本與《高皇帝實錄》滿文本互相對照。《武皇帝實錄》「太祖明汗」，滿文作"taidzu genggiyen han"，《高皇帝實錄》滿文本作"han"，漢文本作「上」。《武皇帝實錄》「大明」，滿文本作"daiming gurun"，《高皇帝實錄》滿文本作"ming gurun"，漢文本作「明」。《武皇帝實錄》「十六日」，滿文本作"juwan ninggun"，《高皇帝實錄》滿文本作"šanggiyan bonio inenggi"，漢文本作「庚申」。《武皇帝實錄》「遼河」，滿文本作"lioo hoo bira"，《高皇帝實錄》滿文本作"liyoha bira"，漢文本作「遼河」。《武皇帝實錄》「曠野」，滿文本作"amba bihan"，《高皇帝實錄》滿文本作"amba bigan"，漢文本作「曠野」。《武皇帝實錄》「右屯衛」，滿文本作"io tun ui"，《高皇帝實錄》滿文本作"io tun wei"，漢文本作「右屯衛」。《武皇帝實錄》「錦州」，滿文本作"jin jeo hecen"，《高皇帝實錄》滿文本作"gin jeo hecen"，漢文本作「錦州城」。《武皇帝實錄》「大軍夜宿日行」，滿文本作"amba cooha dobori dedume inenggi yabume"，《高皇帝實錄》滿文本作"amba cooha hacihiyame yabume"，漢文本作「大軍兼程而進」。《武皇帝實錄》「參將」，滿文本作"san jiyang"，《高皇帝實錄》滿文本作"ts'anjiyang"，漢文本作「參將」。《武皇帝實錄》「參將周守廉率軍民遁走」，句中「遁」，滿文本作"burlame"，《高皇帝實錄》滿文本作"burulame"，漢文本作「遁」。《武皇帝實錄》「錦州守城三千兵主將」，滿文本作"jin jeo hecen be tuwakiyaha ilan minggan coohai ejen"，《高皇帝實錄》滿文本作"gin jeo hecen be tuwakiyaha coohai ejen"，漢文本作「錦州城守」，刪略"ilan minggan"。《武皇帝實錄》「遊擊蕭聖」，滿文本作"iogi hergen i hioo šeng"，《高皇帝實錄》滿文本作"iogi siyoo šeng"，漢文本作「遊擊蕭升」。《武皇帝實錄》「中軍」，滿文本作"sung jiyūn"，《高皇帝實錄》滿文本作"jung giyūn"，漢文本作「中軍」。《武皇帝實錄》「都司呂忠」，滿文本作"dusy lioi sung"，句中"lioi sung"，《高皇帝實錄》滿文本作"lioi jung"，漢文本作「呂忠」。《武皇帝實錄》「守松山三千兵主將參將左輔」，滿文本作"sungsan be tuwakiyaha ilan minggan coohai ejen sanjiyang hergen i dzo fu"，《高皇帝實錄》滿文本作"sung šan be tuwakiyaha coohai ejen ts'anjiyang zuo fu"，漢文本作「松山參將左輔」，刪略"ilan minggan"字樣；"sungsan"，改作"sung šan"；"sanjiyang"，改作"ts'anjiyang"。《武皇帝實錄》「大凌河、小凌河、杏山、連山、塔山」，滿文本作"dalinghoo šolinghoo, hinsan, liyan san, tasan"，《高皇帝實錄》滿文本作"dalingho, šolingho, hing šan, liyan šan, ta šan"，讀音稍有出入，書寫習慣，亦不盡相同。

　　《武皇帝實錄》「此七城將軍兵民皆震懾滿洲大軍之威」，滿文本作"ere nadan hoton i jiyangjiyūn cooha irgen gemu manju amba coohai horon de golofi"，《高皇帝實錄》滿文本作"ere nadan hoton i jiyanggiyūn cooha irgen, musei amba cooha dosime genere be donjifi ambula golofi"，漢文本作「七城守將軍民聞我軍至，皆震懾」。句中"jiyangjiyūn"，改作"jiyanggiyūn"；"manju amba cooha"，改作"musei amba cooha"。《武皇帝實錄》「二十三日」，滿文本作"orin ilan"，《高皇帝實錄》滿文本作"fulahūn gūlmahūn inenggi"，漢文本作「丁卯」。《武皇帝實錄》「山海關」，滿文本作"san hai guwan"，《高皇帝實錄》滿文本作"šanaha i furdan"，漢文本作「山海關」。《武皇帝實錄》「二十四日」，滿文本作"orin duin i inenggi"，《高皇帝實錄》滿文本作

"suwayan muduri inenggi"，漢文本作「戊辰」。《武皇帝實錄》
「總兵官」，滿文本作"sung bing guwan"，《高皇帝實錄》滿文
本作"dzung bing"，漢文本作「總兵」。《武皇帝實錄》「二十
六日」，滿文本作"orin ninggun de"，《高皇帝實錄》滿文本作
"šanggiyan morin inenggi"，漢文本作「庚午」。《武皇帝實錄》
「覺華島」，滿文本作"jiyoo hūwa doo"，《高皇帝實錄》滿文本
作"giyoo hūwa doo"，漢文本作「覺華島」。《武皇帝實錄》「金
冠、季善」，滿文本作"jin guwan, ji šan"，《高皇帝實錄》滿文
本作"gin guwan, gi šan"，漢文本作「金觀、季善」。《武皇帝實
錄》「二十七日」，滿文本作"orin nadan de"，《高皇帝實錄》
滿文本作"šahūn honin inenggi"，漢文本作「辛未」。《武皇帝實
錄》「二月初九日」，滿文本作"juwe biyai ice uyun de"，《高皇
帝實錄》滿文本作"juwe biyai ice de, niowanggiyan indahūn,
sahaliyan morin inenggi"，漢文本作「二月初一日，甲戌。壬午」。
《武皇帝實錄》「瀋陽」，滿文本作"sin yan"，《高皇帝實錄》
滿文本作"šen yang"，漢文本作「瀋陽」。

　　大致而言，《高皇帝實錄》滿文本的滿文詞彙，其讀音是規範
書面語。譬如：「右屯衛」，句中「衛」，《武皇帝實錄》滿文本
作"ui"，《高皇帝實錄》滿文本作"wei"。「參將」，《武皇帝
實錄》滿文本作"sanjiyang"，《高皇帝實錄》滿文本作
"ts'anjiyang"。「將軍」，《武皇帝實錄》滿文本作"jiyangjiyūn"，
《高皇帝實錄》滿文本作"jiyanggiyūn"。

　　「中軍」，《武皇帝實錄》滿文本作"sung jiyun"，《高
皇帝實錄》滿文本作"jung giyūn"。「呂忠」，《武皇帝實
錄》滿文本作"lioi sung"，《高皇帝實錄》滿文本作"lioi
jung"。「錦州」，《武皇帝實錄》滿文本作"jin jeo"，《高

皇帝實錄》滿文本作"gin jeo"。「覺華島」，《武皇帝實錄》滿文本作"jiyoo hūwa doo"，《高皇帝實錄》滿文本作"giyoo hūwa doo"。「金」、「季」，《武皇帝實錄》滿文本作"jin"、"ji"，《高皇帝實錄》滿文本作"gin"、"gi"，"ji"，都改作"gi"。「山海關」，《武皇帝實錄》滿文本作"san hai guwan"，《高皇帝實錄》滿文本作"šanaha i furdan"。「山」，《武皇帝實錄》滿文本音譯作"san"，《高皇帝實錄》滿文本音譯作"šan"。《武皇帝實錄》中日期，《高皇帝實錄》改以干支紀日。《武皇帝實錄》滿文本的滿文保存了較豐富的舊清語及其原始性。

三、寫本異同——滿文《大清太祖武皇帝實錄》北平圖書館本與《東方學紀要》本的比較

臺北國立故宮博物院現藏《大清太祖武皇帝實錄》漢文本，卷一至卷四，計四冊，共三部，計十二冊[17]。可以各部卷二第一葉前半葉為例分別標明寫本甲、寫本乙、寫本丙影印於後。滿文本存卷二至卷四，計三冊，缺卷一，原藏北平圖書館，可以稱為北平圖書館本[18]。一九六七年，日本天理大學出版《東方學紀要》影印滿文北京圖書館本《大清太祖武皇帝實錄》[19]，

---

17 《大清太祖武皇帝實錄》，漢文本，《故宮圖書季刊》，第一卷，第一期（臺北，國立故宮博物院，1970 年 7 月），頁 55-135。

18 《大清太祖武皇帝實錄》，滿文本，卷二至卷四（臺北，國立故宮博物院，內府寫本），卷二至卷四。

19 《東方學紀要》(2)（日本，天理大學おやさと研究所，1967 年 3 月），頁 173。原書頁 274-290，載今西春秋教授撰〈滿文武皇帝實錄之原典〉一文，對美國國會圖書館與北京圖書館本等曾進行比較說明，可資參考。

可以稱為《東方學紀要》本。據《北京地區滿文圖書總目》
記載，《大清太祖武皇帝實錄》（daicing gurun i taidzu horonggo
enduringge hūwangdi i yargiyan kooli），四卷，精寫本，四冊。
國家圖書館藏本，存三卷，三冊。中國第一歷史檔案館藏本，
全四卷，四冊[20]。臺北國立故宮博物院藏北平圖書館本與《東
方學紀要》本是來源相同的兩種不同寫本，為便於比較，可
將此兩種寫本卷二前十頁滿文分別影印於後。

寫本甲

20　《北京地區滿文圖書總目》（瀋陽，遼寧民族出版社，2008 年 2 月），
　　頁 110。

大清承天廣運聖德神功肇紀立極仁孝武皇帝實
錄卷之二

乙亥年正月東海兀吉部內虎兒哈部二首長王格張
格率百人來貢主產黑白紅三色狐皮黑白二色貂皮
自此兀吉虎兒哈部內所居之人每歲入貢其中首長
蒲吉里等六人乞婚

太祖以六臣之女配之以撫其心特滿洲來有文字文移
往來必須習蒙古書譯蒙古語通之二月

太祖欲以蒙古字編成國語榜識尼兒得漢剛盖對曰我
等習蒙古字始知蒙古語若以我國語榜識編成句吾等
實不能

太祖曰漢人念漢字學與不學者皆知蒙古之人念蒙古
字學與不學者亦皆知我國之言寫蒙古之字則不習
蒙古語着不能知矣何汝以本國言榜編字為難以
習他國之言為易耶盖尼兒得漢剛編對曰以我國之言
編成文字最善但因翻編成句以我國之言編成

太祖曰寫阿字下合一媽字此非阿媽乎阿媽父也尼字
下合一脉字此非尼脉乎尼脉母也吾意決矣爾等試

寫本乙

大清承天廣運聖德神功肇紀立極仁孝武皇帝實錄卷之二

乙亥年正月東海兀吉部內虎兒哈部二首長王格張
格率百人來貢主產黑白紅三色狐皮黑白二色貂皮
自此兀吉虎兒哈部內所居之人每歲入貢其中首長
蒲吉里等六人乞婚

太祖以六臣之女配之以撫其心特滿洲來有文字文移
往來必須習蒙古書譯蒙古語通之二月

太祖欲以蒙古字編成國語榜識尼兒得漢剛盖對曰我
等習蒙古字始知蒙古語若以我國語榜識編成句吾等
實不能

太祖曰漢人念漢字學與不學者皆知蒙古之人念蒙古
字學與不學者亦皆知我國之言寫蒙古之字則不習
蒙古語着不能知矣何汝以本國言榜編字為難以
習他國之言為易耶盖尼兒得漢剛編對曰以我國之言
編成文字最善但因翻編成句以我國之言編成

太祖曰寫阿字下合一媽字此非阿媽乎阿媽父也尼字
下合一脉字此非尼脉乎尼脉母也吾意決矣爾等試

寫本丙

滿文本《大清太祖武皇帝實錄》，卷一，頁一　圖版

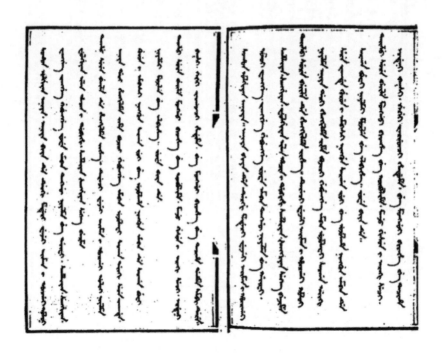

美國國會圖書館本　　　　北京圖書館本

資料來源：《東方學紀要》，日本，天理大學おやさと研究所，
1967 年。

順次	北平圖書館本	順次	《東方學紀要》本
A-1		B-1	
A-2		B-2	

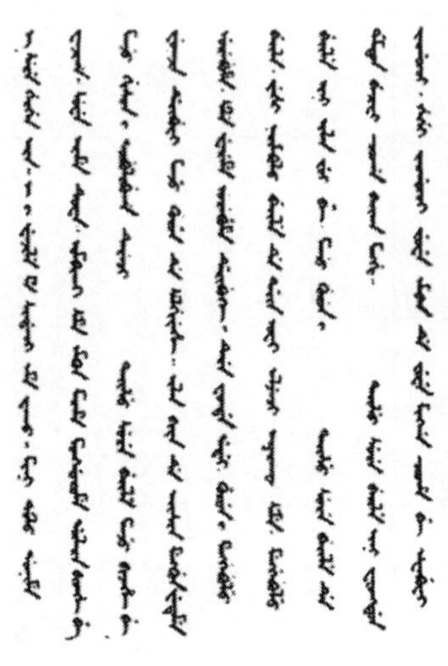

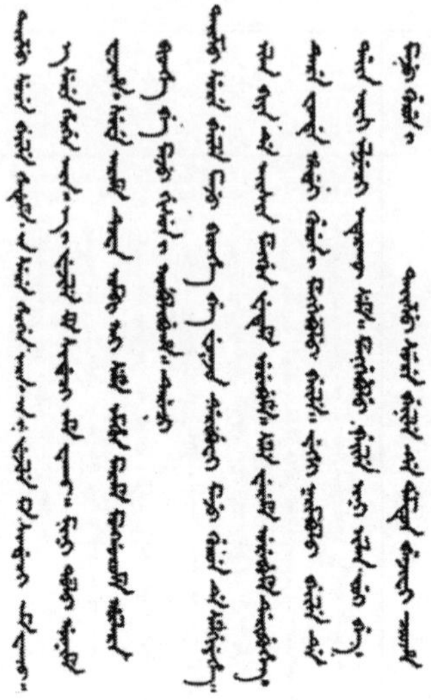

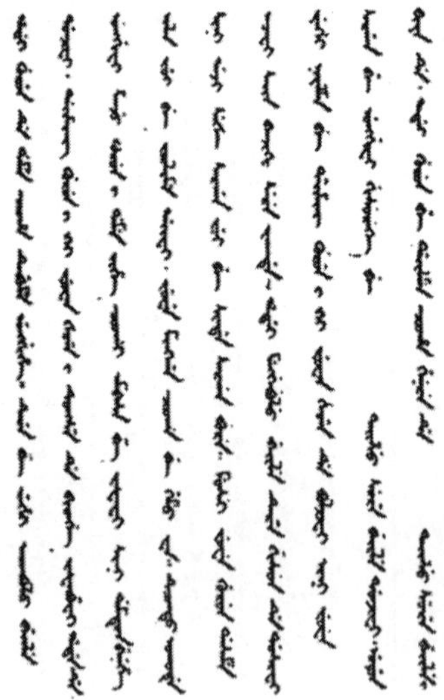

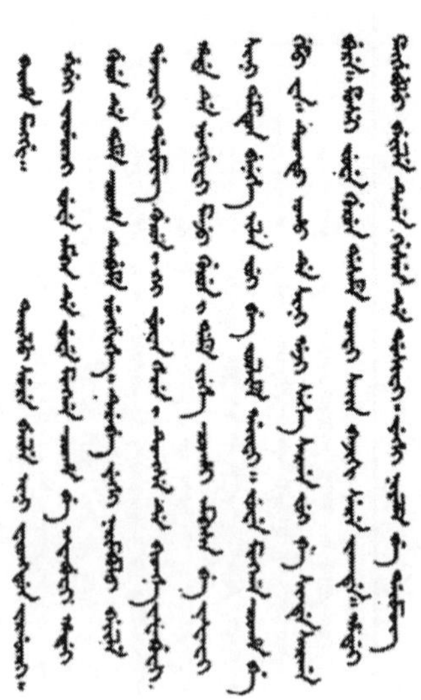

A-3	[Manchu script text]	B-3	[Manchu script text]
A-4	[Manchu script text]	B-4	[Manchu script text]

| A-5 | | B-5 | |
| A-6 | | B-6 | |

| A-7 | (Manchu script text) | B-7 | (Manchu script text) |
| A-8 | (Manchu script text) | B-8 | (Manchu script text) |

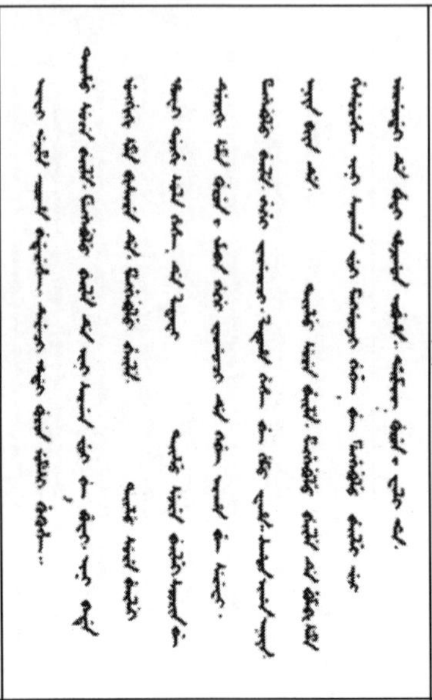

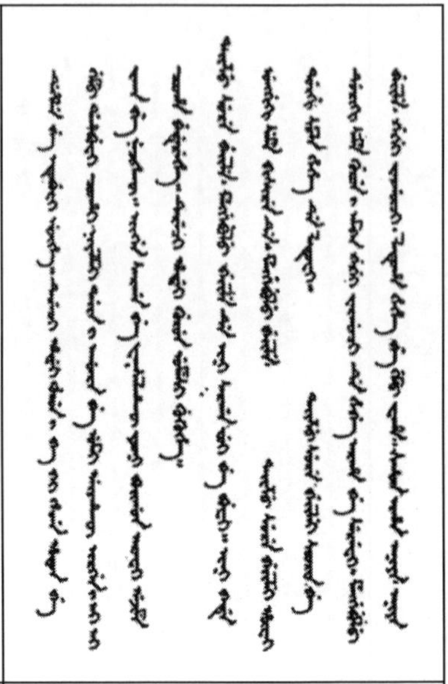

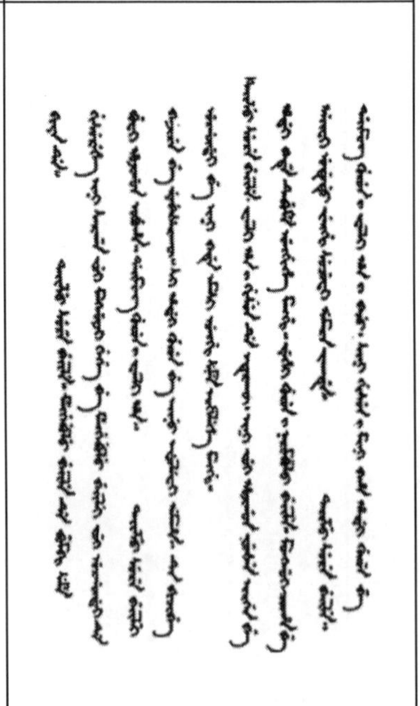

A-9	(滿文)	B-9	(滿文)
A-10	(滿文)	**B-10**	(滿文)

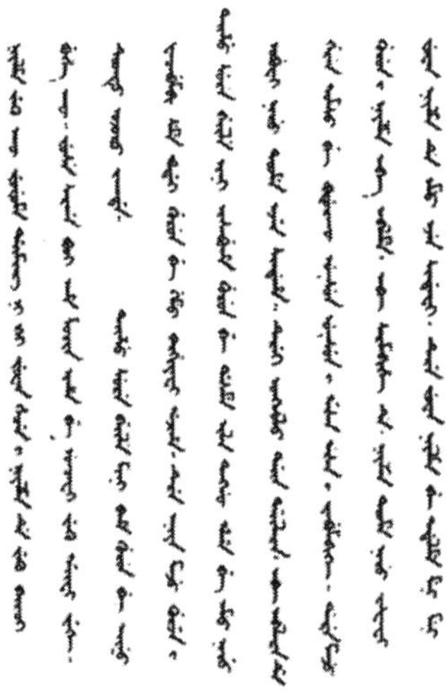

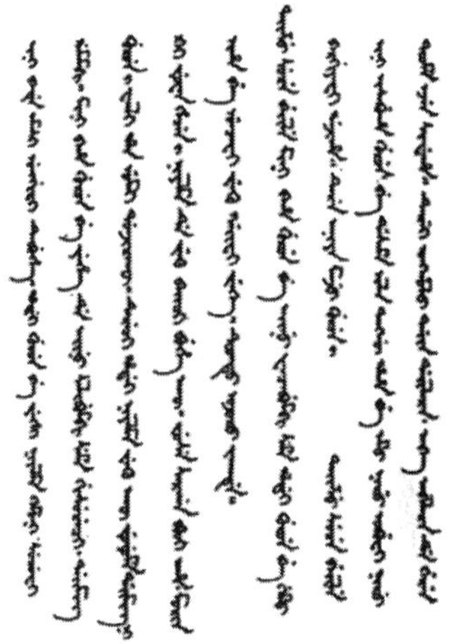

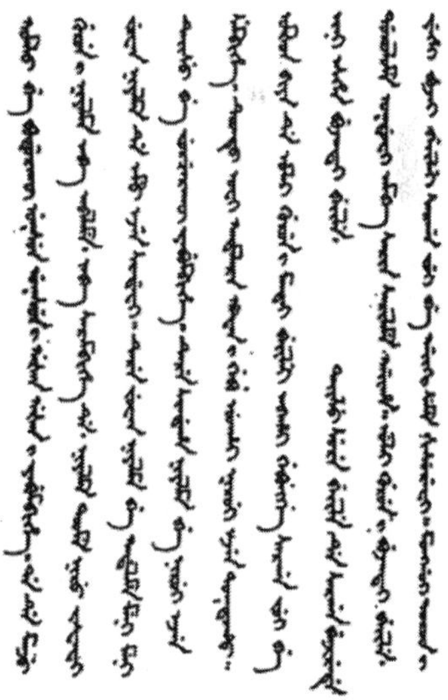

　　前列圖版包括：美國國會圖書館和北京圖書館本，對照臺北國立故宮博物院典藏本後，可知《大清太祖武皇帝實錄》滿文本有多種寫本，圖版中的美國國會圖書館本與臺北國立故宮博物院北平圖書館本是相同寫本，日本天理大學出版《東方學紀要》本，與北京圖書館本是相同寫本。質言之，北平圖書館本和北京圖書館本原藏地點相同，是來源相同的兩種不同寫本，將兩種寫本進行比較研究，是不可忽視的課題。爲了便於比較說明，可將其中卷二，頁 1 至頁 10，分別影印如前。其中北京圖書館本因據《東方學紀要》刊本影印，故標明《東方學紀要》本。先將卷二，頁 1 分別轉寫羅馬拼音於後。

北平圖書館本 A-1 羅馬拼音

1. sohon ulgiyan aniya, aniya biya de dergi mederi wejei aiman i hūrgai goloi (13)
2. wangge jangge gebungge juwe amban tanggū niyalma be gaifi, sahaliyan, šanggiyan, （11）
3. fulgiyan ilan hacin i dobihi sahaliyan šanggiyan seke benjime （9）
4. taidzu sure beile de hengkileme jihe. tereci wejei aiman i hūrgai goloi niyalma （13）
5. aniya dari hengkileme jime bojiri gebungge amban ujulafi sargan gaiki sere jakade, （12）
6. gurun i ambasai ninggun sargan jui be ujulaha ninggun amban de sargan bufi（13）
7. niyalmai mujilen be elbihe. juwe biya de, （7）
8. taidzu sure beile monggo bithe be kūbulime, manju gisun i araki seci, erdeni（13）
9. baksi, g'ag'ai jargūci hendume, be monggoi bithe be taciha dahame sambi dere. （12）

《東方學紀要》本 B-1 羅馬拼音
1. sohon ulgiyan aniya. aniya biya de dergi mederi wejei aiman i hūrgai（12）
2. goloi wangge, jangge gebungge juwe amban tanggū niyalma be gaifi,（10）
3. sahaliyan šanggiyan, fulgiyan ilan hacin i dobihi sahaliyan, šangiyan seke benjime（11）
4. taidzu sure beile de hengkileme jihe. tereci wejei aiman i hūrgai goloi（12）
5. niyalma aniya dari hengkileme jime bojiri gebungge amban ujulafi sargan gaiki（11）
6. sere jakade gurun i ambasai ninggun sargan jui be ujulaha ninggun amban de（13）
7. sargan bufi niyalmai mujilen be elbihe. juwe biya de.（9）
8. taidzu sure beile monggo bithe be kūbulime, manju gisun i araki seci,（12）
9. erdeni baksi, g'ag'ai jargūci hendume, be monggoi bithe be taciha,（10）

　　以上將北平圖書館本 A—1 和《東方學紀要》本 B—1 互相對照後，可知北平圖書館本 A—1 和《東方學紀要》本 B—1 的滿文內容相同，每頁各九行，各行數字，彼此不同。北平圖書館本 A—1 第一行共十三字，《東方學紀要》本 B—1 第一行共十二字，將滿字 "goloi"，移置第二行。A—1 第二行共十一字，B—2 第二行共十字，滿字 "sahaliyan, šanggiyan"，移置第三行。A—1 第三行共九字，B—1 第三行共十一字。A—1 第四行共十三字，B—1 第四行共十二字，滿字 "niyalma"，移置第五行。A—1 第五行共十二字，B—1 第五行共 11 字，滿字 "sere jakade"，移置第六行。A—1 第六行共十三字，B—1 第六行共十三字，滿字 "sargan bufi"，移置第七行。A—1 第七行共七字，B—1 第七行共九字。A—1 第八行共十三字，B—1 第八行共十二字，滿字 "erdeni"，移置第九行。北平圖書館本和《東方學紀要》本字體、字跡大致相近，可以說明北平圖書館本和《東方學紀要》本確實是來源相同的兩種不同寫本。

滿文書寫時，有連寫的習慣，A—2 北平圖書館本，"bithe sarkū niyalma inu gemu ulhimbikai." 句中 "ulhimbikai" ， B—2《東方學紀要》本作 "ulhimbi kai" 。A—3 北平圖書館本 "suwe arame tuwa ombikai" ，句中 "ombikai" ，B —3《東方學紀要》本作"ombi kai" 。A—4 北平圖書館本，"tere be yehei narimbulo beile donjifi." 句中 "tere be" ，B—4《東方學紀要》本作 "terebe" 。A—4 北平圖書館本， "tuttu ohode sini gaji sehe sargan jui be sinde sargan bure." 句中 "ohode" ，B—4《東方學紀要》本作 "oho de" 。A—4 北平圖書館本 "taidzu sure beile i deo." 句中 "beile i " ，B—5《東方學紀要》本作 "beilei " 。A—5 北平圖書館本 "tere be juleri afara de obuha šurgaci beile sabufi afarakū cooha ilifi." 句中 "tere be" ，B—5《東方學紀要》本作 "terebe" 。A—5 北平圖書館本 "taidzu sure beile cooha gaifi dosime generede deo i julergi minggan cooha jugūn be dalime yaksime ilifi šolo baharakū" 句中 "generede" ，B—6 《東方學紀要》本作 "genere de" 。A—6 北平圖書館本 "taidzu sure beile ini beye de etuhe sekei mahala." 句中 "beyede" ，B—6《東方學紀要》本作 "beye de" 。A—9 北平圖書館本 "dade manju gurun i niyalma aba abalame." 句中 "dade" ，B —9《東方學紀要》本作 "da de" 。A—10 北平圖書館本 "taidzu sure beile de sargan benjire de dorolome okdofi amba sarin sarilame gaiha." 句中 "benjire de" ，B—10《東方學紀要》本作 "benjirede" 。

　　由以上所舉諸例可知北平圖書館本、《東方學紀要》本都有連寫的習慣。例如：北平圖書館本 A—2 "ulhimbi" 與語氣詞 "kai"連寫作 " ulhimbikai" ；A— 3 不及物動詞 "ombi" 與語氣詞 "kai" 連寫作 "ombikai" ；A—4 不及物動詞 "oho" 與格助詞 "de" 連寫作 "ohode" ；A—5 形動詞 "genere" 與格助詞 "de" 連寫作 "generede" ； A — 9 名詞 "da" 與助詞"de" 連寫作

"dade"。《東方學紀要》本也有連寫的習慣,例如:《東方學紀要》本 B—4 代名詞 "tere" 與助詞 "be" 連寫作 "terebe";B—5 名詞 "beile" 與領屬格 "i" 連寫作 "beilei";B—6 名詞 "beye" 與助詞 "de" 連寫作 "beyede";B—10 形動詞 "benjire" 與助詞 "de" 連寫作 "benjirede"。如上所舉諸例, 北平圖書館本虛字連寫,《東方學紀要》本並不連寫,《東方學紀要》本虛字連寫,北平圖書館本並不連寫,可以說明《東方學紀要》本和北平圖書館本是兩種不同寫本。探討文獻,還原歷史,了解《大清太祖武皇帝實錄》滿文本的分佈地區、原藏地點、寫本異同,才能掌握滿文文獻的現況。

四、同音異譯——《大清太祖武皇帝實錄》與《滿洲實錄》滿漢文本人名、地名的異同

　　《大清太祖武皇帝實錄》(daicing gurun i taidzu horonggo enduringge hūwangdi i yargiyan kooli),滿漢文本,各四卷,四冊,分裝二函,紅綾封面,白鹿紙,朱絲欄楷書。滿漢文各四部,每部各四冊。成書於崇德元年(1636)十一月,是為清太祖實錄初纂本,書法質樸,譯名俚俗,於清人先世,俱直書不諱。康熙二十一年(1682)十一月,重修清太祖實錄,劃一人名、地名,規範譯名。乾隆四年(1739)十二月,重修告成,是為清太祖實錄重修本,斟酌損益,整齊體裁,得失互見。《滿洲實錄》,共四部,每頁三欄,以滿、蒙、漢三體文字書寫,繪有圖。第一部繪寫本成書於天聰九年(1635),第二、三部繪寫於乾隆四十四年(1779),第四部繪寫於乾隆四十六年(1781),分別貯藏於乾清宮、上書房、盛京、避

暑山莊[21]。可將其中人名、地名舉例列表於下。

滿漢文本人名對照表

順序	武皇帝實錄（滿文）	滿洲實錄（滿文）	武皇帝實錄（漢文）	滿洲實錄（漢文）	高皇帝實錄（漢文）	備註
1			王格	王格	王格	
2			張格	張格	張格	
3			菪吉里	博濟哩	博濟里	

---

[21] 《清實錄》，第一冊（北京，中華書局，1968 年 11 月），〈影印說明〉，頁 2。

4			榜識 厄兒得溺	巴克什 額爾德尼	巴克什 額爾德尼	
5			剛蓋	噶蓋	扎爾固齊 噶蓋	
6			孟革卜鹵	蒙格布祿	孟格布祿	
7			納林卜祿	納林布祿	納林布祿	
8			非英棟	費英東	扎爾固齊 費英東	
9			押哈木	雅喀木	雅喀木	

10			黍兒哈奇	舒爾哈齊	舒爾哈齊	
11			楊古里	揚古利	楊古利	
12			莽古姬	莽古吉公主		皇實錄刪略公主名
13			吳兒戶代	武爾古岱	武爾古代	
14			滿太	滿泰	滿太	
15			阿把亥	阿巴海		皇帝實錄刪略人名

16			布戒	布齋	布寨	
17			明安	明安	明安	
18			娥恩姐	娥恩哲		高皇帝實錄不載人名
19			南太	南太	南太	
20			孟古姐姐	孟古哲哲		高皇帝實錄不載人名
21			恩格得力	恩格德爾	恩格德爾	

22			策穆德黑	策穆特赫	策穆特黑	
23			虎兒憨	扈爾漢轄	侍衛扈爾漢	
24			波可多	博克多	博克多	
25			常書	常書	常書	
26			納奇布	納齊布	納齊布	
27			擺銀達里	拜音達里	拜音達里	

28			瓮剛代	翁阿岱	瓮阿代	
29			木庫石公主	穆庫什公主		高皇帝實錄不載人名
30			康孤里	康古禮	康古禮	
31			康都里	喀克篤禮	喀克篤禮	
32			昂孤	昂古	昂古	
33			明剛吐	明噶圖	明噶圖	

34			惡落合	烏魯喀	烏路喀	
35			僧革	僧格	僧格	
36			尼哈里	尼喀里	尼喀里	
37			湯松剛	瑭松噶	瑭松噶	
38			夜革樹	葉克書	葉克書	
39			雄科落	碩翁科羅	碩翁科羅	

40			阿敏	阿敏	阿敏	
41			扎撒格吐	扎薩克圖	扎薩克圖	
42			土龍	圖倫	圖倫	
43			債桑孤	齋桑古	寨桑古	
44			吉兒剛郎	濟爾哈朗	濟爾哈朗	
45			非揚古	篇古	篇古	

46			呵呵里厄夫	何和里額駙	額駙何和里	
47			土勒伸	圖勒伸	土勒伸	
48			厄勒伸	額勒伸	額勒伸	
49			布陽姑蝦	布陽古轄	侍衛卜陽古	
50			阿東蝦	阿敦轄	侍衛阿敦	

資料來源：《大清太祖武皇帝實錄》滿漢文本；《滿洲實錄》滿漢文本；《大清太祖高皇帝實錄》漢文本。

　　對照表中的滿文人名，大致相合。表中 22，《大清太祖武皇帝實錄》滿文"semtehe"，《滿洲實錄》滿文作"ts'emtehe"，此外並無不同。《大清太祖武皇帝實錄》漢文人名，俚俗不雅者，並不罕見，如表中 4，"erdeni baksi"，《大清太祖武皇帝實錄》漢文譯作「榜識厄兒得溺」，《滿洲實錄》、《大清太祖高皇帝實錄》漢文改譯爲「巴克什額爾德尼」。表中 5，"g'ag'ai jargūci"，《大清太祖武皇帝實錄》漢文譯作「剛蓋」，《滿洲實錄》漢文改譯爲「噶蓋」，《大清太祖高皇帝實錄》漢文改譯爲「扎爾固齊噶蓋」，滿漢文讀音相近。表中 8，"fiongdon jargūci"，《大清太祖武皇帝實錄》漢文譯作「非英棟」，《滿洲實錄》漢文改譯爲「費英東」，《大清太祖高皇帝實錄》漢文改譯爲「扎爾固齊費英東」，滿漢文讀音相近。表中 23，"hūrgan hiya"，《大清太祖武皇帝實錄》漢文譯作「虎兒憨」，《滿洲實錄》漢文改譯爲「扈爾漢轄」，《大清太祖高皇帝實錄》漢文改譯爲「侍衛扈爾漢」，漢譯恰當。表中 49，"buyanggū hiya"，《大清太祖武皇帝實錄》漢文譯作「布陽姑蝦」，《滿洲實錄》漢文改譯爲「布陽古轄」，《大清太祖高皇帝實錄》漢文改譯爲「侍衛卜陽古」。表中 50，"adun hiya"，《大清太祖武皇帝實錄》漢文譯作「阿東蝦」，《滿洲實錄》漢文改譯 爲「阿敦轄」，《大清太祖高皇帝實錄》漢文改譯爲「侍衛阿敦」，滿漢文義相合，譯文恰當。表中 12，"manggūji gege"，《大清太祖武皇帝實錄》漢文譯作「莽古姬」，《滿洲實錄》漢文改譯爲「莽古吉公主」。表中 15，"abahai"，《大清太祖武皇帝實錄》漢文譯作「阿把亥」，《滿洲實錄》漢文改譯爲「阿巴海」。表中 18，"onje gege"，《大清太祖武皇帝實錄》漢文譯作「娥恩姐」，《滿洲實錄》漢文改譯爲「娥恩哲」。表中 20，"monggojeje"，《大清太祖武皇帝實錄》漢文譯作「孟古姐姐」，《滿洲實錄》漢文改譯爲「孟古哲哲」。表中 29，"mukusi gege"，《大清太祖武皇帝實錄》漢文譯作「木庫石公主」，《滿洲實錄》漢文改譯爲「穆庫什公主」，《大清太祖高皇帝實錄》以其不合漢俗，俱刪略不載。

滿漢文本地名對照表

順序	武皇帝實錄（滿文）	滿洲實錄（滿文）	武皇帝實錄（漢文）	滿洲實錄（漢文）	高皇帝實錄（漢文）	備註
1			兀吉部	窩集部	渥集部	
2			虎兒哈部	瑚爾哈路	虎爾哈路	
3			虎欄哈達	呼蘭哈達	虎攔哈達	
4			黑禿阿喇	赫圖阿拉	赫圖阿喇	
5			蘇蘇河	蘇克素護河	蘇克蘇滸	

6			加哈河	加哈河	加哈河	
7			護卜插	戶布察	戶布察	
8			念木山	尼雅滿山	尼雅滿山岡	
9			阿氣郎	阿奇蘭	阿氣蘭	
10			把岳衛	巴約特部	把岳忒部落	
11			蜚敖	斐優	蜚悠	

12			黑十黑	赫席赫	赫席黑	
13			敖莫和所羅	鄂謨和蘇嚕	俄漠和蘇魯	
14			佛內黑	佛訥赫	佛訥赫	
15			異憨山	宜罕山	宜罕阿麟	
16			呼夜衛	瑚葉路	嘑野路	
17			瑞粉	綏芬	綏分	

18			那木都魯	那木都魯	那木都魯	
19			寧古塔	寧古塔	寧古塔	
20			尼媽乂	尼馬察	尼馬察	
21			押攬衛	雅蘭路	雅攔路	
22			兀兒孤沉	烏爾古宸	烏爾古宸	
23			木冷	木倫	木倫	

24			扎古塔	扎庫塔	扎庫塔	
25			查哈量	薩哈連	薩哈連	
26			孫扎塔城	孫扎泰城	孫扎泰城	
27			郭多城	郭多城	郭多城	
28			俄莫城	鄂謨城	俄漠城	
29			兀蘇城	烏蘇城	兀蘇城	

30			吉當剛城	吉當阿城	吉當阿城	
31			押哈	雅哈城	呀哈城	
32			黑兒蘇城	赫爾蘇城	黑兒蘇城	
33			何敦城	和敦城	何敦城	
34			胯布七拉城	喀布齊賚城	喀布齊賚城	
35			俄及塔城	鄂吉岱城	鄂吉岱城	

36	ᡥᡡᡳᡶᠠ	ᡥᡡᡳᡶᠠ	輝發	輝發	輝發	
37	ᠰᡳᠪᡝ	ᠰᡳᠪᡝ	實伯	錫伯	席北	
38	ᡤᡠᠸᠠᠯᠴᠠ	ᡤᡠᠸᠠᠯᠴᠠ	刮兒恰	掛勒察	卦爾察	
39	ᡤᡠᡵᡠ	ᡤᡠᡵᡠ	古勒	古呼	古勒	
40	ᠵᠠᡵᡠᡨ	ᠵᠠᡵᡠᡨ	扎倫衛	扎嚕特部	扎魯特部	
41	ᠴᠠᡳᡥᠠ	ᠴᠠᡳᡥᠠ	釵哈	柴河	柴河	

42			法納哈	撫安	撫安	
43			三七拉	三岔	三岔	
44			牧奇	穆奇	牧奇	
45			厄黑枯稜	額赫庫倫	額黑庫倫	
46			顧納哈枯稜	固納喀枯稜	顧納喀庫倫	
47			兀兒姜河	兀爾簡河	兀爾簡河	

48	ᠰᠣᠣᠯᠣᠺᠣᠨ	ᠰᠣᠣᠯᠣ	佛多落坤寨	佛多羅袞寨	佛多羅袞寨
49	ᠰᡠᠩᡤᠠᡵᡳ	ᠰᡠᠩᡤᠠᡵᡳ	松岡里河	松阿里河	松噶里烏拉河

資料來源：《大清太祖武皇帝實錄》滿漢文本；《滿洲實錄》滿漢文本；《大清太祖高皇帝實錄》漢文本。

　　《大清太祖武皇帝實錄》滿文地名與《滿洲實錄》滿文地名互相對照後，彼此大致相同。表中 1，"wejei aiman"，《滿洲實錄》滿文作 "weji i aiman"。表中 13，"omohū suru"《滿洲實錄》滿文作 "omoho suru"。表中 26，"sunjadai hoton"，《滿洲實錄》滿文作 "sunjatai hoton"。此外，並無不同。《大清太祖武皇帝實錄》地名與《滿洲實錄》、《大清太祖高皇帝實錄》的不同，主要是由於漢文地名的同音異譯。表中 2 "hūrgai golo"，《大清太祖武皇帝實錄》漢文作「虎兒哈部」，《滿洲實錄》漢文作「瑚爾哈路」，《大清太祖高皇帝實錄》漢文作「虎爾哈路」。表中 16，"huye i golo"，《大清太祖武皇帝實錄》漢文作「呼夜衛」，《滿洲實錄》漢文作「瑚葉路」，《大清太祖高皇帝實錄》漢文作「嘑野路」。表中 21，"yaran i golo"，《大清太祖武皇帝實錄》漢文作「押攬衛」，《滿洲實錄》漢文作「雅蘭路」，《大清太祖高皇帝實錄》漢文作「雅攬路」。表中 10，"bayot tatan"，《大清太祖武皇帝實錄》漢文作「把岳衛」，《滿洲實錄》漢文作「巴約特部」，《大清太祖高皇帝實錄》漢文作

「把岳忒部落」。表中 40，"jarut tatan"，《大清太祖武皇帝實錄》漢文作「扎倫衛」，《滿洲實錄》漢文作「扎嚕特部」，《大清太祖高皇帝實錄》漢文作「扎魯特部」。 滿文 "golo"，《滿洲實錄》、《大清太祖高皇帝實錄》漢文多譯爲「路」。

表中 1，滿文 "aiman"，《大清太祖武皇帝實錄》、《滿洲實錄》、《大清太祖高皇帝實錄》漢文俱作「部」。滿文 "tatan"，意即「窩鋪」，又作「宿營地」、「下榻處」。《大清太祖武皇帝實錄》漢文作「衛」，《滿洲實錄》、《大清太祖高皇帝實錄》漢文作「部」。表中 5，"suksuhu bira"，《大清太祖武皇帝實錄》漢文作「蘇蘇河」，滿、漢文讀音不合。《滿洲實錄》漢文改譯爲「蘇克素護河」，滿、漢文讀音相近。《大清太祖高皇帝實錄》漢文作「蘇克蘇滸」，同音異譯。《大清太祖武皇帝實錄》漢文俚俗的地名，多經改譯。表中 4，"hetu ala"，《大清太祖武皇帝實錄》漢文作「黑禿阿喇」， 《滿洲實錄》漢文改譯爲「赫圖阿拉」，《大清太祖高皇帝實錄》漢文作「赫圖阿喇」，同音異譯。表中 12，"hesihe"，《大清太祖武皇帝實錄》漢文作「黑十黑」，《滿洲實錄》漢文作「赫席赫」，《大清太祖高皇帝實錄》漢文作「赫席黑」。表中 15，"ihan alin"，《大清太祖武皇帝實錄》漢文作「異憨山」，《滿洲實錄》漢文改譯爲「宜罕山」，《大清太祖高皇帝實錄》漢文作「宜罕阿麟」。表中 17，"suifun"，《大清太祖武皇帝實錄》漢文作「瑞粉」，《滿洲實錄》漢文改譯爲「綏芬」，《大清太祖高皇帝實錄》漢文作「綏分」，同音異譯。表中 23，"muren"，《大清太祖武皇帝實錄》漢文作「木冷」，《滿洲實錄》、《大清太祖高皇帝實錄》漢文俱作「木倫」。表中 34，"kabcilai hoton"，《大清太祖武皇帝實錄》漢文作「胯布七拉城」，《滿洲實錄》、《大清太祖高皇帝實錄》漢文俱作「喀布齊賚城」。表中 37，"sibe"，《大清太祖武皇帝實錄》漢文作「實伯」，《滿洲實錄》漢

文作「錫伯」,《大清太祖高皇帝實錄》漢文作「席北」,同音異譯,
各不相同。表中 6, "giyaha bira",各書漢文俱作「加哈河」。表
中 19,"ningguta",諸書漢文俱作「寧古塔」。表中 36,"hoifa",
諸書漢文俱作「輝發」,並未改譯。

五、滿語規範——《大清太祖武皇帝實錄》與《滿洲實錄》滿文讀音及書法的比較

　　《大清太祖武皇帝實錄》的滿文,其讀音及書法的異同,頗受
重視,可列簡表於後。

順序	武皇帝實錄		滿洲實錄	
	滿文	漢文詞義	滿文	漢文詞義
1		jeke bihe 曾服食		jekebihe 曾服食
2		abkai 天的		abka i 天的
3		bukdafi 折		bukdafi 折

4		ba i 地的		bai 地的
5		hala i 姓的		halai 姓的
6		jihebihe 曾來		jihe bihe 曾來
7		bilga 喉嚨		bilha 喉嚨
8		niyalma i gala 人的手		niyalmai gala 人的手
9		bihan 野地		bigan 野地

10		dooha 棲了		doha 棲了
11		doombio 棲嗎		dombio 棲嗎
12		fanca i 凡察的		fancai 凡察的
13		mengtemu 孟特穆		
14		ergide 方		ergi de 方
15		dubede 末尾		debe de 末尾

16		bade 地方		ba de 地方
17		cungšan 充善		
18		sibeoci fiyanggū 錫寶齊篇古		
19		fuman 福滿		
20		giocangga 覺昌安		
21		taksi 塔克世		

22		boode 家裡		boo de 家裡
23		hebedeme 商議		hebdeme 商議
24		gisurembi dere 說吧		gisurembidere 說吧
25		ulga 牲畜		ulha 牲畜
26		emeji 厄墨氣		
27		nurhanci 努爾哈齊		

28		šurhanci 舒爾哈齊		šurgaci 舒爾哈齊
29		fulin bifi 有天命		fulingga bifi 有天命的
30		jiya jing 嘉靖		giya jing 嘉靖
31		tomorgon 清楚		tomorhon 清楚
32		jibgenjerakū 不遲疑		jibgešerakū 不遲疑
33		suksuhu 蘇克蘇滸		suksuhu 蘇克蘇滸

34		weje 渥集		weji 渥集
35		derseme 紛然		der seme 紛然
36		toome 每		tome 每
37		dosi 貪的		doosi 貪的
38		gogodome 裝飾		gohodome 裝飾
39		wan li han 萬曆帝		wan lii han 萬曆帝

40		taisy taiboo 太子太保		taidz taiboo 太子太保
41		li ceng liyang 李成梁		lii ceng liyang 李成梁
42		narimbolo 納林布祿		narimbulu 納林布祿
43		ejilefi 佔據		ejelefi 佔據
44		hoifa gurun 輝發國		hoifa i gurun 輝發國
45		caharai 察哈爾的		cahar i 察哈爾的

46		nukcike 逃竄		nukcike 逃竄
47		uksuni 族的		uksun i 族的
48		fu šun soo hecen 撫順所城		fušun šo hecen 撫順所城
49		uksin 甲		uksin 甲
50		sargūi hoton 薩爾滸城		sarhūi hoton 薩爾滸城
51		hoo k'ao tai 河口臺		ho keo tai 河口臺

52		babi 只是		baibi 只是
53		tulgun 陰晦		tulhun 陰晦
54		dosiki serede 欲入時		dosiki sere de 欲入時
55		dergici 從東		dergi ci 從東
56		horgoi fejile 櫃下		horhoi fejile 櫃下
57		ayu 恐怕		ayoo 恐怕

58	ᡝᠮᠪᠠ ᠯᠣᡴ	abka lok seme 天陰晦	ᡝᠮᠪᠠ ᠯᡠᡴ	abka luk seme 天陰晦
59		mukiyere lame 熄滅		mukiyerelame 熄滅
60		faijima 怪異		faijuma 怪異
61		hehesi cuban 女馬甲裙		hehesi cuba 女馬甲裙
62		ojorakū 不可		ojirakū 不可
63		bethe nihešulebufi 跣足		bethe niohušulebufi 跣足

64		sargū 薩爾滸		sarhū 薩爾滸
65		ibegen 弓梢		igen 弓梢
66		fekuke 跳了		fekuhe 跳了
67		noimohon 諾謨琿		nomhon 諾謨琿
68		hengkileme unggime 朝貢		hūwaliyasun doroi 通好
69		cingho 清河		cing ho 清河

70		ai yan 靉陽		ai yang 靉陽
71		ulin šang 貨商		ulin nadan 貨財
72		urgūha 受驚		urhūha 受驚
73		ejen ni gisun 主之言		ejen i gisun 主之言
74		seksi 塞克什		seksi 塞克什
75		feksime jifi 跑來		feksime jifi 跑來

76		amhambi 睡		amgambi 睡
77		fingjan 斐揚古		fiyanggū 斐揚古
78		jorhon biya 十二月		jorgon biya 十二月
79		soosafi 擄掠		sosafi 擄掠
80		cuyan taiji 出燕台吉		cuyeng taiji 褚英台吉

資料來源:《大清太祖武皇帝實錄》,滿文本,卷一。北京,民族出
版社,2016 年 4 月;《滿洲實錄》,卷一、卷二。北京,
中華書局,1986 年 11 月。

由前列簡表可知《武皇帝實錄》滿文本、《滿洲實錄》滿文本,

書寫滿文時，都有連寫的習慣。表中《武皇帝實錄》滿文 "abkai"、"jihebihe"、"boode"、"derseme"、"dergici" 等等，都是連寫的滿文詞彙。《滿洲實錄》滿文 "jekebihe"、"bai"、"halai"、"niyalmai"、"fancai"、"gisurembidere" 等等，都是連寫的滿文詞彙。其中 "abkai" 是名詞 "abka" 與格助詞 "i" 連寫，意即「天的」。"jihebihe"，"jihe"，是不及物動詞 "jimbi" 的過去式；"bihe"，是不及物動詞 "bimbi" 的過去式。"jihebihe" 是 "jihe" 與 "bihe" 的連寫，意即「曾來」。"boode"，是名詞 "boo" 與格助詞 "de" 連寫，意即「家裡」。"derseme"，是副詞 "der" 與 "seme" 的連寫詞彙，意即「紛然」。"dergici" 是時位 "dergi" 與格助詞 "ci" 的連寫詞彙，意即「從東」。"jekebihe"，是及物動詞 "jembi" 過去式 "jeke" 與不及物動詞 "bimbi" 過去式 "bihe" 的連寫詞彙，意即「曾服食」。"gisurembidere"，是不及物動詞 "gisurembi" 與語助詞 "dere" 的連寫詞彙，意即「說吧」。"bai"、"halai"、"niyalmai"、"fancai"，都是名詞與格助詞連寫的詞彙。

　　《大清太祖武皇帝實錄》滿文本的滿文書面語，其讀音可以進行比較。表中「喉嚨」，《武皇帝實錄》滿文讀作 "bilga"，《滿洲實錄》讀作 "bilha"。「野地」，《武皇帝實錄》滿文讀作 "bihan"，《滿洲實錄》讀作 "bigan"。「棲了」，《武皇帝實錄》滿文讀作 "dooha"，《滿洲實錄》讀作 "doha"。「牲畜」，《武皇帝實錄》滿文讀作 "ulga"，《滿洲實錄》讀作 "ulha"。「舒爾哈齊」，《武皇帝實錄》滿文讀作 "šurhanci"，《滿洲實錄》讀作 "šurgaci"。「有天命」，《武皇帝實錄》滿文讀作 "fulin bifi"，《滿洲實錄》讀作 "fulingga bifi"。「嘉靖」，《武皇帝實錄》滿文讀作 "jiya jing"，《滿洲實錄》讀作 "giya jing"。「清楚」，《武皇帝實錄》滿文讀作

"tomorgon"，《滿洲實錄》讀作 "tomorhon"。「不遲疑」，《武皇帝實錄》滿文讀作 "jigenjerakū"，《滿洲實錄》讀作 "jibgešerakū"。深山老林，稱為「渥集」，《武皇帝實錄》滿文讀作 "weje"，《滿洲實錄》讀作 "weji"。漢字「每」，《武皇帝實錄》滿文讀作 "toome"，《滿洲實錄》讀作 "tome"。「貪的」，《武皇帝實錄》滿文讀作 "dosi"，易與漢文「向內」混淆，《滿洲實錄》讀作 "doosi"。「裝飾」，《武皇帝實錄》滿文讀作 "gogodome"，《滿洲實錄》讀作 "gohodome"。「萬曆帝」，《武皇帝實錄》滿文讀作 "wan li han"；「李成梁」，《武皇帝實錄》滿文讀作 "li ceng liyang"，句中 "li"，《滿洲實錄》讀作 "lii"。「太子太保」，《武皇帝實錄》滿文讀作 "taisy taiboo"，《滿洲實錄》讀作 "taidz taiboo"。「納林布祿」，《武皇帝實錄》滿文讀作 "narimbolo"，《滿洲實錄》讀作 "narimbulu"。「佔據」，《武皇帝實錄》滿文讀作 "ejilefi"，《滿洲實錄》讀作 "ejelefi"。「察哈爾的」，《武皇帝實錄》滿文讀作 "caharai"，《滿洲實錄》讀作 "cahar i"。「撫順所城」，《武皇帝實錄》滿文讀作 "fu šun soo hecen"，《滿洲實錄》讀作 "fušun šo hecen"。「薩爾滸」，《武皇帝實錄》滿文讀作 "sargū"，《滿洲實錄》讀作 "sarhū"。「河口臺」，《武皇帝實錄》滿文讀作 "hoo k'ao tai"，《滿洲實錄》讀作 "ho keo tai"。「陰晦」，《武皇帝實錄》滿文讀作 "tulgun"，《滿洲實錄》讀作 "tulhun"。「櫃下」，《武皇帝實錄》滿文讀作 "horgoi fejile"，《滿洲實錄》讀作 "horhoi fejile"。「恐怕」，《武皇帝實錄》滿文讀作 "ayu"，《滿洲實錄》讀作 "ayoo"。「怪異」，《武皇帝實錄》滿文讀作 "faijima"，《滿洲實錄》讀作 "faijuma"。「女馬甲裙」，《武皇帝實錄》滿文讀作 "hehesi cuban"，《滿洲實錄》讀作 "hehesi cuba"。「不可」，《武皇帝實錄》滿文讀作 "ojorakū"，《滿洲實錄》

讀作"ojirakū"。「跣足」,《武皇帝實錄》滿文讀作"bethe nihešulebufi",《滿洲實錄》讀作"bethe niohušulebufi"。「弓梢」,《武皇帝實錄》滿文讀作"ibegen",《滿洲實錄》讀作"igen"。「跳了」,《武皇帝實錄》滿文讀作"fekuke",《滿洲實錄》讀作"fekuhe"。「諾謨琿」,《武皇帝實錄》滿文讀作"noimohon",《滿洲實錄》讀作"nomhon"。「斐揚古」,《武皇帝實錄》滿文讀作"fingjan",《滿洲實錄》讀作"fiyanggū"。「十二月」,《武皇帝實錄》滿文讀作"jorhon biya",《滿洲實錄》讀作"jorgon biya"。「擄掠」,《武皇帝實錄》滿文讀作"soosafi",《滿洲實錄》讀作"sosafi"。「褚英台吉」,《武皇帝實錄》滿文讀作"cuyan taiji",《滿洲實錄》讀作"cuyeng taiji"。

滿文書面語,其陽性字母與陰性字母,分別清楚。《武皇帝實錄》中的滿文詞彙,其陰、陽性,並不規範。譬如:「折」(bukdafi)、「蘇克蘇滸」(suksuhu)、「逃竄」(nukcike)、「族」(uksun)、「甲」(uksin)等詞彙中的"k",《武皇帝實錄》滿文作陰性,《滿洲實錄》滿文作陽性。「塞克什」(seksi)、「跑」(feksime)等詞彙中的"k",《武皇帝實錄》滿文作陽性,《滿洲實錄》滿文作陰性。

清太祖努爾哈齊,《武皇帝實錄》滿文讀作"nurhanci"。其先世肇祖孟特穆(mengtemu)、肇祖長子充善(cungšan)、充善三子錫寶齋篇古(sibeoci fiyanggū)、錫寶齋篇古之子興祖福滿(fuman)、興祖四子景祖覺昌安(giocangga)、景祖四子顯祖塔克世(taksi)、宣皇后喜塔喇氏厄墨氣(emeci),《滿洲實錄》因避諱貼以黃簽,故不見滿漢文。

《武皇帝實錄》滿文本,保存頗多清朝入關以前的滿文特色,可與清朝入關後滿文進行比較,其中"g"與"h",其書寫習慣或讀音,頗多差異,前列簡表中「喉嚨」,《武皇帝實錄》滿文讀作

"bilga"，《滿洲實錄》讀作 "bilha"。「牲畜」，《武皇帝實錄》滿文讀作 "ulga"，《滿洲實錄》讀作 "ulha"。「薩爾滸」，《武皇帝實錄》滿文讀作 "sargū"，《滿洲實錄》讀作 "sarhū"。「野地」，《武皇帝實錄》滿文讀作 "bihan"，《滿洲實錄》讀作 "bigan"。「睡」，《武皇帝實錄》滿文讀作 "amhambi"，《滿洲實錄》讀作 "amgambi"。「十二月」，《武皇帝實錄》滿文讀作 "jorhon biya"，《滿洲實錄》讀作 "jorgon biya"。大致而言，《滿洲實錄》的滿文反映的是清朝入關後較規範的滿文書面語。「擄掠」，《武皇帝實錄》滿文讀作 "soosafi"，《滿洲實錄》讀作 "sosafi"。"sosafi"，其動詞原形作 "sosambi"，是舊清語，意即 "tabcilame olji gaimbi"（掠奪人畜），《武皇帝實錄》滿文讀作 "soosafi"，相對 "sosafi" 而言，《武皇帝實錄》的滿文更能反映舊清語的特色，同時也保存了更多的舊清語詞彙。

六、興師伐明——以七宗惱恨為中心的滿文檔案文獻的比較

明神宗萬曆四十六年，金國天命三年（1618），是年四月十三日，清太祖興師攻打明朝，臨行前書寫七大恨告天。七大恨又稱七宗惱恨，《大清太祖武皇帝實錄》滿漢文本、《滿洲實錄》滿漢文本、《滿文原檔》、《內閣藏本老滿文檔》等官書，都記載了七宗惱恨的內容，為便於比較，可將《大清太祖武皇帝實錄》滿文本、《滿洲實錄》滿文本、《滿文原檔》、《內閣藏本老滿文檔》中所載七宗惱恨的滿文內容依次影印於後，並轉寫羅馬拼音，照錄漢文。

2-1《大清太祖武皇帝實錄》

滿文

羅馬拼音

manju gurun i genggiyen han, daiming gurun be dailame, yafahan morin i juwe tumen cooha be gaifi, duin biyai juwan ilan de tasha inenggi meihe erin de juraka. tere jurandara de abka de habšame araha bithei gisun. mini ama mafa, daiming han i jasei orho be bilahakū boihon sihabuhakū. baibi jasei tulergi weile de dafi, mini ama mafa be daiming gurun waha. tere emu. tuttu wacibe, bi geli sain banjire be buyeme wehei bithe ilibume. daiming, manju yaya, han i jase be dabaci, dabaha niyalma be saha niyalma waki, safi warakū oci warakū niyalma de sui isikini seme gashūha bihe. tuttu gashūha gisun be gūwaliyafi, daiming ni cooha jase tucifi yehe de dafi tuwakiyame tehebi. tere juwe koro. jai cingho ci julesi giyang dalin ci amasi, aniya dari daiming gurun i niyalma hūlhame jase tucifi, manju i ba be durime cuwangname nungnere jakade, da gashūha gisun bihe seme jase tucike niyalma be waha mujangga. tuttu waha manggi, da gashūha gisumbe daburakū. ainu waha seme, guwangning de hengkileme genehe mini gangguri, fanggina be jafafi sele futa hūwaitafi, mimbe albalame mini juwan niyalma be gamafi jase de wa seme wabuha. tere ilan koro. jase tucifi cooha tuwakiyame tefi, mini jafan buhe sargan jui be monggo de buhe. ere duin koro. udu udu jalan halame han i jase tuwakiyame tehe caiha, fanaha, sancira, ere ilan goloi manju i tarifi yangsaha jeku be gaiburakū, daiming gurun i cooha tucifi bošoho. tere sunja koro. jasei tulergi abkai wakalaha yehei gisun be gaifi, ehe gisun hendume bithe arafi niyalma takūrafi, mimbe hacin hacin i koro arame giribuhe. tere ninggun koro. hadai niyalma yehe de dafi minde juwe jergi cooha jihe bihe. bi karu

dailara jakade, abka hada be minde buhe. abkai buhe hada be daiming
han geli hada de dafi, mimbe ergeleme ini bade unggi seme unggibuhe.
mini unggihe hada i niyalma be yehei cooha ududu jergi sucufi gamaha.
abkai fejile yaya gurun i niyalma ishunde dailambikai. abka wakalaha
niyalma anabumbi bucembi. abkai urulehe niyalma etembi banjimbikai.
dain de waha niyalma be weijubure, baha olji be bederebure kooli bio.
abkai sindaha amba gurun i han seci gubci gurun de gemu uhereme ejen
dere, mini canggi de ainu emhun ejen. neneme hūlun gemu emu ici ofi,
mimbe dailaha. tuttu dain deribuhe hūlun be abka wakalaha, mimbe
abka urulehe. ere daiming han abka de eljere gese, abkai wakalaha yehe
de dafi waka be uru, uru be waka seme ainu beidembi. tere nadan koro.
ere daiming gurun mimbe gidašaha giribuhe ambula ofi bi dosurakū,
ere nadan amba koro de dain deribumbi seme, bithe arafi abka de
henggkileme, bithe dejihe [22].

漢文

帝將步騎二萬征大明，臨行書七大恨告天曰：吾父祖于大明禁邊寸
土不擾，一草不折，秋毫未犯，彼無故生事于邊外，殺吾父祖，此
其一也。雖有祖父之讎，尚欲修和好，曾立石碑，盟曰：大明與滿
洲皆勿越禁邊，敢有越者，見之即殺，若見而不殺，殃及于不殺之
人。如此盟言，大明背之，反令兵出邊衛夜黑，此其二也。自清河
之南，江岸之北，大明人每年竊出邊，入吾地侵奪，我以盟言殺其
出邊之人，彼負前盟，責以擅殺，拘我往謁都堂使者綱孤里、方吉
納二人，逼令吾獻十人，于邊上殺之，此其三也。遣兵出邊為夜黑
防禦，致使我已聘之女轉嫁蒙古，此其四也。將吾世守禁邊之釵哈
（即柴河），山七拉（即三岔），法納哈（即撫安）三堡耕種田穀不
容收穫，遣兵逐之，此其五也。邊外夜黑是獲罪于天之國，乃偏聽
其言，遣人責備，書種種不善之語以辱我，此其六也。哈達助夜黑
侵吾二次，吾返兵征之，哈達遂為我有，此天與之也。大明又助哈
達逼令反國，後夜黑將吾所釋之哈達擄掠數次。夫天下之國，互相
征伐，合天心者勝而存，逆天意者敗而亡；死于鋒刃者使更生，既
得之人畜，令復返，此理果有之乎？天降大國之君，宜為天下共主，
豈獨吾一身之主。先因糊籠部（華言諸部）會兵侵我，我始興兵，
因合天意，天遂厭糊籠而佑我也。大明助天罪之夜黑，如逆天然，
以是為非，以非為是，妄為剖斷，此其七也。凌辱至極，實難容忍，
故以此七恨興兵。祝畢，拜天焚表[23]。

---

[22] 《大清太祖武皇帝實錄》，滿文本，卷二，頁 208-212。
[23] 《大清太祖武皇帝實錄》，漢文本，卷二，頁 33。

2-2《滿洲實錄》

滿文

羅馬拼音

manju gurun i genggiyen han daiming gurun be dailame yafahan morin i juwe tumen cooha be gaifi duin biyai juwan ilan de tasha inenggi meihe erin de juraka, tere jurandara de abka de habšame araha bithe i gisun, mini ama mafa daiming han i jasei orho be bilahakū, boihon sihabuhakū, baibi jasei tulergi weile de dafi, mini ama mafa be daiming gurun waha. tere emu. tuttu wacibe, bi geli sain banjire be buyeme wehei bithe ilibume, daiming, manju yaya han i jase be dabaci, dabaha niyalma be saha niyalma waki, safi warakū oci, warakū niyalma de sui isikini seme gashūha bihe, tuttu gashūha gisun be gūwaliyafi, daiming ni cooha jase tucifi yehe de dafi tuwakiyame tehebi. tere juwe koro. jai cing ho ci julesi, giyang dalin ci amasi aniya dari daiming gurun i niyalma hūlhame jase tucifi, manju i ba be durime cuwangname nungnere jakade, da gashūha gisun bihe seme jase tucike niyalma be waha mujangga, tuttu waha manggi, da gashūha gisun be daburakū, ainu waha seme guwangning de takūrame genehe mini gangguri, fanggina be jafafi sele futa hūwaitafi mimbe albalame mini juwan niyalma be gamafi jase de wa seme wabuha. tere ilan koro. jase tucifi cooha tuwakiyame tefi, mini jafan buhe sargan jui be monggo de buhe. ere duin koro. udu udu jalan halame han i jase tuwakiyame tehe caiha, fanaha, sancara ere ilan golo i manju i tarifi yangsaha jeku be gaiburakū, daiming gurun i cooha tucifi bošoho. tere sunja koro. jasei tulergi abkai wakalaha yehe i gisun be gaifi ehe gisun hendume, bithe arafi niyalma takūrafi mimbe hacin hacin i koro arame girubuha. tere ninggun koro. hada i niyalma yehe de dafi minde juwe jergi cooha jihe bihe, bi karu dailara jakade, abka hada be minde buhe, abkai buhe hada be, daiming han geli hada de dafi mimbe ergeleme, ini bade unggi seme unggibuhe, mini unggihe hada i niyalma be yehe i cooha ududu jergi sucufi gamaha, abkai fejile yaya gurun i niyalma ishunde dailambikai, abkai wakalaha niyalma anabumbi bucembi, abkai urulehe niyalma etembi banjimbi kai, dain de waha niyalma be weijubure, baha olji be bederebure kooli bio. abkai sindaha amba gurun i han seci, gubci gurun de gemu uhereme ejen dere, mini canggi de ainu emhun ejen, neneme hūlun gemu emu ici ofi, mimbe dailaha, tuttu dain deribuhe, hūlun be abka wakalaha, mimbe abka urulehe, ere daiming han abka de eljere gese abka i wakalaha yehe de dafi waka be uru, uru be waka seme ainu beidembi, tere nadan koro, ere daiming gurun mimbe gidašaha giribuhe ambula ofi bi dosurakū, ere nadan amba koro de dain deribumbi seme, bithe arafi abka de henggkileme, bithe dejihe.

漢文

四月十三壬寅巳時，帝將步騎二萬征明國，臨行書七大恨告天曰：吾父祖於明國禁邊寸土不擾，一草不折，秋毫未犯，彼無故生事於邊外，殺吾父祖，此其一也。雖有祖父之讐，尚欲修和好，曾立石碑，盟曰：明國與滿洲皆勿越禁邊，敢有越者，見之即殺，若見而不殺，殃及於不殺之人。如此盟言，明國背之，反令兵出邊衛葉赫，此其二也。自清河之南，江岸之北，明國人每年竊出邊入吾地侵奪，我以盟言殺其出邊之人，彼負前盟，責以擅殺，拘我往謁巡撫使者綱古里、方吉納二人，挾令我獻十人於邊上，此其三也。遣兵出邊為葉赫防禦，致使我已聘之女轉嫁蒙古，此其四也。將吾世守禁邊之釵哈（即柴河）、山齊拉（即三岔）、法納哈（即撫安）三堡耕種田穀不容收穫，遣兵逐之，此其五也。邊外葉赫是獲罪於天之國，乃偏聽其言，遣人責備，書種種不善之語以辱我，此其六也。哈達助葉赫，侵吾二次，吾返兵征之，哈達遂為我有，此天與之也，明國又助哈達，令反國。後葉赫將吾所釋之哈達擄掠數次。夫天下之國互相征伐，合天心者勝而存，逆天意者敗而亡，死於鋒刃者，使更生，既得之人畜，令復返，此理果有之乎？天降大國之君宜為天下共主，何獨搆怨於我國。先因呼倫部（即前九部）會兵侵我，我始興兵，因合天意，遂厭呼倫而佑我也。明國助天罪之葉赫如逆天然，以是為非，以非為是，妄為剖斷，此其七也。欺凌至極，實難容忍，故以此七恨興兵，祝畢，拜天焚表[24]。

2-3《內閣藏本滿文老檔》

滿文

---

[24] 《滿洲實錄》，卷四，見《清實錄》（一），頁198。

羅馬拼音

duin biyai juwan ilan i tasha inenggi meihe erinde, jakūn gūsai juwan tumen cooha, nikan be dailame genere de, abka de habšame araha bithei gisun, mini ama, mafa, han i jasei orho be bilahakū, boihon sihabuhakū, baibi jasei tulergi weile de, mini ama, mafa be nikan waha, ere emu, tuttu wacibe, bi geli sain banjire be buyeme wehei bithe ilibume, nikan, jušen yaya han i jase be dabaci, dabaha niyalma be saha niyalma waki, safi warakūci, warakū niyalma de sui isikini seme gashūha bihe, tuttu gashūha gisun be gūwaliyafi, nikan cooha jase tucifi, yehe de dafi tuwakiyame tehebi, tere juwe koro, jai niowanggiyaha ci julesi, giyang dalin ci amasi, aniyadari nikan hūlhame jase tucifi, jušen i babe durime cuwangname nungnere jakade, da gashūha gisun bihe seme, jase tucike niyalma be waha mujangga, tuttu waha manggi, da gashūha gisun be daburakū ainu waha seme, guwangning de hengkileme genehe mini gangguri, fanggina be jafafi sele futa hūwaitafi, mimbe albalame mini juwan niyalma be gamafi jase de wa seme wabuha, tere ilan koro, jase tucifi cooha tuwakiyame tefi, mini jafan buhe sargan jui be monggo de buhe, tere duin koro, ududu jalan halame han i jase tuwakiyame tehe caiha, fanaha, sancara ere ilan goloi jušen i tarifi yangsaha jeku be gaibuhakū, nikan cooha tucifi bošoho, tere sunja koro, jasei tulergi abkai wakalaha yehe i gisun be gaifi, ehe gisun hendume bithe arafi niyalma takūrafi, mimbe hacin hacin i koro arame girubuha, tere ninggun koro, hada i niyalma yehe de dafi, minde juwe jergi cooha jihe bihe, bi karu dailara jakade, abka hada be minde buhe, abka minde buhe manggi, nikan han, geli hada de dafi, mimbe albalame ini bade unggi seme unggibufi, mini unggihe hada i niyalma be, yehe i niyalma ududu jergi cooha sucufi gamaha, abkai fejile yaya gurun i niyalma ishunde dailambi kai, abkai wakalaha niyalma anabumbi bucembi, abkai urulehe niyalma etembi banjimbi kai, dain de waha niyalma be weijubure, baha olji be bederebure kooli bio, abkai sindaha amba gurun i han seci, gubci gurun de gemu uhereme ejen dere, mini canggi de emhun ainu ejen, neneme hūlun gemu emu ici ofi, mimbe dailaha, tuttu dain deribuhe hūlun be abka wakalaha, mimbe abka urulehe, ere nikan han, abka de eljere gese abkai wakalaha yehe de dafi, waka be uru, uru be waka seme ainu beidembi, tere nadan koro, ere nikan mimbe gidašaha girubuha ambula ofi, bi dosorakū, ere nadan amba koro de dain deribumbi seme bithe arafi, abka de hengkileme bithe deijihe.[25]

漢文

四月十三寅日巳時,將八旗兵十萬征明。臨行,告天文曰:我父祖於皇帝邊境一草不折,寸土不擾,明平白生事於邊外,殺我父祖,此一也。雖然如此殺戮,我仍願修好,曾立石碑盟曰:凡明國、諸申人等若越帝邊,見有越邊之人即殺之,若見而不殺,罪及於不殺之人。明國背此盟言派兵出邊,援助葉赫駐守,其恨二也。又自清河以南,江岸以北,因明人每年竊出邊界,侵擾掠奪諸申地方,是以按照原先盟言,殺其出邊之人是實,如此加誅之後,明國不遵原先誓言,責以擅殺,拘我往謁廣寧之剛古里、方吉納,縛以鐵索,逼令我獻十人解至邊界殺之,其恨三也。遣兵出邊駐守,致使我已聘之女轉嫁蒙古,其恨四也。數世駐守帝邊之柴河、法納哈、三岔此三處諸申耕種田糧,不容收穫,明國遣兵驅逐,其恨五也。偏聽邊外天譴葉赫之言,齎持繕寫惡言之書相責,以種種傷害我之言相辱,其恨六也。哈達人助葉赫,兩次出兵侵犯我,我返兵征之,天遂以哈達與我。天與我後,明帝又助哈達,逼令我釋還其地。後葉赫人數次遣兵擄掠我釋還之哈達人。夫天下諸國之人互相征伐,天非者敗而亡,天是者勝而存也。豈有使陣亡之人復生,既得之人畜令歸還之理乎?若謂天授大國之皇帝,天下諸國皆宜為共主,豈獨為我一己之主耶?先因扈倫會兵侵我,是以始興兵,天譴扈倫,天以我為是。明帝如此抗衡於天以助天譴之葉赫,以非為是,以是為非,妄為剖斷,其恨七也。因明凌辱我至極,我實難以容忍,故書此七大恨興兵,祝畢,拜天焚表。

---

[25] 《內閣藏本滿文老檔》(瀋陽,遼寧民族出版社,2009 年 12 月),第二函,第六冊,頁 249。

2-4《滿文原檔》

滿文

羅馬拼音

tereci duin biyai juwan ilan i tasha inenggi meihe erinde, cooha geneme abka de habšame araha bithei gisun, mini ama mafa, han i jasei orhobe bilahakū, boihon siha buhakū. babi jasei tulegi weile de mini ama mafabe nikan waha, tere emu. tuttu wacibe bi geli sain banjirebe buyeme wehei bithe ilibume nikan jušen yaya han i jasebe dabaci dabaha niyalma be saha niyalma waki. safi warakūci, warakū niyalma de sui isikini seme gashūha bihe, tuttu gashūha gisun be gūwaliyafi nikan cooha jase tucifi yehede dafi tuwakiyame tehebi. tere juwe koro. jai niowanggiyahaci julesi giyang dalinci amasi aniya dari nikan hūlhame jase tucifi jušen i babe durime cuwangname nungnere jakade. da gashūha gisun bihe seme jase tucike nikambe waha mujangga. tuttu waha manggi. da gashūha gisumbe daburakū. ainu waha seme guwangnin de hengkileme genehe mini gangguri fanggina be jafafi sele futa hūwaitafi mimbe albalame mini juwan niyalma be gamafi jase de

wa seme wabuha. tere ilan koro. jase tucifi cooha tuwakiyame tefi mini
jafan buhe sargan juibe monggode buhe. tere duin koro. udu udu jalan
halame han i jase tuwakiyame tehe caiha fanaha sancara ere ilan goloi
jušen i tarifi yangsaha jekube gaibuhakū nikan cooha tucifi bošoho. tere
sunja koro. jasei tulegi abkai wakalaha yehei gisumbe gaifi ehe gisun
hendume bithe arafi niyalma takūrafi mimbe hacin hacin i koro arame
giribuhe. tere ninggun koro. hadai niyalma yehede dafi, minde juwe
jergi cooha jihe bihe. bi karu dailara jakade. abka hadabe minde buhe.
abka minde buhe manggi nikan han geli hadade dafi mimbe albalame
ini bade unggi seme unggibufi. mini unggihe hadai niyalmabe yehei
niyalma udu udu jergi cooha sucufi gamaha. abkai fejile yaya guruni
niyalma ishun de dailambikai, abkai wakalaha niyalma anabumbi
bucembi. abkai urulehe niyalma etembi banjimbikai. dain de waha
niyalmabe weijubure. baha oljibe bederebure kooli bio. abkai sindaha
amba gurun i han seci gubci gurunde gemu uhereme ejen dere. mini
canggide emhun ainu ejen. neneme hūlun gemu emu ici ofi mimbe
dailaha. tuttu dain deribuhe. hūlumbe abka wakalaha. mimbe abka
urulehe. ere nikan han abka de eljere gese abkai wakalaha yehede dafi
wakabe uru. urube waka seme ainu beidembi. tere nadan koro. ere
nikan mimbe gidašaha girubuha ambula ofi, bi dosorakū tere nadan
amba korode dain deribume.[26]

漢文

四月十三寅日巳時出兵，告天文曰：我父祖於皇帝邊境一草不折，
寸土不擾，明國平白生事於邊外，殺我父祖，此一也。雖然如此殺
戮，我仍願修好，曾立石碑盟曰：凡明國、諸申等若越帝邊，見
有越邊之人即殺之，若見而不殺，罪及於不殺之人。明國背此盟言，
派兵出邊，援助葉赫駐守，其恨二也。又自清河以南，江岸以北，
因明人每年竊出邊界，於諸申地方侵擾掠奪，是以按照原先盟言，
殺其出邊明人是實，如此加誅之後，明國不遵原先誓言，責以擅殺，
拘我往謁廣寧之剛古里、方吉納，縛以鐵索，逼令我獻十人解至邊
界殺之，其恨三也。遣兵出邊駐守，致使我已聘之女轉嫁蒙古，其
恨四也。數世駐守帝邊之柴河、法納哈、三岔此三處諸申耕種田糧，
不容收穫，明國遣兵驅逐，其恨五也。偏聽邊外天譴葉赫之言，遣

---

[26] 《滿文原檔》（臺北，國立故宮博物院，2006 年 1 月），第一冊，荒
字檔，頁 79。

人齎持繕寫惡言之書相責，以種種傷害我之言相辱，其恨六也。哈達人助葉赫，兩次出兵侵犯我，我返兵征之，天遂以哈達與我。天與我後，明帝又助哈達，逼令我釋還其地。後葉赫人數次遣兵擄掠我釋還之哈達人。夫天下諸國之人互相征伐，天非者敗而亡，天是者勝而存也。豈有使陣亡之人復生，既得之人畜令歸還之理乎？若說天授大國之皇帝，天下諸國皆宜為共主，豈獨為我一己之主耶？先因扈倫會兵侵我，是以始興兵，天譴扈倫，天以我為是。明帝如此抗衡於天以助天譴之葉赫，以非為是，以是為非，妄為剖斷，其恨七也。因明凌辱我至極，我實難以容忍，故以此七大恨而興兵。

　　按照檔案文獻形成的過程，依次為：《滿文原檔》、《大清太祖武皇帝實錄》滿文本、《滿洲實錄》滿文本、《內閣藏本滿文老檔》，其中所載七大恨的滿文內容，可以《滿文原檔》為藍本，據《滿文原檔》記載，其第一大恨的滿文為 "mini ama mafa, han i jasei orhobe bilahakū, boihon siha buhakū. babi jasei tulegi weile de mini ama mafabe nikan waha." 句中"orhobe"，《內閣藏本滿文老檔》作 "orho be"；"siha buhakū"，作 "sihabuhakū"；"tulegi"，作 "tulergi"；"mafabe"，作 "mafa be"。《滿文原檔》中 "han"，《大清太祖武皇帝實錄》滿文本、《滿洲實錄》滿文本俱作 "daiming han"；"jasei tulegi weile de"，作 "jasei tulergi weile de dafi"；"nikan"，作 "daiming gurun"。《滿文原檔》記載第二大恨的滿文為 "tuttu wacibe bi geli sain banjirebe buyeme wehei bithe ilibume nikan jušen yaya han i jasebe dabaci dabaha niyalma be saha niyalma waki. safi warakūci, warakū niyalma de sui isikini seme gashūha bihe. tuttu gashūha gisun be gūwaliyafi nikan cooha jase tucifi yehede dafi tuwakiyame tehebi." 句中 "banjirebe"，《內閣藏本滿文老檔》作 "banjire be"；"jasebe"，作 "jase be"；"yehede"，作 "yehe de"。《滿文原檔》所載第二大恨中 "nikan"、"jušen"，《大清太祖武皇帝實錄》滿文本、《滿洲實錄》滿文本俱作 "daiming"、

"manju" ; "warakūci" ，作 "warakū oci" ; "nikan cooha" ，
作 "daiming ni cooha" 。《滿文原檔》所載第三大恨的滿文爲 "jai
niowanggiyahaci julesi giyang dalinci amasi aniya dari nikan hūlhame
jase tucifi jušen i babe durime cuwangname nungnere jakade. da
gashūha gisun bihe seme jase tucike nikambe waha mujangga. tuttu
waha manggi. da gashūha gisumbe daburakū. ainu waha seme
guwangnin de hengkileme genehe mini gangguri fanggina be jafafi sele
futa hūwaitafi mimbe albalame mini juwan niyalma be gamafi jase de
wa seme wabuha." 句中 "niowanggiyahaci" ，《內閣藏本滿文老
檔》作 "niowanggiyaha ci" ; "dalinci" ，作 "dalin ci" ; "aniya
dari" ，作 "aniyadari" ; "niyalmabe" ，作 "niyalma be" ;
"gisumbe" ，作 "gisun be" ; "guwangnin" ，作 "guwangning" 。
《滿文原檔》第三大恨中 "niowanggiyaha" ，《大清太祖武皇帝實
錄》滿文本 作 "cingho" ，《滿洲實錄》滿文本作 "cing ho" ;
"nikan hūlhame" ，《大清太祖武皇帝實錄》滿文本、《滿洲實錄》
滿文本作 "daiming gurun i niyalma hūlhame" ; "jušen i babe" ，
作 "manju i ba be." 《滿文原檔》第五大恨的滿文爲 "udu udu jalan
halame han i jase tuwakiyame tehe caiha fanaha sancara ere ilan goloi
jušen i tarifi yangsaha jekube gaibuhakū nikan cooha tucifi bošoho."
句中 "udu udu" ，《內閣藏本滿文老檔》作 "ududu" ; "jekube" ，
作 "jeku be" 。《滿文原檔》所載第五大恨中 "sancara" ，《大清太
祖武皇帝實錄》滿文作 "sancira" ，漢字作「山七拉」，即三岔。《滿
文原檔》記載第六大恨中 "giribuhe" ，《大清太祖武皇帝實錄》滿
文作 "girubuha" 。《滿文原檔》記載第七大恨中 "abka minde buhe
manggi nikan han geli hadade dafi mimbe albalame ini bade unggi
seme unggibufi. mini unggihe hadai niyalmabe yehei niyalma udu udu

jergi cooha sucufi gamaha." 意即「天與我後，明帝又助哈達，逼令
我釋還其地。後葉赫人數次遣兵擄掠我釋還之哈達人。」《大清太
祖武皇帝實錄》滿文作 "abkai buhe hada be daiming han geli hada de
dafi mimbe ergeleme ini bade unggi seme unggibuhe. mini unggihe
hada i niyalma be yehei cooha ududu jergi sucufi gamaha." 意即「天與
之哈達，大明皇帝又助哈達逼令我釋還其地。後葉赫兵將我所釋哈
達之人擄掠數次。」明帝，《滿文原檔》作 "nikan han"，《大清
太祖武皇帝實錄》作 "daiming han"。通過比較，可知《滿文原檔》
中的 "nikan"，《大清太祖武皇帝實錄》滿文作 "daiming"；
"jušen"，作 "manju"。多經改動，說明纂修《大清太祖武皇帝
實錄》的上限是在清太宗天聰、崇德年間（1627-1643）。

七、撫順額駙——以努爾哈齊致李永芳
滿文書信為中心的比較

　　撫順城在渾河北岸，是明朝駐軍重地，城東是撫順關，是明朝
與女真馬市所在。撫順所遊擊李永芳是遼東鐵嶺人。天命三年
（1618）四月十五日，清太祖努爾哈齊率兵圍攻撫順城。《清史稿・
李永芳傳》記載，「四月甲辰昧爽，師至撫順所，遂合圍，執明兵
一使持書諭永芳曰：『明發邊疆外衛葉赫，我乃以師至，汝一遊擊
耳，戰亦豈能勝？今諭汝降者，汝降，則我即日深入，汝不降，是
誤我深入期也。汝多才智，識時務，我國方求才，稍足備任使，猶
將舉而用之，與為婚媾，況如汝者，有不加以寵榮，與我一等大臣
同列者乎？汝若欲戰，矢豈能識汝？既不能勝，死復何益？且汝出
城降，我兵不復入，汝士卒皆安堵。若我師入城，男婦老弱，必且
驚潰，亦大不利於汝民矣。勿謂我恫喝不可信也。汝思區區一城，

且不能下，安用興師？失此弗圖，悔無及已。降不降，汝熟計之，
毋不忍一時之忿，違我言而債事也[27]。』」

3-1：《大清太祖武皇帝實錄》
滿文

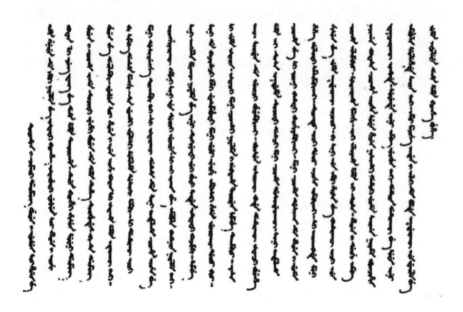

羅馬拼音

tofohon i cimari, daiming gurun i fušun soo hecen be kame genere de,
emu niyalma be jafafi bithe jafabufi fušun soo hecen i iogi hafan li
yung fang be daha seme takūraha. tere bithei gisun, suweni daiming
gurun i cooha jase tucifi, yehei gurun de dame tehe turgunde, bi te
daiming gurun be dailambi, fušun soo hecen i ejen iogi hafan si afaha
seme eterakū kai. bi simbe dahaha manggi, te uthai julesi šumilame
dosiki sembi, si daharakū oci mini dosirengge tookambi kai. si afarakū
dahaha de sini kadalaha cooha irgen be acinggiyarakū, kemuni sini fe
doroi ujire, si ai jaka be ambula bahanara niyalma kai. sini anggala

---

[27] 《清史稿校註》，第十冊（臺北，國史館，1986 年），頁 8065。

mujakū niyalma be inu tukiyefi, jui bufi sadun jafafi banjimbi, simbe
sini da banjihaci geli wesimbufi, mini uju jergi ambasai gese ujirakū
doro bio. si ume afara, afaci mini coohai niyalma i gabtaha sirdan
simbe takambio. yasa akū sirdan de goici bucembikai. hūsun isirakū
bade daharakū afaci, bucehe seme ai tusa, okdome tucifi dahaci mini
cooha dosindarakū, sini kadalaha cooha be si yooni bahafi
bargiyambikai. mini cooha dosika de hecen i juse hehe golofi
samsimbikai, tuttu oci doro ajigen ombikai. si aikabade mini gisun be
ume akdarakū ojoro, bi sini ere emu hecen be baharakū oci, ere cooha
ilimbio. ufaraha manggi, jai aliyaha seme ai tusa. hecen i dorgi amba
ajigan hafasa cooha irgen suwe hecen nisihai dahaci juse sargan
niyaman hūncihin fakcarakū ohode, suwende inu amba urgun kai.
dahara daharakū be suwe inu ambula seolehede sain kai. emu majige
andan i jili de mende akdarakū, ere weile be ume efulere, daha seme
bithe buhe.[28]

漢文

十五日晨，往圍撫順城，執一人齎書與遊擊李永芳令之降。書曰：
因爾大明兵助夜黑，故來征之，量爾撫順遊擊戰亦不勝。今欲服汝
輒深向南下，汝設不降，悞我前進。若不戰而降，必不擾爾所屬軍
民，仍以原禮優之。況爾乃多識見人也，不特汝然，縱至微之人，
猶超拔之，結為婚姻，豈有不超陞爾職與吾大臣相齊之理乎？汝勿
戰，若戰，則吾兵所發之矢，豈有目能識汝乎？倘中則必死矣。力
既不支，雖戰死，亦無益。若出降，吾兵亦不入城，汝所屬軍民，
皆得保全。假使吾兵攻入，城中老幼必致驚散，爾之祿位亦卑薄矣，
勿以吾言為不足信。汝一城若不能拔，朕何以興兵為？失此機會，
後悔無及，其城中大小官員軍民等果舉城納降，父母妻子親族，俱
不使離散，是亦汝等之福也。降與不降，汝等熟思，慎勿以一朝之
念而不信，遂失此機也。[29]

3-2：《滿洲實錄》

滿文

28　《大清太祖武皇帝實錄》，滿文本，卷二，頁 215-218。
29　《大清太祖武皇帝實錄》，漢文本，卷二，頁 34。

羅馬拼音

tofohon i cimari, daiming gurun i fušun šo hecen be kame generede, emu niyalma be jafafi bithe jafabufi fušun šo hecen i iogi hafan lii yung fang be daha seme takūraha. tere bithei gisun, suweni daiming gurun i cooha jase tucifi, yehei gurun de dame tehe turgunde, bi te daiming gurun be dailambi, fušun šo hecen i ejen iogi hafan si afaha seme eterakū kai. bi simbe dahaha manggi, te uthai julesi šumilame dosiki sembi, si daharakū oci mini dosirengge tookambi kai, si afarakū dahaha de sini kadalaha cooha irgen be acinggiyakū, kemuni sini fe doroi ujire, si ai jaka be ambula bahanara niyalma kai, sini anggala mujakū niyalma be inu tukiyefi jui bufi sadun jafafi banjimbi, simbe sini da banjihaci geli wesimbufi, mini uju jergi ambasai gese ujirakū doro bio. si ume afara, afaci mini coohai niyalma i gabtaha sirdan simbe takabio. yasa akū sirdan de goici bucembi kai. hūsun isirakū bade daharakū afaci, bucehe seme ai tusa, okdome tucifi dahaci mini cooha dosindarakū, sini kadalaha cooha be si yooni bahafi bargiyambi kai. mini cooha dosika de hecen i juse hehe golofi samsimbikai, tuttu oci doro ajigen ombikai. si aikabade mini gisun be ume akdarakū ojoro, bi sini ere emu hecen be baharakū oci, ere cooha ilimbio. ufaraha manggi, jai aliyaha seme ai tusa, hecen i dorgi amba ajigan hafasa cooha irgen suwe hecen nisihai dahaci juse sargan niyaman hūncihin fakcarakū ohode, suwende inu amba urgun kai, dahara daharakū be suwe inu ambula seolehede sain kai. emu majige andan i jili de mende akdarakū, ere weile be ume efulere, daha seme bithe buhe[30].

漢文

十五日晨，往圍撫順城，執一人齎書與遊擊李永芳令之降。書曰：因爾明國兵助葉赫，故來征之，量爾撫順遊擊戰亦不勝。今欲服汝輒深向南下，汝設不降，誤我前進。若不戰而降，必不擾爾所屬軍民，仍以原禮優之。況爾乃多識見人也，不特汝然，縱至微之人，猶超拔之，結為婚姻，豈有不超陞爾職與吾大臣相齊之理乎？汝勿戰，若戰，則吾兵所發之矢，豈有目能識汝乎？倘中則必死矣。力既不支，雖戰死，亦無益。若出降，吾兵亦不入城，汝所屬軍民，皆得保全。假使吾兵攻入，城中老幼必致驚散，爾之祿位亦卑薄矣，勿以吾言為不足信。汝一城若不能拔，朕何以興兵為？失此機會，後悔無及，其城中大小官員軍民等果舉城納降，父母妻子親族，俱不使離散，是亦汝等之福也。降與不降，汝等熟思，慎勿以一朝之忿而不信，遂失此機也。

　　將《大清太祖武皇帝實錄》滿文與《滿洲實錄》滿文互相比較後，可知兩者相近，其中 "fušun soo"，《滿洲實錄》滿文作 "fušun šo"；"coohai niyalmai gabtaha sirdan"，《滿洲實錄》滿文作 "coohai niyalma i gabtaha sirdan"；"seolehe de"，《滿洲實錄》滿文作 "seolehede"。其餘文字俱相同。兩者漢文則頗有出入。其中「大明兵」，《滿洲實錄》漢文作「明國兵」；「夜黑」，《滿洲實錄》漢文作「葉赫」；「父母妻子親族」，滿文作 "juse sargan niyaman hūncihin"，意即「婦孺親族」，滿漢文義略有出入；「是亦汝等之福也」，滿文作 "suwende inu amba urgun kai"，意即「亦汝等之大喜也」。

30　《滿洲實錄》，卷四，見《清實錄》（一），頁204。

3-3：《滿文原檔》

滿文

羅馬拼音

tofohon i cimari han i beye iogi hergen i hafan i tehe fusi hecembe kame generede, heceni tulergici jasei dolo jafaha nikan de bithe jafabufi unggihe, bithei gisun, suweni nikan cooha jase tucifi tehei turgunde, bi dailambi, fusi hecen i ejen iogi si afaha seme eterakū kai. bi dosika inenggi dosi ambula geneki sembi. si daharakūci, dosi generengge tookambikai. si afarakū dahahade sini kadalaha cooha, sini amba dorobe umai acinggiyarakū, kemuni sini fe doroi ujire, si ai jakabe gemu ambula bahanara sure niyalma kai. sini anggala, mujakū niyalmabe inu. bi tukiyefi jui bufi sadun jafafi banjimbi. simbe bi sini da banjihaci geli wesimbufi, mini uju jergi ambasai gese ujirakū doro bio. si ume afara, afaci coohai niyalmai gabtaha sirdan simbe takambio. yasa akū sirdan de goici, bucembikai. afaci hūsun isirakū bade, daharakū afafi buceci, tere ai tusa, okdome tucifi dahaci meni cooha dosindarakū, sini kadalaha cooha be si bahafi yoni bargiyambikai. okdome daharakūci, meni cooha dosika manggi, gašan i juse hehe golofi samsimbikai. tuttu oci, doro ajigen ombikai. si aikabade mini gisumbe ume akdarakū ojoro. bi sini ere emu hecembe baharakūci, ere cooha ilimbio. ufaraha manggi, jai aliyaha seme ai tusa. heceni dorgi amba asihan hafasa, coohai niyalma, geren irgen suwe hecen nisihai dahaci, juse sargan niyaman honcihin fakcarakū ohode, suwende inu amba urgun kai, dahara daharakūbe suwe inu ambula seolehede sain kai, emu majige andan i jili de mende akdarakū, ere weilebe ume efulere, daha seme bithe buhe[31].

漢文

十五日晨，汗親自往圍遊擊官所駐撫順城時，由城外執邊內漢人遣其齎書與遊擊官令之降。書曰：因爾明兵出邊駐守，故我來征討，爾撫順城主遊擊雖戰，亦不勝也。我進入之日即欲深入，爾設不降，則誤我進入。爾若不戰而降，則不擾爾所屬兵丁，爾之大禮並不更動，仍以原禮養之，況爾乃多識見聰明人也。不特爾也，縱至微之人亦超擢之，以女妻之，結為婚姻，豈有不擇陞爾職，與我大臣相齊之理乎？爾勿戰，若戰，則我兵所發之矢，豈能識爾？倘中無目之矢，則必死矣。雖戰，力既不支，不降而戰死，亦有何益？若出

---

31 《滿文原檔》，第一冊，荒字檔，頁83。

城迎降，我兵亦不入城，爾所屬兵丁皆得保全矣。假使不肯迎降，我兵攻入後，村中婦孺必致驚散，如此，禮亦卑微矣。爾勿以我言為不足信，我若不能得爾此一城，此兵豈能罷休也？失此機會，後悔何益？城中大小官員、軍民人等果舉城納降，妻子親族不使離散，是亦爾等之大喜也。降與不降，爾等亦宜熟思，勿以一朝之忿而不信我，遂失此機也。

3-4：《內閣藏本滿文老檔》

滿文

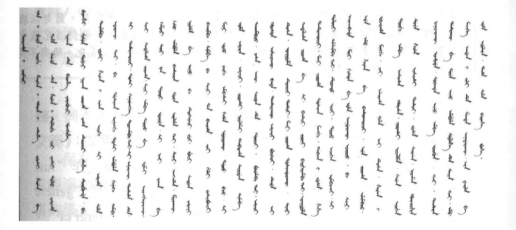

羅馬拼音

tofohon i cimari han i beye iogi hergen i hafan i tehe fusi hecembe kame generede, heceni tulergici jasei dolo jafaha nikan de bithe jafabufi unggihe, bithei gisun, suweni nikan cooha jase tucifi tehei turgunde, bi dailambi, fusi hecen i ejen iogi si afaha seme eterakū kai. bi dosika inenggi dosi ambula geneki sembi. si daharakūci, dosi generengge tookambikai. si afarakū dahahade sini kadalaha cooha, sini amba dorobe umai acinggiyarakū, kemuni sini fe doroi ujire, si ai jakabe gemu ambula bahanara sure niyalma kai. sini anggala, mujakū niyalmabe inu. bi tukiyefi jui bufi sadun jafafi banjimbi. simbe bi sini

da banjihaci geli wesimbufi, mini uju jergi ambasai gese ujirakū doro
bio. si ume afara, afaci coohai niyalmai gabtaha sirdan simbe takambio.
yasa akū sirdan de goici, bucembikai. afaci hūsun isirakū bade,
daharakū afafi buceci, tere ai tusa, okdome tucifi dahaci meni cooha
dosindarakū, sini kadalaha cooha be si bahafi yoni bargiyambikai.
okdome daharakūci, meni cooha dosika manggi, gašan i juse hehe
golofi samsimbikai. tuttu oci, doro ajigen ombikai. si aikabade mini
gisumbe ume akdarakū ojoro. bi sini ere emu hecembe baharakūci, ere
cooha ilimbio. ufaraha manggi, jai aliyaha seme ai tusa. heceni dorgi
amba asihan hafasa, coohai niyalma, geren irgen suwe hecen nisihai
dahaci, juse sargan niyaman honcihin fakcarakū ohode, suwende inu
amba urgun kai, dahara daharakūbe suwe inu ambula seolehede sain kai,
emu majige andan i jili de mende akdarakū, ere weilebe ume efulere,
daha seme bithe buhe[32].

漢文

十五日晨，汗親自往圍遊擊官所駐撫順城時，由城外執邊內漢人遣
其齎書與遊擊官令之降。書曰：因爾明兵出邊駐守，故我來征討，
爾撫順城主遊擊雖戰，亦不勝也。我進入之日即欲深入，爾設不降，
則誤我進入。爾若不戰而降，則不擾爾所屬兵丁，爾之大禮並不更
動，仍以原禮養之，況爾乃多識見聰明人也。不特爾也，縱至微之
人亦超擢之，以女妻之，結為婚姻，豈有不擇陞爾職，與我大臣相
齊之理乎？爾勿戰，若戰，則我兵所發之矢，豈能識爾？倘中無目
之矢，則必死矣。雖戰，力既不支，不降而戰死，亦有何益？若出
城迎降，我兵亦不入城，爾所屬兵丁皆得保全矣。假使不肯迎降，
我兵攻入後，村中婦孺必致驚散，如此，禮亦卑微矣。爾勿以我言
為不足信，我若不能得爾此一城，此兵豈能罷休也？失此機會，後
悔何益？城中大小官員、軍民人等果舉城納降，妻子親族不使離
散，是亦爾等之大喜也。降與不降，爾等亦宜熟思，勿以一朝之忿
而不信我，遂失此機也。

　　《滿文原檔》滿文與《內閣藏本滿文老檔》滿文的不同，較常
見的是滿文虛字連寫或不連寫的習慣，彼此不同。譬如：《滿文原

---

32 《內閣藏本滿文老檔》，第二函，第六冊，頁260。

檔》滿文 "fusi hecembe"，《內閣藏本滿文老檔》滿文作 "fusi hecen be"；"generede"，《內閣藏本滿文老檔》滿文作 "genere de"；"tulergici"，《內閣藏本滿文老檔》滿文作 "tulergi ci"。

《滿文原檔》滿文虛字連寫的習慣，頗爲常見。其次，由於讀音的差異，而有出入。譬如：《滿文原檔》滿文 "yoni"；《內閣藏本滿文老檔》滿文作 "yooni"；"niyaman honcihin"，《內閣藏本滿文老檔》滿文作 "niyaman hūncihin"。兩者的內容，並無不同。將《大清太祖武皇帝實錄》滿文與《滿文原檔》滿文互相對照，有助於了解彼此的異同。《滿文原檔》滿文 "fusi hecen"，《大清太祖武皇帝實錄》滿文作 "fušun soo hecen"；"iogi hergen i hafan"，《大清太祖武皇帝實錄》滿文作 "iogi hafan li yung fang"；"nikan cooha"，《大清太祖武皇帝實錄》滿文作 "daiming gurun i cooha"；"jase tucifi tehei turgunde"，《大清太祖武皇帝實錄》滿文作 "jase tucifi yehei gurun de dame tehe turgunde"；"si ai jakabe gemu ambula bahanara sure niyalma kai"，《大清太祖武皇帝實錄》滿文作 "si ai jaka be ambula bahanara niyalma kai"；"gašan i juse hehe"，《大清太祖武皇帝實錄》滿文作 "hecen i juse hehe"；"amba asihan hafasa"《大清太祖武皇帝實錄》滿文作 "amba ajigan hafasa"。經過對照後，可知《大清太祖武皇帝實錄》滿文本的纂修，主要是取材於《滿文原檔》，保存了珍貴的史料。工欲善其事，必先利其器。為了充實滿文基礎教學，編寫滿文教材，本書輯錄《大清太祖武皇帝實錄》滿文，編為五十個篇目，分別譯註，對於初學滿文者，或可提供一定的參考價值。

保存史料，是修史的主要目的。探討文獻，還原歷史，不能忽視滿文的檔案文獻，《大清太祖武皇帝實錄》滿文本，保存了豐富的滿文史料。探討《大清太祖武皇帝實錄》滿文本的分佈地區、原藏地點、寫本異同、史料價值，是掌握滿文文獻的基礎工作。

北京中國第一歷史檔案館藏《大清太祖武皇帝實錄》滿文本，全四卷，四冊。北京國家圖書館藏本，存三卷，三冊。臺北國立故宮博物院藏北平圖書館本，存三卷，三冊。日本《東方學紀要》影印滿文北京圖書館本，存三卷，三冊。此外，美國國會圖書館藏本，存三卷，三冊。在各種寫本中，美國國會圖書館藏本，與臺北國立故宮博物院藏北平圖書館本是相同寫本。日本《東方學紀要》本，與臺北國立故宮博物院藏北平圖書館本，原藏地點相同，其滿文內容相同，字體書法相近，而滿文虛字連寫或不連寫的習慣，彼此不同，是兩種不同寫本。

現藏《滿洲實錄》繪寫本，分別成書於天聰、乾隆年間。將《大清太祖武皇帝實錄》與乾隆年間繪寫本《滿洲實錄》滿漢文人名、地名互相對照後，可知滿文人名及滿文地名，彼此大致相同，所不同的是在漢文部分。《大清太祖武皇帝實錄》中的漢文人名，俚俗不雅者，屢見不鮮。譬如：滿文"erdeni baksi"，《大清太祖武皇帝實錄》漢文本譯作「榜識厄兒得溺」，《滿洲實錄》漢文改譯爲「巴克什額爾德尼」。滿文"hūrgan hiya"，《大清太祖武皇帝實錄》漢文譯作「虎憨兒」，《滿洲實錄》漢文改譯爲「扈爾漢轄」。漢文地名，或因俚俗，或因譯音不合，多有改譯。譬如：滿文"hetu ala"，《大清太祖武皇帝實錄》漢文作「黑禿阿喇」，《滿洲實錄》漢文改譯爲「赫圖阿拉」。滿文"suksuhu bira"，《大清太祖武皇帝實錄》漢文作「蘇蘇河」，滿、漢文讀音不合。《滿洲實錄》改譯爲「蘇克素護河」，滿、漢讀音相近。

滿文的創製，對滿洲民族共同體的形成，產生了凝聚的作用。《大清太祖武皇帝實錄》滿文本與《滿洲實錄》滿文本有關清太祖創製滿文經過的記載，其滿文內容，彼此相同。清太祖以七宗惱恨興兵伐明，《滿文原檔》、《大清太祖武皇帝實錄》滿文本、《滿洲實錄》滿文本、《內閣藏本滿文老檔》等檔案官書所載七宗惱恨的滿文內容，大致相同。《滿文原檔》、《內閣藏本滿文老檔》中的"nikan"（明）、"jušen"（諸申），《大清太祖武皇帝實錄》、《滿洲實錄》俱作"daiming"（大明）、"manju"（滿洲），其餘內容文字出入不大。清太祖率兵圍攻撫順城時，曾致書遊擊李永芳。「撫順城」，《滿文原檔》、《內閣藏本滿文老檔》俱作"fusi hecen"，《大清太祖武皇帝實錄》滿文本作"fušun soo hecen"。「遊擊李永芳」，《滿文原檔》、《內閣藏本滿文老檔》滿文俱作"iogi hergen i hafan"，《大清太祖武皇帝實錄》滿文作"iogi hafan li yung fang"。《大清太祖武皇帝實錄》滿文"daiming gurun i cooha jase tucifi yehei gurun de dame tehe turgunde"，漢文作「大明兵助夜黑」。《滿文原檔》滿文作"nikan cooha jase tucifi tehei turgunde"，句中"tehei"，《內閣藏本滿文老檔》滿文作"tehe"。由於《大清太祖武皇帝實錄》滿文本的纂修，主要是取材於《滿文原檔》等原始檔案，而保存了珍貴的第一手資料，對研究清朝前史提供了重要的參考史料，文獻足徵。

八、同音異譯──以二體《滿洲實錄》 為中心的比較說明

《滿洲實錄》是研究滿洲崛起、由小變大的重要開國史料。現存《滿洲實錄》包括：三體《滿洲實錄》及二體《滿洲實錄》。1986年11月，北京，中華書局影印出版《清實錄》，在影印說明中指出，《滿洲實錄》共有四部，每頁三欄，用滿、漢、蒙三體文字書寫，並有圖。第一部繪寫本成書於清太宗天聰九年（1635），第二、三部繪寫於乾隆四十四年（1779），第四部繪寫於乾隆四十六年（1781）。四部實錄分別收藏在乾清宮、上書房、盛京、避暑山莊。其中上書房本，收藏在北京中國第一歷史檔案館，中華書局即據原

藏上書房本三體《滿洲實錄》影印出版。

　　遼寧省檔案館保存的《滿洲實錄》包括：滿、漢、蒙三體《滿洲實錄》，是乾隆四十四年（1779）奉旨重新繪寫本，計二函八冊，每頁分上、中、下三欄，上欄為滿文，中欄為漢文，下欄為蒙文，俱精工手寫；滿、漢二體《滿洲實錄》，書中未載繪寫年月，從開本的大小、形式、字體等方面來看，與三體《滿洲實錄》並無二致。

　　2012 年 6 月，瀋陽遼寧教育出版社影印出版二體《滿洲實錄》上、下。在出版說明中指出二體《滿洲實錄》的特徵如下：

　　一、二體《滿洲實錄》同滿、漢、蒙三體《滿洲實錄》在冊數、開本、裝幀、紙質、新舊程度、字體等方面完全一致，為原本的照寫本，保存了原本的面貌。

　　二、二體《滿洲實錄》無插圖，但附有插圖目錄。未附插圖而又有插圖目錄，這說明底本是有插圖的。

　　三、二體《滿洲實錄》每個頁面均分成上、下兩欄，上欄書寫滿文，下欄書寫漢文，因滿、漢文字形式不同，故滿文部分所佔頁面多於漢文部分。

　　四、二體《滿洲實錄》滿文字體和滿、漢、蒙三體《滿洲實錄》的滿文字體如出一轍，均屬乾隆時期檔案文獻的典型字體，在滿文中個別字仍保留某些老滿文的寫法，因為底本成書時正是老滿文向新滿文過渡時期。

　　在出版說明中進一步指出，二體《滿洲實錄》具有非常重要的史料價值，其要點如下：

　　一、三體《滿洲實錄》和二體《滿洲實錄》這兩種版本的內容幾乎完全一致，祇在一些語句上用字略有不同，二體《滿洲實錄》顯得更為原始。

　　二、二體《滿洲實錄》中的滿文，有一些字的寫法保留著老滿

文的形式，在一些字句上保存著較為明顯的口語特徵，為
研究滿族的語言文字提供了依據。

三、與三體《滿洲實錄》不同之處是，二體《滿洲實錄》在用
　　於避諱的黃籤下寫有名字，為研究清朝前期人物提供了準
　　確的依據。

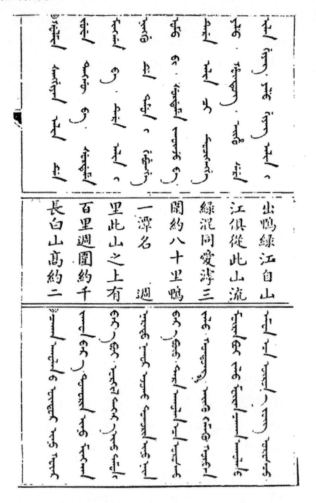

滿、漢、蒙三體《滿洲實錄》，北京，中華書局，卷一。

滿洲實錄

瀉出向西流直入

出鴨綠江自山南

三江俱從此山流

里鴨綠混同愛滹

闥門週圍約八十

山之上有一潭名

里週圍約千里此

長白山高約二百

長白山

滿、漢二體《滿洲實錄》，瀋陽，遼寧教育出版社，卷一。

為了便於說明，可將實錄中的漢文、滿文，分別舉例列表如下。

一、實錄中漢文詞彙對照表

順次	武皇帝實錄	高皇帝實錄	三體《滿洲實錄》	二體《滿洲實錄》	備註
1	他們	闥門	闥門	闥門	
2	布兒湖里	布爾湖里	布勒瑚里	布爾湖里	
3	布庫里	布庫里	布庫哩	布庫里	
4	佛古倫	佛庫倫	佛庫倫	佛庫倫	

5	愛新覺落	愛新覺羅		愛新覺羅	
6	鰲莫惠	俄漠惠	鄂謨輝	俄漠惠	
7	鰲朵里	俄朵里	鄂多理	俄朵里	
8	布庫里英雄	布庫里雍順	布庫哩雍順	布庫里雍順	
9	范嗏	范察	樊察	范察	

10	蘇蘇河	蘇克蘇滸	蘇克素護河	蘇克蘇滸	
11	虎欄哈達	虎攔哈達	呼蘭哈達	虎攔哈達	
12	黑禿阿喇	赫圖阿喇	赫圖阿拉	赫圖阿喇	
13	除烟	褚宴	褚宴	褚宴	
14	拖落	妥羅	妥羅	妥羅	

15	胤一莫	妥義誤	妥義謀	妥義謀	
16	石報奇	錫寶齊篇古		錫寶齊篇古	
17	德石庫	德世庫	德世庫	德世庫	
18	劉諂	劉闡	瑠闡	劉闡	
19	曹常剛	索長阿	索長阿	索長阿	

20	豹郎剛	包朗阿	寶朗阿	包朗阿	
21	豹石	寶寶	寶寶	寶寶	
22	覺里乂	覺爾察	覺爾察	覺爾察	
23	河洛剛善	河洛噶善	和洛噶善	河洛噶善	
24	尼麻蘭	尼麻喇	尼瑪蘭	尼麻喇	

25	張家	章甲	章佳	章甲	
26	蘇黑臣代夫	蘇赫臣代夫	蘇赫臣代夫	蘓赫臣代夫	
27	談吐	譚圖	譚圖	譚圖	
28	娘古	尼陽古篇古	尼揚古篇古	尼陽古篇古	
29	祿胡臣	陸虎臣	祿瑚臣	陸虎臣	

30	麻寧格	馬寧格	瑪寧格	馬寧格	
31	門土	門圖	們圖	門圖	
32	李太	李泰	禮泰	李泰	
33	武太	吳泰	武泰	吳泰	
34	綽氣阿朱古	綽奇阿注庫	綽奇阿珠庫	綽奇阿注庫	

35	非英敦	飛永敦	斐揚敦	非永敦	
36	寺敦把土魯	禮敦巴圖魯	禮敦巴圖魯	禮敦巴圖魯	
37	厄里袞	額爾袞	額爾袞	額爾袞	
38	界坎	界堪	齋堪	界堪	
39	塔义	塔察篇古	塔察	塔察	

40	稜得恩	稜敦	稜敦	稜敦	
41	阿都捜	阿篤齊	阿篤齊	阿篤齊	
42	朶里火捜	多爾郭齊	多爾和齊	多爾郭齊	
43	灼沙納	碩色納	碩色納	碩色納	
44	厄兒機	額爾機	額爾撲	頟爾機	

45	沙革達	薩克達	薩克達	薩克達
46	東果部	董鄂部	棟鄂部	董鄂部
47	阿布塔力嶺	阿布達里嶺	阿布達哩嶺	阿布達里嶺
48	厄吐阿祿	額吐阿祿	額圖阿嚕	額吐阿祿
49	兆里兖	卓禮克圖	卓里克圖	卓里克圖

50	卿把土魯	青巴圖魯	青巴圖魯	青己圖魯	

資料來源：《大清太祖武皇帝實錄》，臺北，國立故宮博物院；《大清太祖高皇帝實錄》，北京，中華書局；三體《滿洲實錄》，北京，中華書局；二體《滿洲實錄》，瀋陽，遼寧教育出版社。

　　簡表中將《大清太祖武皇帝實錄》、《大清太祖高皇帝實錄》、三體《滿洲實錄》、二體《滿洲實錄》卷一中的人名、地名列舉五十個詞彙，分別製成漢文、滿文對照表。其中漢文部分，因《大清太祖武皇帝實錄》成書較早，尚未規範，其詞彙較為俚俗原始。可以二體《滿洲實錄》為中心，分別與各實錄互相對照，其中「布庫里」、「虎欄哈達」兩個詞彙，二體《滿洲實錄》與《大清太祖武皇帝實錄》一致，僅佔百分之四。表中「闥門」、「布爾湖里」、「布庫里」、「佛庫倫」、「愛新覺羅」、「俄莫惠」、「俄朵里」、「布庫里雍順」、「范察」、「蘇克蘇滸」、「赫圖阿喇」、「褚宴」、「妥羅」、「錫寶齊篇古」、「德世庫」、「劉闡」、「索長阿」、「包朗阿」、「寶實」、「覺爾察」、「河洛噶善」、「尼麻喇」、「章甲」、「蘇赫臣代夫」、「譚圖」、「尼陽古篇古」、「陸虎臣」、「馬寧格」、「門圖」、「李泰」、「吳泰」、「綽奇阿注庫」、「禮敦巴圖魯」、「額爾袞」、「界堪」、「稜敦」、「阿篤齊」、「多爾郭齊」、「碩色納」、「額爾機」、「薩克達」、「董鄂部」、「阿布達里嶺」、「額吐阿祿」、「青巴圖魯」等四十五個詞彙，二體《滿洲實錄》與《大清太祖高皇帝實錄》一致，佔百分之九十。表中「妥義謀」、「塔察」、「卓里克圖」三個詞彙，二體《滿洲實錄》與《大清太祖高皇帝實錄》不一致，而與三體《滿洲實錄》一致，佔百分之六。就漢文部分而言，可知二體《滿洲實錄》確實是顯得更為原始。

乾隆年間，據《滿文原檔》重抄的本子有兩種：一種是依照乾隆年間通行的規範滿文繕寫並加簽注的重抄本；一種是倣照無圈點老滿文及過渡期字體抄錄而刪其重複的重抄本。為了便於說明，可將《大清太祖武皇帝實錄》、三體《滿洲實錄》、二體《滿洲實錄》中的人名、地名列出簡表如下。

二、實錄中滿文詞彙對照表

順次	武皇帝實錄	三體《滿洲實錄》	二體《滿洲實錄》	備註
1	tamun	tamun	tamun	
2	bulhūri	bulhūri	bulhūri	
3	bukūri	bukūri	bukūri	

4	 enggulen	 enggulen	 enggülen	
5	 jenggulen	 jenggulen	 jenggülen	
6	 fekulen	 fekulen	 fekülen	
7	 bukūri yongšon	 bukūri yongšon	 bukūri yongšon	
8	 odoli	 odoli	 odoli	
9	 fanca	 fanca	 fanca	
10	 suksuhu	 suksuhu	 suksuhü	

11	hūlan hada	hūlan hada	hūlan hada	
12	hetu ala	hetu ala	hetu ala	
13	cuyan	cuyan	cuyan	
14	tolo	tolo	tolo	
15	toimo	toimo	toimo	
16	sibeoci fiyanggū		sibeoci fiyanggū	

17	desiku	desiku	desikü	
18	liocan	liocan	liocan	
19	soocangga	soocangga	soocangga	
20	boolangga	boolangga	boolangga	
21	boosi	boosi	boosi	
22	giorca	giorca	giorca	
23	holo gašan	holo gašan	holo gašan	

24	nimalan	nimalan	nimalan	
25	janggiya	janggiya	janggiya	
26	suhecen daifu	suhecen daifu	sühecen daifu	
27	tantu	tantu	tantu	
28	niyanggu fiyanggū	niyanggu fiyanggū	niyanggū fiyanggū	
29	luhucen	luhucen	luhücen	
30	maningge	maningge	maningge	

31	mentu	mentu	mentu
32	litai	litai	litai
33	utai	utai	utai
34	coki ajugu	coki ajugu	coki ajugū
35	fiongdon	fiongdon	fiongdon
36	lidun baturu	lidun baturu	lidun baturu
37	erguwen	erguwen	ergüwen

38	jaikan	jaikan	jaikan	
39	taca fiyanggū	taca fiyanggū	taca fiyanggū	
40	lengden	lengden	lengden	
41	aduci	aduci	aduci	
42	dorhoci	dorhoci	dorgoci	
43	šosena	šosena	šosena	
44	sakda	sakda	sakda	

45	donggoi aiman	donggoi aiman	donggoi aiman	
46	abdari	abdari	abdari	
47	etu aru	etu aru	etu aru	
48	joriktu	joriktu	joriktu	
49	cing baturu	cing baturu	cing baturu	
50	nurhanci		nurgaci	

資料來源：《大清太祖武皇帝實錄》，北京，民族出版社；三體《滿洲實錄》，北京，中華書局；二體《滿洲實錄》，瀋陽，遼寧教育出版社。

　　所謂「同音異譯」，主要是指從滿文音譯漢字而言。其中人名、地名的同音異譯，頗為常見，以致往往一人兩傳。前表中所列《大清太祖武皇帝實錄》、三體《滿洲實錄》、二體《滿洲實錄》滿文詞彙，其字形、讀音，基本一致。譬如：「他們」、「闥門」，滿文俱讀作 "tamun"；「布兒湖里」、「布勒瑚里」、「布爾湖里」，滿文俱讀作 "bulhūri"；「布庫里英雄」、「布庫哩雍順」、「布庫里雍順」，滿文俱讀作 "bukūri yongšon"；「虎欄哈達」、「呼蘭哈達」、「虎攔哈達」，滿文俱讀作 "hūlan hada"；「黑禿阿喇」、「赫圖阿拉」、「赫圖阿喇」，滿文俱讀作 "hetu ala"；「尼麻蘭」、「尼瑪蘭」、「尼麻喇」，滿文俱讀作 "nimalan"；「沙革達」、「薩克達」，滿文俱讀作 "sakda"。

　　對照滿漢文，或還原滿文，有助於理解其詞義。譬如：「蘇克素護河」、「蘇克蘇滸河」，滿文讀作 "suksuhu bira"；是滿洲盛京東方的河名。句中 "suksuhu"，意即「魚鷹」。「虎欄哈達」，或作「呼蘭哈達」，滿文讀作 "hūlan hada"，意即「灶突山」，又作「烟筒峰」，在永陵對面。「赫圖阿喇」，或作「赫圖阿拉」，滿文讀作 "hetu ala"，意即「橫崗」。「尼麻蘭」，或作「尼瑪蘭」，滿文讀作 "nimalan"，意即「桑樹」。

　　前列簡表中二體《滿洲實錄》與《大清太祖武皇帝實錄》、三體《滿洲實錄》不同之處，是書寫過渡期的滿文，譬如："enggulen"（恩古倫）、"jenggule"（正古倫），二體《滿洲實錄》書寫過渡期滿文，依次讀作 "enggülen"、"jenggülen"。表中 "suksuhü"、"desikü"、"niyanggü"、"luhücen"、"ajugü"、"ergüwen" 等都是過渡期滿文，其字形、讀音，與現存《滿文原檔》中的過渡期滿文，基本一致。可將二體《滿洲實錄》、《滿文原檔》各影印於後，以供對照。

滿洲實錄

上岸有神鵲啣一

三名佛庫倫浴畢

古倫次名正古倫

女浴於泊長名恩

湖里初天降三仙

山下一泊名布爾

山之東北布庫里

滿洲原起于長白

滿洲源流

二體《滿洲實錄》，2012 年 6 月，瀋陽，
遼寧教育出版社，卷一。

《滿文原檔》，臺北，國立故宮博物院，天聰九年五月初六日，記事。

《獸譜》滿文圖說校注導讀

異曲同工──《獸譜》的繪製經過

　　傅恒等在《獸譜》跋中云：「《獸譜》仿《鳥譜》為之，名目形相，蓋本諸《古今圖書集成》，而設色則余省、張為邦奉勅摹寫者也。圖左方清漢說文，臣等承旨繕譯，及始工葳事月日，並與《鳥譜》同其數，自麟以下凡一百有八十」等語。引文中已指出，先有《鳥譜》，其後《獸譜》仿《鳥譜》為之。

　　《鳥譜》第十二冊後幅詳載傅恒等題跋，原跋云：「右《鳥譜》十二冊，為圖三百有六十，內府舊藏故大學士蔣廷錫設色本，乾隆庚午春，勅畫院供奉余省、張為邦摹繪，並命臣等以國書譯圖說，系於各幀之左，迄辛巳冬竣事，裝潢上呈乙覽。凡名之訛者，音之舛者，悉於幾餘，披閱舉示。復詳勘釐正，並識其始末。臣等竊惟《爾雅・釋鳥》一篇，列叙綦詳，注疏家據引紛如，往往闕疑莫考。他若陸璣之廣《詩疏》、張華之注《禽經》，傅會滋繁，折衷鮮要，蓋泥於古，則無以證今，拘於方，則不能通俗。且肖形未備，斯格致無徵焉。茲譜所錄，凡雲飛水宿之屬各以類聚。辨毛羽，誌鳴聲，考飲啄之宜，紀職方之產，雌雄雛鷇，稽述靡遺，洵足為對時育物之資，博考洽聞之助矣。矧夫亭育所周，遠逮絕域，若鸑鷟爾之羽，至自伊犁，大雀之卵，來於安息，竝獲紀自宸章，另圖誌實，故當以西鶼北隼，同載幅員盛事云爾。臣傅恒、臣劉統勳、臣兆惠、臣阿里袞、臣劉綸、臣舒赫德、臣阿桂、臣于敏中恭跋。」引文中「乾隆庚午春」，相當於乾隆十五年（1750）春。是年春，畫院供奉余省、張為邦奉命將內府舊藏大學士蔣廷錫設色《鳥譜》十二冊合摹一份，並以滿文繙譯圖說。乾隆二十六年辛巳（1761）冬竣事，裝潢呈覽，前後歷時十一年。

　　余省，江蘇常熟人。其父余珣潛心於畫作，余省及其弟余穉自幼在余珣的教誨下，俱工於花鳥寫生，余省且曾受業於蔣廷錫。張為邦，江蘇廣陵人。其父張震，以畫藝稱旨供職於內廷。張為邦自幼受張震的薰陶，亦工於繪畫，尤擅畫人物、花卉。余省、張為邦俱供奉於內廷畫院，畫風工麗，其摹繪蔣廷錫《鳥譜》，確實頗能得其風貌。

　　《鳥譜》、《獸譜》先後成書，有其異曲同工之妙。查閱《內務府造辦處各作成做活計清檔》、《上諭檔》等資料，有助於了解《獸譜》的繪製經過。乾隆二十二年（1757）十月十八日，太監胡世傑交余省絹畫《獸譜》一百八十張，傳旨：「配礬白絹一百八十塊，着翰林們寫對題，得時交啟祥宮裱冊頁六冊。」乾隆二十六年（1761）九月十四日，軍機處交下如意館絹畫《獸譜》一百八十張，絹字圖說一百八十張。傳旨：「着將《獸譜》裱冊頁六冊。」乾隆二十七年（1762）閏五月十八日，太監胡世傑傳旨，以《鳥譜》、《獸譜》等冊頁既多，「着用外僱匠人成做。」查閱檔案，可知乾隆中葉在繪製《鳥譜》的同時，余省、張為邦也奉旨繪製《獸譜》。

　　《獸譜》繪製完成後，即與《鳥譜》陳設於重華宮。《撫辰殿建福宮惠風亭陳設檔》記載,「咸豐四年三月二十一日,小太監平順傳旨:重華宮交來《鳥譜》四匣,計十二冊;《獸譜》二匣,計六冊,移安漱芳齋。齋宮位於東一長街南首仁祥、陽曜兩門之中,凡南郊、祈穀、常雩、大祀、皇帝俱致齋於此。《點查報告》第二編第一冊「齋宮」條記錄,《獸譜》三十開,第一、二、三、四、五、六,計六冊。現刊《清宮獸譜》,計六冊,共一百八十幅,與內務府造辦處如意館、重華宮、點查報告的紀錄相合。

名副其實──《獸譜》名稱的由來

為了便於說明,可將《古今圖書集》、《石渠寶笈續編》、《獸譜》名目列出簡表如後。

《獸譜》名稱對照表

順序	古今圖書集成	石渠寶笈續編	獸譜				
			冊別	幅次	漢文	滿文	羅馬拼音
1	麒麟	麒麟	1	1	麒麟		sabitun sabintu
2	騶虞	騶虞		2	騶虞		jurgantu

3	酋耳	酋耳		3	酋耳		tangsika
4	獬豸	獬豸		4	獬豸		tontu
5	白澤	白澤	1	5	白澤		šenggetu
6	桃拔	桃拔		6	桃拔		bucin
7	角端	角端		7	角端		weiheton
8	狻麑	狻猊		8	狻麑		ersulen

9	象	象		9	象		sufan
10	虎	虎		10	羆		suwa nasin
11	豹	豹		11	虎		tasha
12	赤豹	赤豹	1	12	豹		yarha
13	貘	貘		13	赤豹		fulgiyan yarha
14	貔	貔		14	貘		selekje

15	熊	熊		15	貔		mojihiyan
16	青熊	青熊		16	熊		lefu
17	羆	羆		17	青熊		boro lefu
18	羆	羆	1	18	羆		suwa nasin
19	犀	犀		19	犀		ihasi
20	兕	兕		20	兕		buha gurgu

21	豺	豺		21	豺	[Manchu]	jarhū
22	狼	狼		22	狼	[Manchu]	niohe
23	狐	狐		23	狐	[Manchu]	dobi
24	黑狐	黑狐	1	24	黑狐	[Manchu]	yacin dobi
25	九尾狐	九尾狐		25	九尾狐	[Manchu]	uyun uncehengge dobi
26	鹿	鹿		26	鹿	[Manchu]	buhū

27	麎	麎		27	麎		suwa
28	塵	塵	1	28	塵		uncehen golmin buhū
29	麕	麕		29	麕		sirgatu
30	麂	麂		30	麂		gi buhū
31	麝	麝	2	1	麝		miyahū
32	狗貛	貆		2	貆		dorgon

33	猪貛	貒		3	貒	ᠮᠠᠩᡤᡳᠰᡠ	manggisu
34	兔	兔		4	兔	ᡤᡡᠯᠮᠠᡥᡡᠨ	gūlmahūn
35	駮	駮	2	5	駮	ᠸᛖᡳᡶᡠᡨᡠ	weifutu
36	貉	貉		6	貉	ᡝᠯᠪᡳᡥᡝ	elbihe
37	獺	獺		7	獺	ᡥᠠᡳᠯᡠᠨ	hailun
38	蝟	蝟		8	蝟	ᠰᡝᠩᡤᡝ	sengge

39	貓	貓		9	貓		kesike
40	貍	貍		10	貍		ujirhi
41	赤貍	赤貍	2	11	赤貍		fulgiyan ujirhi
42	鼠	鼠		12	鼠		singgeri
43	鼢鼠	鼢鼠		13	鼢鼠		muktun
44	鼬鼠	鼬鼠		14	鼬鼠		solohi

45	飛鼠	飛鼠		15	飛鼠	ᠣᠮᡴᡳᠶᠠ	omkiya
46	鼰鼠	鼰鼠		16	鼰鼠	ᡶᠠᡥᠠᠩᡤᠠ ᠰᡳᠩᡤᡝᡵᡳ	fahangga singgeri
47	鼮鼠	鼮鼠	2	17	鼮鼠	ᡩᡝᠶᡝᡵᡝ ᡩᠣᠪᡳ	deyere dobi
48	貂	貂		18	貂	ᠰᡝᡴᡝ	seke
49	猴	猴		19	猴	ᠮᠣᠨᡳᠣ	monio
50	猿	猿		20	猿	ᠪᠣᠨᡳᠣ	bonio

51	蜼	蜼		21	蜼		lakiyari monio
52	猓猍	-		22	果然		sahaldai bonio
53	狨	狨	2	23	狨		sobonio
54	玃	玃		24	玃		elintu
55	彭侯	彭侯		25	彭侯		ukeci
56	猩猩	猩猩		26	猩猩		sirsing

57	狒狒	狒狒		27	狒狒	ᡶᡠᡵᡶᡠ	furfu
58	乘黃	乘黃	2	28	乘黃		degetu konggoro
59	龍馬	-		29	龍馬		muduri morin
60	良馬	-		30	良馬		sain morin
61	旋毛馬	旋毛馬	3	1	旋毛馬		hoshori morin
62	駱駝	駝		2	駝		temen

63	騾	騾		3	騾		lorin
64	驢	驢		4	驢		eihen
65	牛	牛	3	5	牛		ihan
66	犙	犙牛		6	犙牛		buhatu
67	㸲牛	㸲牛		7	㸲牛		moo ihan
68	羊	羊		8	羊		honin

69	�						
69	羬羊	羬羊	3	9	羬羊		nimatun
70	麢羊	麢羊		10	麢羊		bukūn
71	犬	犬		11	犬		indahūn
72	豕	豕		12	豕		ulgiyan
73	豪�	豪豨		13	豪豨		kitari
74	鹿蜀	鹿蜀		14	鹿蜀		musha

75	類	類		15	類		kesiken
76	猏襃	猏襃		16	猏襃		niyamari
77	猼詑	猼詑	3	17	猼詑		daradu
78	狸力	狸力		18	狸力		malgiyan
79	長右	長右		19	長右		šanio
80	巤	巤		20	巤		niosha

81	羷	羷		21	羷	ᠠᠩᡤᠠᡴᡡ	anggakū
82	蟲雕	蟲雕		22	蟲雕	ᠶᠣᠯᠣᠵᡠ	yoloju
83	苃聾	苃聾	3	23	苃聾	ᠴᠠᠪᡩᠠᡵᠠ	cabdara
84	犳	犳		24	犳	ᠶᠠᡵᡩᠠᡥᡡᠨ	yardahūn
85	嚣	嚣		25	嚣	ᠰᠣᡶᡳᠨᡨᡠ	sofintu
86	谿邊	谿邊		26	谿邊	ᠮᠣᠣᡩᠠᡥᡡᠨ	moodahūn

87	玁如	玁如		27	玁如		halaitu
88	朱厭	朱厭	3	28	朱厭		šabjunio
89	舉父	舉父		29	舉父		fahartu
90	土螻	土螻		30	土螻		bukari
91	狡	狡	4	1	狡		yarhacan
92	猙	猙		2	猙		suncehen

93	天狗	天狗		3	天狗		abkai indahūn
94	猰㺄	猰㺄		4	猰㺄		imerhen
95	譐	譐	4	5	譐		ijirhi
96	蠻蠻	蠻蠻		6	蠻蠻		marman
97	窮奇	窮奇		7	窮奇		bulahan
98	𪁺湖	𪁺湖		8	𪁺湖		mushari

99	朧疎	朧疎		9	朧疎		takintu
100	孟槐	孟槐		10	孟槐		fulkita
101	孟極	孟極	4	11	孟極		menggitu
102	幽頞	幽頞		12	幽頞		olihari
103	足訾	足訾		13	足訾		dzusen
104	諸犍	諸犍		14	諸犍		jecehen

105	那父	那父		15	那父		hohontu
106	竇窳	竇窳		16	竇窳		imrin
107	諸懷	諸懷	4	17	諸懷		niyamju
108	猗	猗		18	猗		yarju
109	閭	閭		19	閭		weihen
110	駏馬	駏馬		20	駏馬		uisuru

111	狍鴞	狍鴞		21	狍鴞		lobitu
112	獨狢	獨狢		22	獨狢		indaju
113	居暨	居暨	4	23	居暨		bulari
114	驒	驒		24	驒		bukuri
115	天馬	天馬		25	天馬		abkai morin
116	領胡	領胡		26	領胡		kandatu

117	辣辣	辣辣		27	辣辣		durdung
118	獂	獂	4	28	獂		gūwahiyatu
119	羆	-		29	雙雙		šuwaršuwan
120	從從	從從		30	從從		ts'urt'sung
121	狪狪	狪狪	5	1	狪狪		turtung
122	軨軨	軨軨		2	軨軨		lirling

123	犰狳	犰狳		3	犰狳		calmahūn
124	朱獳	朱儒		4	朱獳		dobiha
125	獙獙	獙獙	5	5	獙獙		birbin
126	蠱蛭	蠱蛭		6	蠱蛭		uyultu
127	袯袯	袯袯		7	袯袯		yuryu
128	娿胡	娿胡		8	娿胡		cikirhū

129	精精	精精		9	精精		jirjing
130	獂狙	獂狙		10	獂狙		fulnihe
131	當康	當康	5	aa	當康		saidahan
132	合窳	合窳		12	合窳		bisantu
133	蜚	蜚		13	蜚		geritu
134	難	難		14	難		kurima

135	朏朏	朏朏		15	朏朏		purpui
136	蠱蚳	蠱蚳		16	蠱蚳		welgiyan
137	馬腹	馬腹	5	17	馬腹		niyasha
138	夫諸	夫諸		18	夫諸		šaduhū
139	詹	詹		19	詹		elbitun
140	犀渠	犀渠		20	犀渠		kurisi

141	獮	獮		21	獮	esihūn
142	山膏	山膏		22	山膏	toorin
143	文文	文文	5	23	文文	werwen
144	神蟲圍	蟲圍		24	蟲圍	eldei
145	狚狼	狚狼		25	狚狼	niobihe
146	雍和	雍和		26	雍和	fulsunio

147	獜	獜		27	獜		tasihūn
148	猴	狙如		28	狙如		singgetu
149	狙如	猴	5	29	猴		senggetu
150	狻即	狻即		30	狻即		yahari
151	梁渠	梁渠		1	梁渠		maljuha
152	聞獜	聞獜	6	2	聞獜		eduntu

153	蛫	蛫		3	蛫	ᡝᡳᡥᡠᡵᡳ	eihuri
154	并封	并封		4	并封	ᠵᡠᡵᡠᠵᡠ	juruju
155	羅羅	羅羅		5	羅羅	ᠯᡠᡵᠯᡠᠨ	lurlun
156	開明獸	開明獸	6	6	開明獸	ᠠᠪᡴᠠᡳ ᡤᡠᡵᡤᡠ	abkai gurgu
157	夔	夔		7	夔	�2ᠣᡴᡩᠣᡵᡥᠠᠨ	dokdorhan
158	趹踢	趹踢		8	趹踢	ᡴᠠᠯᡶᡳᠨᡨᠤ	kalfintu

159	雙雙	雙雙		9	利未亞師子		lii wei ya jeo i arsalan
160	蠱	蠱	6	10	蠱		bonitun
161	戎宣王尸	戎宣王尸		11	戎宣王尸		ujukū
162	猲猲	猲猲		12	猲猲		sirsi
163	峀狗	峀狗		13	峀狗		mamutun

164	檮杌	檮杌		14	檮杌		becuntu
165	旱獸	旱獸		15	旱獸		hiyatun
166	屏翳	屏翳	6	16	屏翳		agada
167	厭火獸	厭火獸		17	厭火獸		gūrgintu
168	三角獸	三角獸		18	三角獸		ilweri
169	獌	蟃		19	蟃		golmitu

170	獨角獸	果然		20	獨角獸	ᠸᠠᡳᡥᡝᡵᡳᠨ	weiherin
171	鼻角獸	獨角獸		21	鼻角獸	ᠰᡠᡶᡝᠨ	sufen
172	加默良獸	鼻角獸	6	22	加默良	ᡤᠠᠮᡠᠯᡳᠶᠠᠩ	g'amuliyang
173	山羊	加默良		23	亞細亞州山羊	ᠶᠠ ᠰᡳ ᠶᠠ ᠵᡝᠣ ᡳ ᠠᠯᡳᠨ ᡳ ᡥᠣᠨᡳᠨ	ya si ya jeo i alin i honin
174	般第狗	亞細亞州山羊		24	般第狗	ᠪᠠᠨᡩᡳ ᡳᠨᡩᠠᡥᡡᠨ	bandi indahūn

175	獲落	般第狗		25	獲落	ᠬᠣᠯᠣ	holo
176	撒粹漫大粹	獲落		26	撒粹漫大粹	ᠰᠠᠯᠮᠠᠨᢞᠠᠷᠠ	salmandara
177	狸猴獸	撒粹漫大粹	6	27	狸猴	ᠰᠤᠮᠠᠯᡨᡠ	sumaltu
178	意夜納獸	狸猴		28	意夜納	ᡳᠶᡝᠨᠠ	iyena
179	惡那西約獸	利未亞師子		29	惡那西約	ᠣᠨᠠᠰᡳᠶᠣ	onasiyo
180	蘇獸	意夜納		30	蘇獸	ᡠᠨᡠᡵᡨᡠ	unurtu

181	-	惡那西約	-	-	-	-	-
182	-	蘇獸	-	-	-	-	-

資料來源：陳夢雷編《古今圖書集成》，臺北，鼎文書局，1976 年
　　　　2 月；《石渠寶笈續編》，臺北，國立故宮博物院，1971
　　　　年 10 月；《清宮獸譜》，北京，故宮博物院，2014 年 9
　　　　月。

　　傅恒等在《獸譜》跋中指出，「《獸譜》仿《鳥譜》為之，名目
形相，蓋本諸《古今圖書集成》，而設色則余省、張為邦奉勅摹寫
者也。圖左方清漢說文，臣等承旨繕譯，及始工葳事月日，並與《鳥
譜》同其數目，自麟以下凡一百有八十，其序自瑞獸至異國獸，各
以類次。其屬若鹿、若狐、若鼠、若牛羊等，亦以其物相附。至於
毛群之牝牡，非若羽族雌雄之別翼殊色，故不另繪。其或以角辨，
或以名判者，則於說文詳識之，以及鳴聲食嗜之異，走伏馴猛之性，
林坰山澤之產，咸並疏焉。」由引文內容可知《獸譜》是仿照《鳥
譜》的形式繪製，其名目形相則取材於《古今圖書集成》。《獸譜》
計六冊，每冊各三十幅。《古今圖書集成》「禽蟲典」，包含：走獸、
麒麟、騶虞、獬豸、白澤、桃拔、角端、獅、象、虎、豹、貘、貔
貅、熊羆、犀兕、豺狼，狐狸、麋鹿、麞、麂、麝、貛、兔、跳兔、

駮、貉、獺、蝟、貓、鼠、鼮鼠、鼯鼠、貂、猿猴、蜼、蒙頌、猓猕、狨、玃、魍魎、彭侯、猩猩、狒狒、馬、駱駝、騾、驢、牛、羊、犬、豕、黃腰獸、獍、猶、猾、異獸、龍、蛟、鼉等部。獅部包含狻麑、利未亞州獅子；豹部包含赤豹、土豹、金錢豹、艾葉豹、金線豹、水豹、海豹；豸部包含白豹、貊；熊羆部包含黃羆、赤羆、白羆、黃熊、赤熊；犀兕部包含犀、兕；豺狼部包含豺、狼、白狼、獥、豺狗；狐狸部包含黑狐、黃狐、白狐、九尾狐；麋鹿部包含鹿、麋、麞、麀鹿、麛、麔、白鹿、馬鹿、馴鹿；麞部包含麕、牙獐；麂部包含銀麂、紅麂；麝部包含麝父、香麞；貛部包含狗貛、猪貛；兔部包含兔、白兔；貉部包含貆；獺部包含山獺、水獺、海獺；貓部包含貓、貍、赤貍、風貍、牛尾貍、香貍、火貍、靈貓；鼠部包含鼠、鼢鼠、鼬鼠、飛鼠、碩鼠、田鼠、鼷鼠、竹鼠、雀鼠、石鼠、香鼠、家鹿、黃鼠、水鼠、土撥鼠、銀鼠、青鼠；猿猴部分包含猴、猿、獮猴、白猿、元猿、白猴、猱、蝯；馬部包含乘黃、龍馬、飛兔、良馬、旋毛馬、白馬、龍駒；驢部包含黑驢、白驢、野驢、山驢、海驢；牛部包含牛、犛、旄牛、夔牛、水牛、青牛、黃牛、海牛、山牛；羊部包含羊、羬羊、麢羊、羝、羔、羱、羒、夏羊、羯、蛟羊、野青羊、龍羊、羚羊、花羊、乳羊、綿羊、山羊、烏羊、無角羊、黃羊、胡羊、九尾羊、秋羊；犬部包含獫、狗、田犬、獒、黃犬、黑犬、白犬、木狗、獵犬；豕部包含豕、豪彘、豝、豵、豚、猪、彘、豨、野猪；異獸部包含鹿蜀、類、猾褢、猼訑、狸力、長右、彘、㺇、蠱雕、荔聾、犳、嚻、谿邊、玃如、朱厭、舉父、土螻、狡、猙、天狗、獓狚、讙、蠻蠻、窮奇、孰湖、臛疏、孟槐、孟極、幽頞、足訾、諸犍、那父、窫窳、諸懷、狕、閭、騂馬、狍鴞、獨狢、居暨、驒、天馬、領胡、𤟹𤟹、獂、羆、從從、狪狪、軨軨、犰狳、朱獳、獙獙、蠪姪、峳峳、蛩胡、精精、猲狙、當康、合窳、蜚、難、朏朏、蠪蚳、馬腹、夫諸、麢、犀渠、獺、山膏、文文、神䴈園、狏狼、雍和、獜、猍；狙如、㺄即、梁渠、聞獜、蛫、并封、羅羅、開明獸、夔、跊踢、雙雙、蟲、戎宣王尸、猎猎、鹵狗、檮杌、旱獸、屏翳、厭火獸、三角獸、㺊、獨角獸、鼻角獸、加默良獸、山羊、般第狗、獲落、撒**辞**漫大**辞**、狸猴獸、意夜納獸、惡那西約獸、蘇獸。

前列簡表，將《古今圖書集成》、《石渠寶笈續編》、《獸譜》名稱並列，以供對照。查閱《古今圖書集成》可知《獸譜》取材於《古今圖書集成》，其名目及順序，基本一致。據《石渠寶笈續編》記載，余省、張為邦合畫《獸譜》絹本，六冊，縱一尺二寸五分，橫一尺三寸。設色畫獸屬一百八十三種，右圖左說，兼清漢書，第一冊，三十三幅；第二冊，二十九幅；第三冊，三十幅；第四冊，二十九幅；第五冊，三十幅；第六冊，三十二幅。查閱前列簡表可知《石渠寶笈續編》所載《獸譜》第一冊共三十幅，並非三十三幅。其中第十幅虎、第十一幅豹、第十二幅赤豹、第十三幅貘、第十四幅貔、第十五幅熊、第十六幅青熊、第十七幅羆、第十八幅羆，《古今圖書集成》、《石渠寶笈續編》所載名目及順序，俱一致，《獸譜》依次作「羆、虎、豹、赤豹、貘、貔、熊、青熊、羆」，順序稍有出入。第二冊第二幅，《獸譜》、《石渠寶笈續編》俱作「貆」，第三幅俱作「貒」，《古今圖書集成》依次作「狗貛」、「猪貛」。第二十二幅，《古今圖書集成》作「猓然」，《獸譜》作「果然」，《石渠寶笈續編》缺名稱，其餘各幅名目及順序俱一致。第三冊，共三十幅，其名目及順序，各書所載俱一致。第四冊，第二十二幅，《古今圖書集成》、《獸譜》俱作「獨狢」，《石渠寶笈續編》作「猲狢」；第二十九幅《古今圖書集成》作「羆」，《獸譜》作「雙雙」，《石渠寶笈續編》缺名稱。第五冊第四幅，《古今圖書集成》、《獸譜》俱作「朱獳」，《石渠寶笈續編》作「朱儒」；第二十四幅，《石渠寶笈續編》、《獸譜》俱作「蠱圍」，《古今圖書集成》作「神蠱圍」；第二十八幅，《石渠寶笈續編》、《獸譜》俱作「狙如」，《古今圖書集成》作「猴」；第二十九幅，《石渠寶笈續編》、《獸譜》俱作「猴」，《古今圖書集成》作「狙如」，順序稍有出入。第六冊第九幅，《古今圖書集成》、《石渠寶笈續編》俱作「雙雙」，《獸譜》作「利未亞師子」；第十九幅，《石渠寶笈續編》、《獸譜》俱作「㺜」，《古今圖書集成》作「㺜」；第二十幅，《古今圖書集成》、《獸譜》俱作「獨角獸」，《石渠寶笈續編》作「果然」；第二十一幅，《古今圖書集成》、《獸譜》俱作「鼻角獸」，《石渠寶笈續編》作「獨角獸」、第二十二幅，《古今圖書集成》、《獸譜》俱作「加默良」，《石渠寶笈續編》作「鼻角獸」；第二十三幅，《古今圖書集成》作「山羊」，《獸譜》作「亞細亞州山羊」，《石渠寶笈續編》作「加默良」；第二十四幅，《古今圖書集成》、《獸譜》俱作「般第狗」，《石渠寶笈續編》作「亞細亞州山羊」；第二十五幅《古今圖書集成》、《獸譜》俱作「獲落」，《石渠寶笈續編》作「般第狗」；第二十六幅，《古今圖書集成》、《獸譜》俱作「撒辢漫大辢」，《石渠寶笈續編》作「獲落」；第二十七幅，《古今圖書集成》作「狸猴獸」，《獸譜》作「狸猴」，《石渠寶笈續編》作「撒辢漫大辢」；第二十八幅，《古今圖書集成》作「意夜納獸」，《獸譜》作「意夜納」，「石渠寶笈續編」作「狸猴」；第二十九幅，

《古今圖書集成》作「惡那西約獸」，《獸譜》作「惡那西約」，《石渠寶笈續編》作「利未亞師子」；第三十幅，《古今圖書集成》、《獸譜》俱作「蘇獸」，《石渠寶笈續編》作「意夜納」。大致而言，《獸譜》的獸名及其順序，多與《古今圖書集成》相近。《石渠寶笈續編》第六冊，共三十二幅，其中「雙雙」，《獸譜》編在第四冊，第二十九幅，《石渠寶笈續編》改置第六冊第九幅；「果然」，《獸譜》編在第二冊，第二十二幅，《石渠寶笈續編》改置第六冊，第二十幅，以致其幅數及順序與《獸譜》、《古今圖書集成》頗不一致。

形聲相益──《獸譜》名稱的滿文繙譯

　　《獸譜》中獸類名稱的滿文繙譯，也值得重視。《獸譜》第一冊，共計三十幅，麒麟，《獸譜》記載，牡曰麒，牝曰麟，是一種仁獸。滿文讀作"sabitun sabintu"，意即「祥瑞之獸」，不僅是仁厚之徵，而且也是太平之符。《獸譜》引《詩序》謂「仁如騶虞，則王道成。」句中「騶虞」，滿文讀作"jurgantu"，意即「義獸」。酋耳，滿文讀作"tangsika"，意即「毛粗堅硬野獸」，《獸譜》記載，王者威及四夷則至。獬豸，滿文讀作"tontu"，性忠直，亦名任法獸。白澤，是傳說中的神獸，滿文讀作"šenggetu"，意即「預知事物之獸」。鹿，滿文讀作"buhū"，桃拔似鹿長尾，滿文讀作"bucin"。角端，其角在鼻端，滿文讀作"weiheton"。狻麑，是一種獅子，食虎、豹，性兇猛。獅子，滿文讀作"arsalan"，狻麑，滿文讀作"ersulen"。象因合於天象而得名，象，滿文讀作"sufan"。有象的，滿文讀作"sufangga"。羆，類熊，黑而微黃，滿文讀作"suwa nasin"，意即「微黃的大熊」。虎，力猛鈎爪，嘯則風生，滿文讀作"tasha"。豹，形小於虎，其斑如錢而黑，滿文讀作"yarha"。赤豹，毛色黃赤，滿文讀作"fulgiyan yarha"，意即「紅豹」。

　　貘，似熊而小。劉向《新論》謂「走貘美鐵，嗜好不同。」句中「走貘美鐵」，滿文讀作"selekje gurgu, sele jetere de amuran"，意即「貘獸，喜食鐵。」貘，滿文讀作"selekje"，意即「食鐵獸」。民間相傳貘糞為刀，能切玉，其膽可以鑄劍。貔，滿文讀作"mojihiyan"，一名白狐，滿文讀作"dojihiyan"。熊，滿文讀作"lefu"，豬形人足。青熊，是一種山獸，滿文讀作"boro lefu"，意即「青毛的熊」。羆，大於熊，其色黃白，力大能拔巨木，滿文讀作"suwa nasin"，意即「略黃的大熊」。牛，滿文讀作"ihan"，犀，滿文讀作"ihasi"，似乳牛而豬頭，"ihasingga kiru"，意即「犀牛旗」。兕，一角青色，狀類犀，滿文讀作"buha gurgu"，意即「野牛獸」。豻，滿文讀作"jarhū"，因形似狗，習稱豻狗，又稱豻狼。其實，豻，滿文讀作"jarhū"，豻狗，滿文讀作"jarhūn"，豻狼的「狼」，滿文讀作"niohe"，不可混為一談。狼大如狗，狐亦似犬。狐，滿文讀作"dobi"。黑狐，滿文讀作"yacin dobi"，相傳周成王時，治致太平而黑狐見。九尾狐，滿文讀作 uyun uncehengge dobi"。

　　鹿，性好群而相比，食則相呼，居則環角外向以相衛，滿文讀作"buhū"。麋，似鹿而色青黑，規範滿文讀作"suwa buhū，意即「梅花鹿」，《獸譜》作"suwa"，異。鹿處山林，麋愛水澤。麈，是一種大鹿，滿文讀作"uncehen golmin buhū"，意即「長尾鹿」。《獸譜》描述麈之所在，群鹿從之，恒視其尾所嚮為準，故稱麈。麕，似鹿而小，字從囷，意即「善聚善散」，滿文讀作"sirgatu"。因麕

性喜文章采色，故亦名麞，滿文讀作"sirga"。麂，似麞而小，是麞
的一種，好鬥善跳，穿行草莽中時，但循一徑，其聲几几然，滿文
讀作"gi buhū"，意即「麂鹿」。

《獸譜》第二冊，共計三十幅。其中麝，似麞而小，臍有麝香。
麝，滿文讀作"miyahū"，意即「麝香鹿」，又稱香麞。貊，滿文讀
作"dorgon"。因其形似狗而小，俗名「狗貛」，滿文讀作"indahūn
manggisu"。貛，滿文讀作"manggisu"。因其形似豕而肥，俗名「豬
貛」，滿文讀作"ulgiyan manggisu"。在時令中，二月，俗稱如月，
滿文讀作"gūlmahūn biya"。相傳兔應月而生，句中「兔」，滿文讀
作"gūlmahūn"。駮，滿文讀作"weifutu"，其形如馬，白身黑尾，俗
名「茲白」，滿文讀作"šanyan weifutu"，意即「白駮」。貉，滿文
讀作 elbihe，其形如貍，毛黃褐色，與貛同穴，貛出必以貉為導引。
獺，滿文讀作"hailun"，似狐而小，毛軟如緞，一名「水狗」，滿
文讀作"haihūn"。蝟，滿文讀作"sengge"，耳小如鼠，毛刺如豪豬。
貓，滿文讀作"kesike"。鼠害苗，而貓捕鼠，故「貓」字从「苗」。
貍，滿文讀作"ujirhi"，屬狐類。赤貍，狀似貍而豹文赤色，滿文讀
作"fulgiyan ujirhi"，意即「紅貍」。

鼠，滿文讀作"singgeri"。鼢鼠，滿文讀作"muktun"，是一種「地
行鼠」，滿文讀作"gūldurara singgeri" 簡稱「地鼠」，一名「犁鼠」，
滿文讀作"šositun"，又名「偃鼠」，滿文讀作"ohotono"。鼬鼠，滿
文讀作"solohi"，似貂而色異，一名「鼪」，滿文讀作"silihi"。因健
於捕鼠，故又名「鼠狼」，滿文讀作"suwayan solohi"，意即「黃鼠
狼」。飛鼠，滿文讀作"omkiya"，或以背毛飛，或以尾翔，或以髯
凌。鼯鼠，滿文讀作"fahangga singgeri"。鼺鼠，狀似小狐而有翼，

滿文讀作"deyere dobi"，意即「飛狐」，一名「夷由」，滿文讀作
"omkiya"，意即「飛鼠」。

　　貂，屬於鼠類，毛豐縟而華美，製以為裘，輕煖勝於狐貉，滿
文讀作"seke"。猴，滿文讀作"monio"，其別名或稱「猱」（falintu
monio），或稱「狙」（hoilantu），或稱「沐猴」（nungneri monio），
或稱「獼猴」（jalgari monio），滿文又讀作"jalhari monio"。猿，一
作「猨」，滿文讀作"bonio"，長臂，善換氣。蜼，似猴而大，長尾
岐鼻，遇雨即自懸於樹以尾塞鼻，見人倒擲，或墮地奔走，滿文讀
作"lakiyari monio"，意即「倒掛猴」。果然，滿文讀作"sahaldai
bonio"，一名「然」，滿文讀作"sahaldai"，屬於猿類，形如狗頭，
似虎，白面黑身。相傳獲其一，則群聚而至，因其必來，故名「果
然」，是一種黑身猿。狨，屬於猿類，滿文讀作"sobonio"。因其毛
黃赤柔長如絨，故名「狨」。玃，滿文讀作"elintu"，一名「馬化」
（mahūntu），是一種大猴，好顧盼，因其純牡而無牝，故謂之玃父
（hoilantu）。彭侯，狀似黑狗而無尾，滿文讀作"ukeci"。猩猩，似
猴而人行，滿文據漢字音譯作"sirsing"。狒狒，其狀如人，身黑有
毛，滿文據漢字音譯作"furfu"，一名「嶼嶼」，滿文讀作"forfoi"，
或名「梟羊」，滿文讀作"hūrfu"。乘黃，狀如狐，背有角，滿文讀
作"degetu konggoro"，句中"konggoro"，意即「淡黃毛的」。乘黃，
一作「飛黃」（nishu konggoro），又作「訾黃」（gaihahū konggoro），
「騰黃」（dekjiltu konggoro）、「神黃」（gaihamsitu konggoro），名雖
不同，而皆以「黃」色命名。龍馬，滿文讀作"muduri morin"，瑞
應之徵，相傳龍馬為河水之精，頸有翼。良馬，滿文讀作"sain
morin"，意即「好馬」。驊騮（gilbari keire）、綠耳（kucikeri fulan），

都是良馬。句中"gilbari"、"kucikeri"，規範滿文依次讀作"gilbar"、"kuciker"。

　　　《獸譜》第三冊，共計三十幅，其中「旋毛馬」，滿文讀作"hoshori morin"，句中"hoshori"，意即「捲毛」，旋毛，又作「回毛」，滿文俱讀作"hoshori funiyehe"。伯樂《相馬法》云：「旋毛在腹下者千里」。駝，今稱駱駝，滿文讀作"temen"，以其能馱負囊橐，故稱「橐駝」，滿文讀作"acin temen"。句中"acin"，漢字作「橐」，即「馱」，其動詞原形作"acimbi"，意即「馱負」。橐陀，俗稱「封牛」，滿文讀作"temen gurgu"，意即「野駱駝」。騾，健於馬，滿文讀作"lorin"。其類共有五種：馬生者稱為「騾」（lorin）、「駏驉」（gihintu lorin），驢生者稱為「駃騠」（kutitu lorin）、「騊駼」（jemetu lorin）；牛生者稱為「駝駓」（tomotu lorin）、「鷺」（terme lorin）。

　　驢，滿文讀作"eihen"，「衛」（weihen）是驢的別名。又名「蹇」（larin）。驢善長鳴，每當夜中及五更初輒應更長鳴。牛，滿文讀作"ihan"。有「水牛」（mukei ihan）和「犛牛」（an i ihan）二種，其中「犛牛」，就是平常的牛。犁牛，滿文讀作"buhatu"，是"buha"結合"tu 而成的詞彙，"buha gurgu"，意即「兕」。犁牛的角近似犀，亦名毛犀。旄牛，滿文讀作"moo ihan"，句中"moo"，是漢字「旄」的音譯。旄與犁相似，犁大而旄小，其得名則旄以毛，犁以尾。旄牛的髀、膝、尾、項下都有毛；犁牛的尾，長而強勁，可為旌旄冠纓的裝飾。

　　羊，本義祥，所謂吉事有祥，滿文讀作"honin"。羬羊，是一種山羊，狀如驢而馬尾。山羊，滿文讀作"niman"，羬羊，滿文讀作"nimatun"，詞幹相近。麤羊，一作羚羊，似羊而大，滿文讀作

"bukūn"。 犬，滿文讀作"indahūn"古時，犬分為守犬、田犬、食犬三種。守犬，滿文讀作"tuwakiyara indahūn"，意即「看守的犬」；田犬，滿文讀作"abalara indahūn"，意即「獵犬」；食犬，滿文讀作"jetere indahūn"，意即「食用的犬」。

豕，滿文讀作"ulgiyan"。其別名包括：豮，滿文讀作"taman"，意即「去勢的公豬」；豟，滿文讀作"mehen"，意即「母豬」；豨，滿文讀作"yelu"，意即「野公豬」；豬，滿文讀作"alda"，意即「半大豬」；豭，滿文讀作"buldu"，意即「小公豬」；豝，滿文讀作"nuhen"，意即「一歲野豬」；豵，滿文讀作"mehejen"，意即「老母豬」。豪彘，滿文讀作"kitari"，是一種山豬。其別名有：貆豬（dorgori）、帚豲（sikari）、蒿豬（hamgiyari）、貆貐（dokita）等，其形如豕，行輒成群，見人則激毫以射。

鹿蜀，滿文讀作"musha"，意即「虦貓」，狀如馬，紋如虎，白首赤尾。類，滿文讀作"kesiken"，其狀如貍。貓，滿文讀作"kesike"。類與貓，其滿文相近似。猾裹，其狀如人而彘鬣，穴居冬蟄，滿文讀作"niyamari"。猼訑，滿文讀作"daradu"，一名猼，滿文讀作"darasa"。其狀如羊，四耳，九尾，四目附於背。狸力，形如豚而有距，音如狗吠，滿文讀作"malgiyan"。長右，狀如猴而四耳，其音如吟，滿文讀作"šanio"。彘，狀似猴，四耳，虎身，牛尾，聲如犬嘷，食人，滿文讀作"niosha"。

䍺，狀如羊而無口，黑色，滿文讀作"anggakū"，由"angga"結合"akū"而成。"angga akū"，意即「無口」。䍺的特徵無口，因此，滿文讀作"anggakū"。蠱雕，狀如雕，而有角，音如嬰兒，食人，滿文讀作"yoloju"。滿文"yolo" ，意即「狗頭雕」，又名「藏狗」，蠱

雕即因「狗頭雕」而得名。慈羴，狀如羊，黑首赤鬣，滿文讀作
"cabdara"。

犳，似狗，頭有花紋，其皮有豹斑。豹，滿文讀作"yarha"，犳，
滿文讀作"yardahūn"。囂，狀似猴而長臂，滿文讀作"sofintu"。谿邊，
狀如豹，鋪墊其皮，不生腹脹病，滿文讀作"moodahūn"。 玃如，
似鹿而四角，白尾，其前足如人手，後足似馬蹄，滿文讀作"halaitu"。
朱厭，狀類猿而白首，赤足，滿文讀作"šabjunio"。舉父，狀如猴而
善投擲。善投擲，滿文讀作"fahara mangga"。舉父，滿文讀作
"fahartu"，因善投擲而得名。土螻，狀如羊而四角，是一種食人異
獸，滿文讀作"bukari"。

《獸譜》第四冊，共計三十幅，其中「狡」，形與聲，皆如犬
而有豹的斑紋。「豹」，滿文讀作"yarha"，「狡」，滿文讀作"yarhacan"，
因豹紋而得名。猙，似赤豹，五尾，一角。五尾，滿文讀作"sunja
uncehen"。猙，滿文讀作"suncehen"，因「五尾」，而得名。天狗，
狀如狸而白首，滿文讀作"abkai indahūn"。獤狘，狀如白牛，四角，
其毫如披簑衣。「簑衣」，滿文讀作"nemerhen"，獤狘，滿文讀作
"imerhen"，因簑衣而得名。讙，狀如狸而三尾，一目在額，滿文讀
作"ijirhi"。蠻蠻，鼠身而鼇首，滿文讀作"marman"。窮奇，狀如牛，
蝟毛長尾，滿文讀作"bulahan"。刺，滿文讀作"bula"，窮奇，滿文
讀作"bulahan"，因蝟毛如刺而得名。孰湖，馬身鳥翼，人面蛇尾，
滿文讀作"mushari"。 朧疏，狀如馬，一角，是一種避火獸，滿文
讀作"takintu"。孟槐，狀如貆而赤毫，滿文讀作"fulkita"。赤，滿文
讀作"fulgiyan"，孟槐因赤毫而得名。孟極，狀如豹而花額，滿文讀
作"menggitu"。

　　幽頞，似猴而花身，因其膽小畏怯，見人則佯睡，滿文讀作
"olihari"。畏怯，滿文讀作"oliha"，幽頞，因其膽小畏怯而得名。
足訾，狀如猴而有鬛，馬蹄，牛尾，滿文讀作"dzusen"，詞中"dzu"，
是漢字「足」的音寫。諸犍，狀似豹而長尾，人首而牛耳、一目，
滿文讀作"jecehen"。那父，狀如牛而白尾，滿文讀作"hohontu"。窫
窳，狀如牛而赤，人面馬足，滿文讀作"imrin"。諸懷，狀如牛，目
如人，耳如螼，滿文讀作"niyamju"。狪，狀如豹而頭有斑紋，滿文
讀作"yarju"。豹，滿文讀作"yarha"，狪，因「豹」而得名。閭，似
驢而歧蹄，角如羚羊，滿文讀作"weihen"。角，滿文讀作"weihe"，
閭因角如羚羊而得名。駮馬，狀如馬而牛尾，一角，滿文讀作
"uisuru"。角，滿文又讀作"uihe"；白馬，滿文讀作"suru"。"uisuru"，
是"uihe"與"suru"的複合詞彙。

　　狍鴞，羊身人面，目在腋下，虎齒，人手，貪饞，滿文讀作
"lobitu"。詞中"lobi"，意即「貪饞」，狍鴞，因其貪饞而得名。獨狢，
狀如虎而白身，馬尾螼鬛，滿文讀作"indaju"。居暨，似蝟而赤尾，
滿文讀作"bulari"。棘刺，滿文讀作"bula"，居暨因似蝟有刺而得名。
䮝，狀如羬羊而四角，馬尾，足有距，滿文讀作"bukuri"。羬羊，
滿文讀作"bukūn"，䮝因狀如羬羊而得名。天馬，狀如白犬而黑頭，
有肉翅，見人則飛，滿文讀作"abkai morin"。天馬因見人則飛而得
名。領胡，似牛而赤尾，滿文讀作"kandatu"。辣辣，狀如羊，一角，
一目，在耳後，滿文讀作"durdung"，是漢字「辣辣」的音寫。獂，
狀如牛，是一種三足獸，滿文讀作"gūwahiyatu"。雙雙，是一種合
體獸，三青獸合為一體，滿文讀作"šuwaršuwan"，是漢字「雙雙」
的音寫。從從，形如犬而長尾，六足，滿文讀作"ts'urts'ung"，是漢

字「從從」的音寫。

　　《獸譜》第五冊，共計三十幅，其中「狪狪」，狀似豚而生珠，滿文讀作"turtung"，是漢字「狪狪」的音寫。軨軨，狀如牛而虎斑紋，滿文讀作"lirling"，是漢字「軨軨」的音寫。犰狳，狀如兔而鳥喙，鴟目蛇尾，滿文讀作"calmahūn"。朱獳，狀如狐而魚鬚，滿文讀作"dobiha"。狐，滿文讀作"dobin"，朱獳因其狀如狐而得名。獙獙，狐而有翼者，滿文讀作"birbin"，是漢字「獙獙」字的音寫。蠱姪，九首，九尾，虎爪，滿文讀作"uyultu"。九，滿文讀作"uyun"。蠱姪，因九首、九尾而得名。袚袚，狀如馬而四角，羊目，牛尾，滿文讀作"yuryu"，是漢字「袚袚」的音寫。嬰胡，狀如麋而魚目，滿文讀作"cikirhū"。精精，狀如牛而馬尾，因其鳴聲而命名，滿文讀作"jirjing"，是漢字「精精」的音寫。猲狙，狀如狼，赤首，鼠目，滿文讀作"fulnihe"。赤，滿文讀作"fulgiyan"；狼，滿文讀作"niohe"，"fulnihe"，是"fulgiyan"與"niohe"的複合詞彙。

　　當康，因其名聲而得名，狀如豚而有牙，滿文讀作"saidahan"。合窳，狀如彘，人面黃身，滿文讀作"bisantu"，又名人面獸。合窳出現，則有水潦。水潦，或洪水，滿文讀作"bisan"，合窳因水潦而得名。蜚，狀如牛而白首，一目，蛇尾，滿文讀作"geritu"。難，狀似猷鼠而花額，滿文讀作"kurima"。胐胐，狀如貍而白尾，有鬚，滿文讀作"purpui"。蠱蚳，似彘而有角，滿文讀作"welgiyan"。馬腹，人面虎身，滿文讀作"niyasha"。夫諸，形如白鹿而四角，滿文讀作"šaduhū"。麞，狀似貉而人目，滿文讀作"elbitu"。貉，滿文讀作"elbihe"，　麞，因狀似貉而得名。犀渠，狀如牛，蒼身，滿文讀作"kurisi"。獓，狀如獳犬而有鱗，其毛如彘鬚，滿文讀作"esihūn"。

山膏，狀如豚而赤色，善罵，滿文讀作"toorin"。罵，滿文讀作"toombi"。善詈，滿文讀作"toore mangga"，山膏因善詈而得名。

　　文文，細腰如大螞蜂枝尾，滿文讀作"werwen"，是漢字「文文」的音寫。蠱圍，人面羊角，虎爪，滿文讀作"eldei"。狚狼，狐屬，白尾，長耳，滿文讀作"niobihe"。狼，滿文讀作"niohe"，狐，滿文讀作"dobi"，狚狼，似因狐屬之狼而得名。雍和，狀如猿，赤目，赤喙，黃身，滿文讀作"fulsunio"。赤，滿文讀作"fulgiyan"；黃，滿文讀作"suwayan"；猿，滿文讀作"bonio"，雍和，似因赤目，黃身，狀如猿而得名。獜，狀如犬而有鱗，虎爪，滿文讀作"tasihūn"。虎，滿文讀作"tasha"；犬，滿文讀作"indahūn"，獜似因虎爪，狀如犬而得名。狙如，狀如鼧鼠，白耳，白喙，滿文讀作"singgetu"。鼠，滿文讀作"singgeri"，狙如因似鼠而得名。猴，狀如蜼，赤色似丹火，滿文讀作"senggetu"。蜼，滿文讀作"sengge"，猴因狀如蜼而得名。狢即，狀如貘，色蒼白，赤喙，赤目，白尾，滿文讀作"yahari"。

　　第六冊，共計三十幅，其中「梁渠」，狀如貍而虎爪，白首，滿文讀作"maljuha"。貍，滿文讀作"malahi"；虎，滿文讀作"tasha"，梁渠因兼貍虎之形而得名。聞獜，彘形而黃頭，白尾，滿文讀作"eduntu"。聞獜，是一種風獸，風，滿文讀作"edun"，聞獜因風獸而得名。蜼，狀如龜，赤首，白身，滿文讀作"eihuri"。龜，滿文讀作"eihume"，蜼因狀如龜而得名。并封，狀如彘，前後兩首，或名雙頭鹿，滿文讀作"juruju"。雙，滿文讀作"juru"，并封因雙頭鹿而得名。羅羅，狀如虎，滿文讀作"lurlun"。開明獸，身類虎而九首，皆人面，又名天獸，滿文讀作"abkai gurgu"，因天獸而得名。夔，一足，似牛而無角，滿文讀作"dokdorhan"，又讀作"dokdorgan"。

　　跅踢，左右有首，滿文讀作"kalfintu"。利未亞師子，滿文讀作
"lii wei ya jeo i arsalan"，意即「利未亞洲獅子」，句中「利未亞洲」，
即「非洲」。蠱，狀如猿而色青，滿文讀作"bonitun"。猿，滿文讀
作"bonio"，蠱，因狀如猿而得名。戎宣王尸，如馬而無首，滿文讀
作"ujukū"。無首，滿文讀作"uju akū"，戎宣王尸因無首而得名。猎
猎，狀如熊而色黑，滿文讀作"sirsi"，是漢字「昔昔」的音寫。崑狗，
狀如兔，是一種青獸，滿文讀作"mamutun"。檮杌，狀如虎而犬毛，
人面，豬喙，性黠而好鬥，滿文讀作"becuntu"。鬥，滿文讀作"becun"，
檮杌因好鬥而得名。旱獸，狀如狐，虎身而有翼，滿文讀作
"hiyatun"。詞中"hiya"，意即「旱」。屏翳，形黑，是雨師，滿文讀
作"agada"，意即「雨神」。厭火獸，狀如猴而似人行走，身純黑色，
口常吐火，滿文讀作"gūrgintu"。火燄，滿文讀作"gūrgin"，厭火獸
因口常吐火而得名。三角獸，三角九尾，滿文讀作"ilweri"。蟃，形
似貍，長八尺，以其長，故字从「曼」、从「延」，滿文讀作"golmitu"。
長，滿文讀作"golmin"，蟃因其長而得名。獨角獸，形如馬，色黃，
一角長四、五尺，滿文讀作"weiherin"。獸角，滿文讀作"weihe"，
獨角獸因角而得名。鼻角獸，狀如象而足短，身有斑紋，鱗介，一
角，出鼻端，滿文讀作"sufen"。象，滿文讀作"sufan"，　鼻角獸因
狀如象而得名。加默良，狀似魚而有耳，滿文讀作"g'amuliyang"，
是漢字「加默良」的音寫。亞細亞州山羊，體肥。山羊，規範滿文
讀作"niman"，此作"alin i honin"，異。般第狗，鋸牙齧樹，其利如
刀，滿文讀作"bandi indahūn"。句中"bandi"，意即「沙彌」。獲落，
大如狼，貪食無厭，滿文讀作"holo"，是漢字「獲落」的音寫。

撒犙漫大犙，短足長身，色黃黑錯雜，滿文讀作"salmandara"，是漢字「撒犙漫大犙」的音寫。狸猴，其體前半似狸，後半似猴，故名狸猴，滿文讀作"sumaltu"。意夜納，狀似狼而大，滿文讀作"iyena"，是漢字「意夜納」的音寫。惡那西約，具馬形而長頸，前足極高，後足不及其半，滿文讀作"onasiyo"，是漢字「惡那西約」的音寫。蘇獸，茸毛尾，與身等，遇人追逐，則負其子於背，以尾蔽之，滿文讀作"unurtu"。背負，滿文讀作"unumbi"，蘇獸因背負其子於背而得名。

形容盡致──《獸譜》的形象藝術

《獸譜》共六冊，每冊各三十幅，其名目形相，俱本諸《古今圖書集成》。其中第一冊計三十幅，其名目依次為：麒麟、騶虞、酋耳、獬豸、白澤、桃拔、角端、狻麑、象、羆、虎、豹、赤豹、貘、貔、熊、青熊、羆、犀、兕、豺、狼、狐、黑狐、九尾狐、鹿、麋、麈、麖、麂。為了便於比較其形相，可將《古今圖書集成》圖像與《獸譜》所摹寫圖像逐幅影印並列於後。

《古今圖書集成》與《獸譜》圖像對照表（一）

		古今圖書集成	獸譜第一冊
第一幅	麒麟		麒麟
第二幅	騶虞		騶虞
第三幅	酋耳		酋耳

第四幅	獬豸		獬豸
第五幅	白澤		白澤
第六幅	桃拔		桃拔

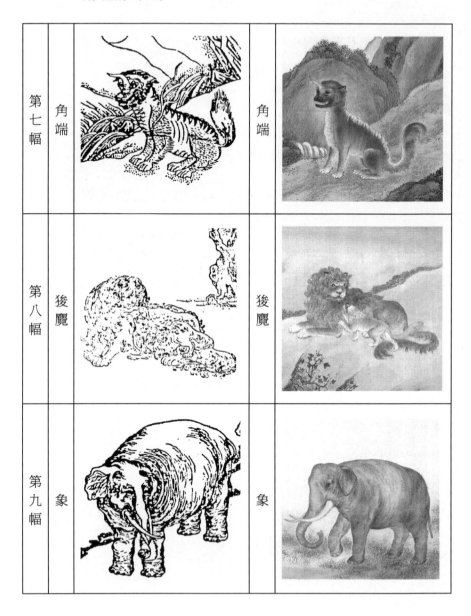

第七幅	角端		角端
第八幅	狻麑		狻麑
第九幅	象		象

第十幅	羆		羆
第十一幅	虎		虎
第十二幅	豹		豹

第十三幅	赤豹		赤豹	
第十四幅	貘		貘	
第十五幅	貔		貔	

第十六幅	熊		熊	
第十七幅	青熊		青熊	
第十八幅	羆		羆	

第十九幅	犀		犀	
第二十幅	兕		兕	
第二十一幅	豺		豺	

第二十二幅	狼		狼	
第二十三幅	狐		狐	
第二十四幅	黑狐		黑狐	

第二十五幅	九尾狐		九尾狐	
第二十六幅	鹿		鹿	
第二十七幅	麋		麋	

　　前列對照表中第一幅「麒麟」，牡為麒，牝為麟。麒麟形相，
麕身牛尾，馬蹄，一角。《獸譜》摹繪的麒麟，與《古今圖書集成》
原圖相近似而更生動。第二幅「騶虞」，狀如白虎而黑紋，其尾高
出於身。《獸譜》中的騶虞與《古今圖書集成》原圖一致。第三幅
「酋耳」，形相類似虎而尾長於身。《獸譜》「酋耳」，與《古今圖書
集成》原圖形相近似。第四幅「獬豸」，身似山羊，首一角。摹繪
形相，較原圖更生動。第五幅「白澤」，是一種神獸，具靈性，身
白，尾高出於身。摹寫圖像逼真。第六幅「桃拔」，似鹿，長尾，
或無角，或一角，或兩角，《獸譜》摹繪圖像一角，與《古今圖書
集成》原圖相合。第七幅「角端」，似豬，一說似牛，其特徵為角
在鼻上，所繪形相，與《古今圖書集成》原圖相同。第八幅「狻麑」，
鋸牙，鉤爪，弭耳，昂鼻，是一種獅子。獅子，滿文讀作"arsalan"，
狻麑，滿文讀作"ersulen"，有陽性與陰性的差異。《獸譜》摹寫狻麑
母子形相，與《古今圖書集成》原圖一致。第九幅「象」，四足如
柱，無趾而有爪，鼻長下垂，能捲舒致用，牙出兩吻間。所繪形相，
與《古今圖書集成》原圖相似。第十幅「羆」，與熊相類似，黑而
微黃，與《古今圖書集成》原圖差異較大，或因羆有黃、白之分所
致。

　　《獸譜》第一冊，第十一幅「虎」，黃身，黑斑，尾長，所繪
形相，與《古今圖書集成》近似。第十二幅「豹」，小於虎，斑如
錢而黑，所繪形相，與《古今圖書集成》相似。第十三幅「赤豹」，
身上斑紋，與諸豹相同，毛色黃赤。所繪形相，與《古今圖書集成》
原圖近似。第十四幅「貘」，似熊而小，象鼻，犀目，獅首，牛尾，

虎足。摹繪形相，與《古今圖書集成》原圖逼真。第十五幅「貙」，屬於虎豹類，一名白狐，又名白羆。所繪形相，與《古今圖書集成》原圖近似。第十六幅「熊」，豕形而人足，其目上豎，色黑，其形相，與《古今圖書集成》原圖近似。第十七幅「青熊」，淡青黑色毛，其形相，與《古今圖書集成》原圖近似。第十八幅「羆」，大於熊，黃白色，頭髮下垂，如人站立，其形相近似《古今圖書集成》原圖。第十九幅「犀」，似乳牛而豕首。犀有三角、二角、一角的區別，其中一角犀較罕見。《獸譜》所繪一角犀，與《古今圖書集成》原圖形相逼真。第二十幅「兕」，一角，青色，狀類犀。《獸譜》摹寫兕尾，與《古今圖書集成》原圖相似。惟其首部有差異。《古今圖書集成》原圖為豕首，狀類犀。

　　《獸譜》第一冊，第二十一幅「豺」，形似狗而長尾，與《古今圖書集成》原圖近似。第二十二幅「狼」，大如狗，頭尖，前高後寬，其形相，與《古今圖書集成》原圖近似。第二十三幅「狐」，亦似犬，其形相，與《古今圖書集成》原圖近似。第二十四幅「黑狐」，黑色，蓬尾，其形相，與《古今圖書集成》原圖稍異。第二十五幅「九尾狐」，是一種瑞獸，九尾。其形相，與《古今圖書集成》原圖近似。第二十六幅「鹿」，是一種陽獸，牡鹿大而有角。《獸譜》所繪者為牡鹿，其形相，與《古今圖書集成》原圖近似。第二十七圖「麇」，屬於陰獸，似鹿而色青黑。其形相姿態，與《古今圖書集成》原圖近似。第二十八幅「麈」，是一種長尾大鹿，尾可避塵。其形相，與《古今圖書集成》原圖近似，其中麈角，最為相似。第二十九幅「麖」，狀似鹿而小，色黃黑而無角，牡麖有牙。《獸譜》所繪為牡麖，其形相，與《古今圖書集成》原圖近似。第三十幅「麂」，似麞而小，黧色，豹角而短。其形相，與《古今圖書集成》原圖近似。

《獸譜》第二冊，計三十幅，其名目依次為：麝、狟、貒、兔、駮、貉、獺、蝟、貓、狸、赤狸、鼠、鼫鼠、鼬鼠、飛鼠、鼳鼠、鼰鼠、貂、猴、猿、蜼、果然、狨、玃、彭侯、猩猩、狒狒、乘黃龍馬、良馬。為了便於比較其形相，可將《古今圖書集成》圖像與《獸譜》所摹寫圖像，逐幅影印並列於後。

《古今圖書集成》與《獸譜》圖像對照表（二）

	古今圖書集成		獸譜第二冊	
第一幅	麖		麖	
第二幅	狗獾		狟	
第三幅	猪獾		貒	

第四幅	兔		兔
第五幅	駮		駮
第六幅	貉		貉

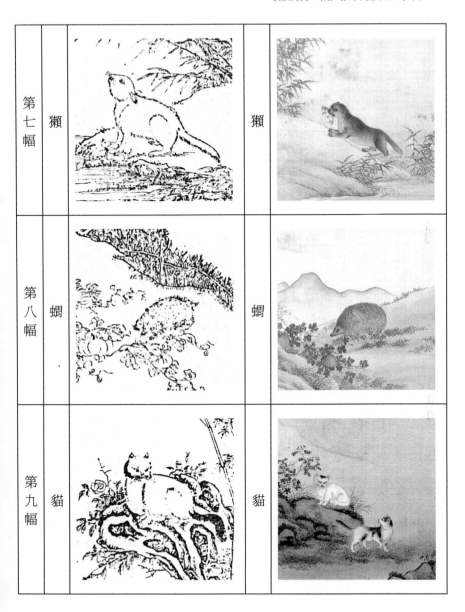

第十幅	貍		貍	
第十一幅	赤貍		赤貍	
第十二幅	鼠		鼠	

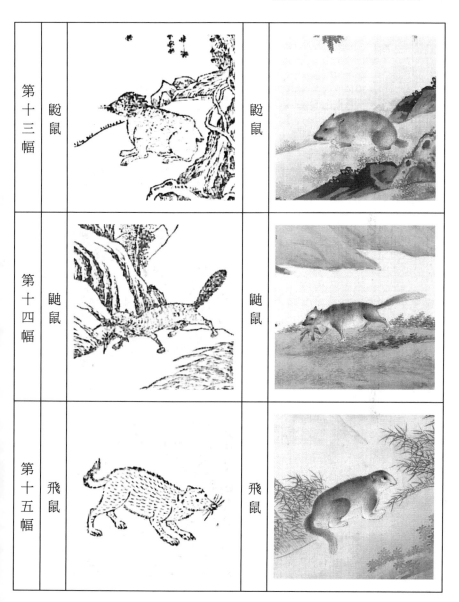

第十三幅	鼫鼠		鼫鼠
第十四幅	鼬鼠		鼬鼠
第十五幅	飛鼠		飛鼠

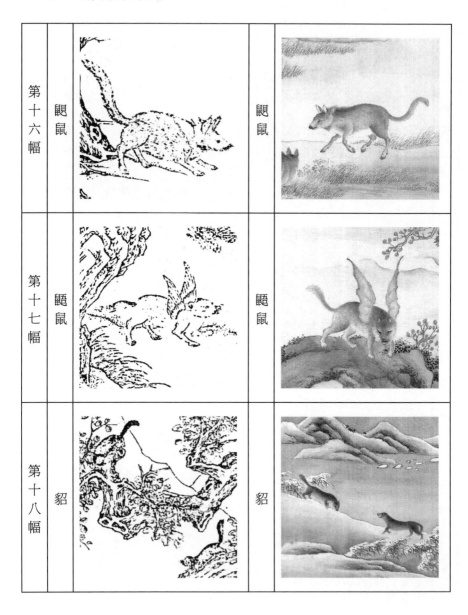

第十六幅	覞鼠		覞鼠	
第十七幅	鼺鼠		鼺鼠	
第十八幅	貂		貂	

第十九幅	猴		猴
第二十幅	猿		猿
第二十一幅	蜼		蜼

第二十二幅	猓猻		果然	
第二十三幅	狨		狨	
第二十四幅	玃		玃	

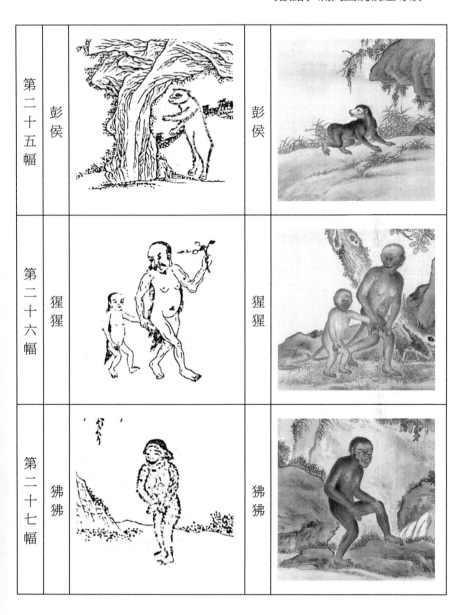

第二十八幅	乘黃		乘黃	
第二十九幅	龍馬		龍馬	
第三十幅	良馬		良馬	

　　前列對照表中第一幅「麝」，似麞而小，黑色，臍有香遠射。其形相，與《古今圖書集成》原圖，頗有差異。第二幅「狙」，形似狗而小，尖喙，短足，俗名狗獾。《古今圖書集成》原圖作「狗獾」，名目不同，形相却近似。第三幅「貒」，似豕而肥，俗名豬獾。《古今圖書集成》原圖作「豬獾」，名目不同，形相却相似。第四幅「兔」，所繪包括：蒼褐、黑、白三種與《古今圖書集成》原圖差異頗大。第五幅「駮」，狀如馬，白身，黑尾，一角，鋸牙，虎爪。其形相，與《古今圖書集成》原圖相似。第六幅「貈」，狀如貍，毛黃褐色，黑色斑紋。其形相，與《古今圖書集成》近似。第七幅「獺」，似狐而小，毛色如故紫帛，膚如伏翼，食魚，較《古今圖書集成》原圖生動。第八幅「蝟」，耳小似鼠，毛刺如豪豬，前足短，尾長寸餘。其形相，與《古今圖書集成》相似。第九幅「貓」，鼠害苗，而貓捕鼠，故貓字從「苗」。貓眼睛一日三變，可定時候早晚。《獸譜》摹繪貓圖二隻，《古今圖書集成》貓圖一隻，形相近似。第十幅「貍」，屬於狐類，其形相，與《古今圖書集成》原圖近似。

　　《獸譜》第二冊，第十一幅「赤貍」，狀似貍而豹紋，赤色。摹繪圖像，較《古今圖書集成》原圖生動。第十二幅「鼠」，《獸譜》摹寫鼠圖，與《古今圖書集成》原圖稍異。第十三幅「鼢鼠」，是一種地行鼠，其形相，與《古今圖書集成》原圖近似。第十四幅「鼬鼠」，似貂而色異，健於捕鼠，其毫及尾可作筆材，摹繪鼬鼠圖像二隻。《古今圖書集成》原圖一隻，形相相近。第十五幅「飛鼠」，種類不一，或以尾翔，或以背上毛而飛。其形相，與《古今圖書集成》原圖相似。第十六幅「鼳鼠」，似鼠而馬蹄。其形相，與《古今圖書集成》原圖近似。第十七幅「鼺鼠」，狀似小狐而有翼如蝠。

其形相，與《古今圖書集成》原圖相似。第十八幅「貂」，屬於鼠類而毛豐。其形相，與《古今圖書集成》原圖近似。第十九幅「猴」，與猿相類。第二十幅「猿」，長臂。《獸譜》摹寫《古今圖書集成》圖像，近似原圖。

《獸譜》第二冊，其中第二十一幅「蜼」，似猴而大，黃黑色，長尾，尾末有岐，鼻上仰。其形相，與《古今圖書集成》原圖近似。第二十二幅「果然」，屬於猨類，形如狗，頭似虎，白面，黑身，尾長而柔滑。《古今圖書集成》原圖作「猓然」，其形相，彼此近似。第二十三幅「狨」，屬於猿類，毛長如絨，尾長作金色。其形相，與《古今圖書集成》原圖相似。第二十四幅「玃」，是一種大猴，色蒼黑，好顧盼。其形相，與《古今圖書集成》原圖近似。第二十五幅「彭侯」，狀似黑狗而無尾。其形相，與《古今圖書集成》原圖近似。第二十六幅「猩猩」，似猴而人行。其圖像，與《古今圖書集成》原圖相似。第二十七幅「狒狒」，狀如人，身黑有毛，被髮。其形相，與《古今圖書集成》原圖近似。第二十八幅「乘黃」，狀如狐，背有角。其形相，與《古今圖書集成》原圖相似。第二十九幅「龍馬」，頸有翼。其形相，與《古今圖書集成》原圖相近。第三十幅「良馬」，即好馬，自古以來，其形相未聞，因此不可以形容。《古今圖書集成》原圖為良馬三十二相圖，《獸譜》中的良馬，身赤，鬃及尾白，是一種驊騮駿馬。

《獸譜》第三冊，計三十幅，其名目依次為：旋毛馬、駝、騾、驢、牛、犛牛、旄牛、羊、羬羊、羸羊、犬、豕、豪豨、鹿蜀、類、猾褢、狰䛐、狸力、長右、猼、糴、蠱雕、慈蠢、狗、鴟、谿邊、纓如、朱厭、舉父、土螻。為了便於比較其形相，可將《古今圖書集成》圖像與《獸譜》所摹寫圖像，逐幅影印並列於後。

《古今圖書集成》與《獸譜》圖像對照表（三）

	古今圖書集成		獸譜第三冊	
第一幅	旋毛馬		旋毛馬	
第二幅	駱駝		駝	
第三幅	騾		騾	

第四幅	驢		驢
第五幅	牛		牛
第六幅	犛牛		犛牛

第七幅	旄牛		旄牛	
第八幅	羊		羊	
第九幅	羬羊		羬羊	

第十幅	羷羊		羷羊	
第十一幅	犬		犬	
第十二幅	豕		豕	

第十三幅	豪㑹	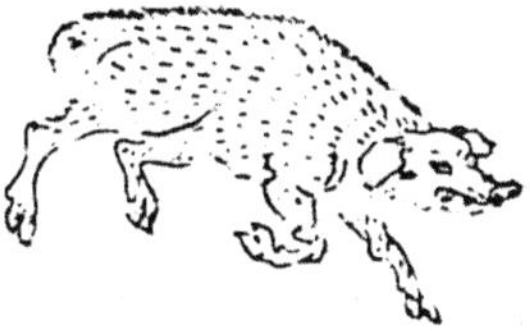	豪㑹	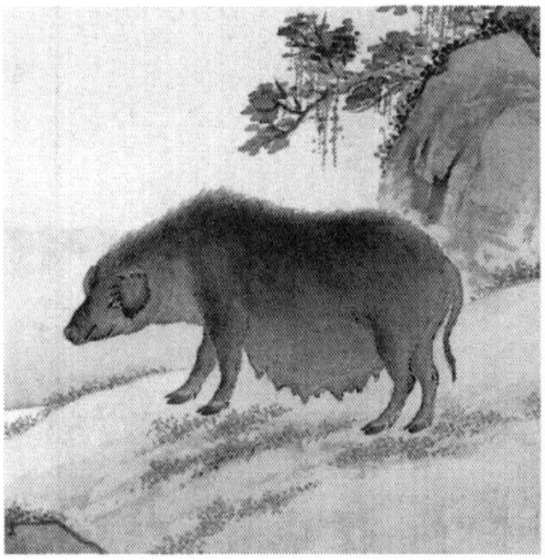
第十四幅	鹿蜀	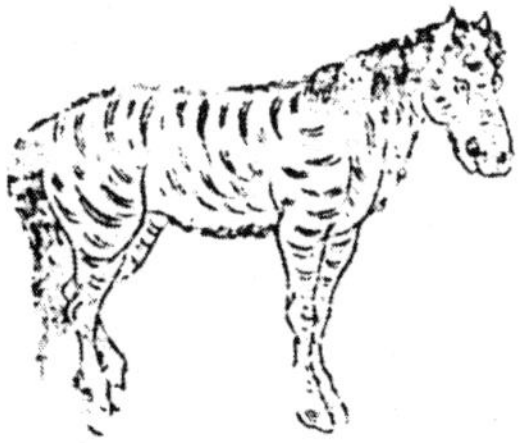	鹿蜀	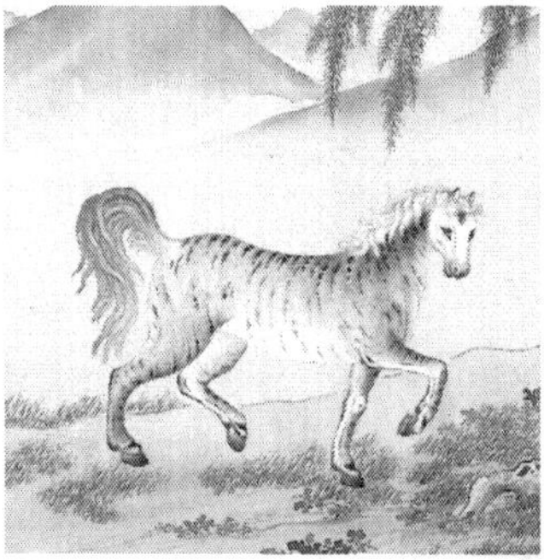
第十五幅	類	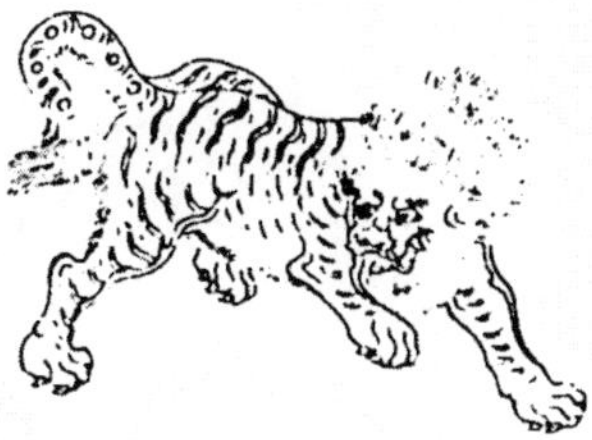	類	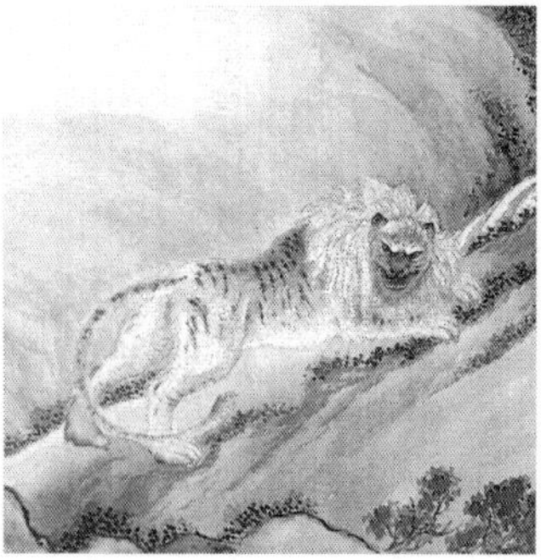

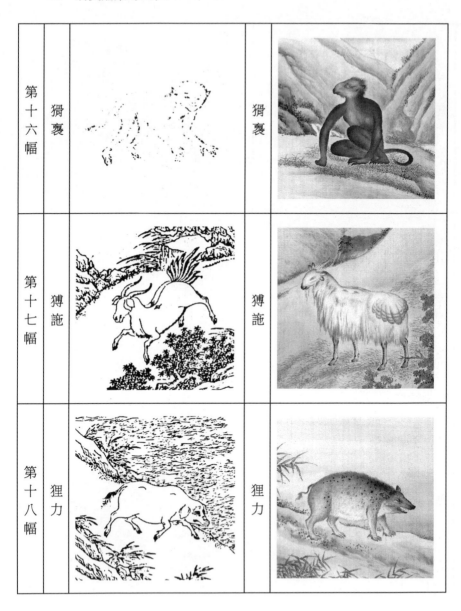

第十六幅	猾裒		猾裒	
第十七幅	猈詑		猈詑	
第十八幅	狸力		狸力	

第十九幅	長右		長右	
第二十幅	猺		猺	
第二十一幅	羬		羬	

第二十二幅	蠱雕		蠱雕	
第二十三幅	葱聾		葱聾	
第二十四幅	猾		猾	

第二十五幅	囂		囂	
第二十六幅	谿邊		谿邊	
第二十七幅	玃如		玃如	

第二十八幅	朱厭		朱厭	
第二十九幅	舉父		舉父	
第三十幅	土螻		土螻	

　　前列對照表中，《獸譜》第三冊，第一幅「旋毛馬」，旋毛，又作回毛，其所在位置不同，或在胸前，或在腹下。其形相，與《古今圖書集成》原圖近似。第二幅「駝」，背上駝峯，兩峯如鞍，與《古今圖書集成》原圖近似。第三幅「騾」，其形相，與《古今圖書集成》原圖近似。第四幅「驢」，其足駑鈍蹇劣，與《古今圖書集成》原圖形相稍異。第五幅「牛」，牛有牻牛和水牛之別，前者為一般之牛。《獸譜》所摹繪者為水牛，與《古今圖書集成》原圖近似。第六幅「犛牛」，尾長而勁，角如犀，亦名毛犀，其形相，與《古今圖書集成》原圖近似。第七幅「旄牛」，體長多力，尾大如斗，髀、膝、尾、項下皆有長毛，所繪旄牛形相，與《古今圖書集成》原圖頗有差異。第八幅「羊」，毛長，有角，其形相，與《古今圖書集成》原圖頗有差別。第九幅「羬羊」，即山羊，狀如驢而馬尾，其角形狀，與《古今圖書集成》原圖頗有差異。原圖所繪羊角向前彎。《獸譜》圖說，滿文讀作"uihe gahūngga"，意即「角向前彎」，原圖羊角形狀，與《獸譜》滿文圖說相合。第十幅「麢羊」，似羊而大，角多節，蹙蹙圓繞，其形狀，與《古今圖書集成》原圖頗有差異。

　　《獸譜》第三冊，第十一幅「犬」。古犬有三種，即：守犬、田犬、食犬。田犬佐三驅而逐猛獸。《獸譜》所繪者，當即田犬，其形相，與《古今圖書集成》原圖近似。第十二幅「豕」，各地的豕，其形與名，多不同。《獸譜》豕圖，與《古今圖書集成》原圖近似。第十三幅「豪彘」，是一種山豬，形如豕，與《古今圖書集成》原圖形相頗有差異。第十四幅「鹿蜀」，狀如馬，斑紋如虎，白首赤尾。與《古今圖書集成》原圖形相近似。第十五幅「類」，狀如貍而有髦，與《古今圖書集成》原圖形相近似。第十六幅「猾裹」，狀如人而彘鬣，與《古今圖書集成》原圖形相略異。第十七幅「獂狏」，狀如羊，四耳，九尾，四目附於背，與《古今圖書集成》原圖形相稍異。第十八幅「狸力」，形如豚而有距，與《古今圖書集成》原圖形相近似。第十九幅「長右」，狀如猴兒四耳，與《古今圖書集成》原圖形相近似。第二十幅「彘」，狀似猴，四耳，虎身，牛尾，與《古今圖書集成》原圖形相近似。

　　《獸譜》第三冊，第二十一幅「羬」，狀如羊而無口，黑色。其形相，與《古今圖書集成》原圖稍異。第二十二幅「蠱雕」狀如豹而鳥喙，有角，與《古今圖書集成》原圖形相近似。第二十三幅「茲羊」，狀如羊，黑首，赤鬣，與《古今圖書集成》原圖形相近似。第二十四幅「犳」，狀如狗而頭有花紋，皮有豹紋，與《古今圖書集成》原圖形相近似。第二十五幅「囂」，狀似猴而長臂，善投擲，與《古今圖書集成》原圖形相近似。第二十六幅「谿邊」，狀如豹，或謂形如黑狗，能登木。其形相，與《古今圖書集成》原圖近似。第二十七幅「纓如」，似鹿而有四角，白尾，其前足如人手，後足若馬蹄，與《古今圖書集成》原圖形相近似。第二十八幅「朱厭」，狀類猿而白首，赤足，赤手，與《古今圖書集成》原圖形相近似。第二十九幅「舉父」，狀如猴，多髯鬣，善投擲，與《古今圖書集成》原圖形相近似。第三十幅「土螻」，狀如羊而四角，與《古今圖書集成》原圖形相近似。

　　《獸譜》第四冊，計三十幅，其名目依次為：㺊、猙、天狗、獓狠、謹、蠻蠻、窮奇、孰湖、朧疏、孟槐、孟極、幽頻、足訾、諸犍、那父、竄窳、諸懷、㹯、閭、驔馬、狍鴞、獨狢、居暨、驒、天馬、領胡、辣辣、獂、雙雙、從從。為了便於比較其形相，可將《古今圖書集成》圖像與《獸譜》所摹寫圖像，逐幅影印並列於後。

《古今圖書集成》與《獸譜》圖像對照表（四）

	古今圖書集成		獸譜第四冊
第一幅	狡		狡
第二幅	猙		猙
第三幅	天狗		天狗

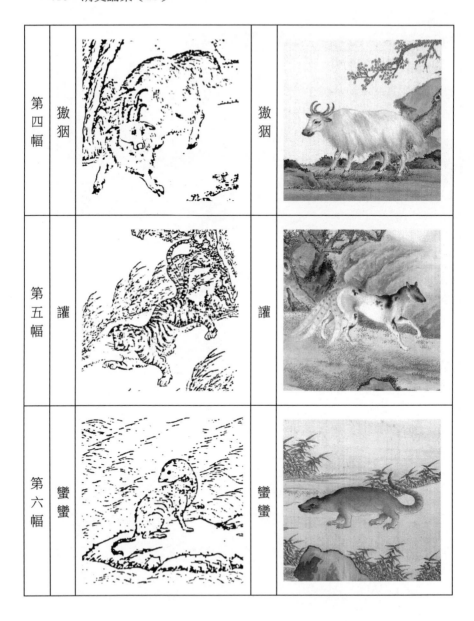

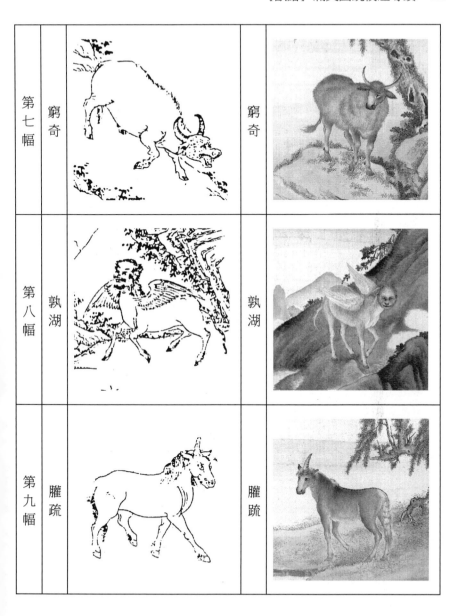

第七幅	窮奇		窮奇	
第八幅	猼湖		猼湖	
第九幅	朧疏		朧疏	

第十幅	孟槐		孟槐
第十一幅	孟極		孟極
第十二幅	幽頞		幽頞

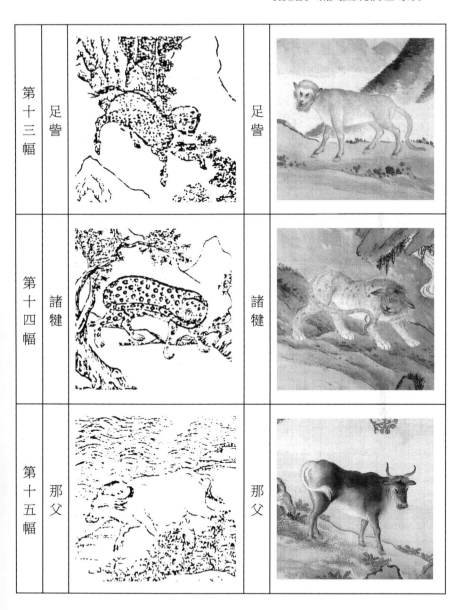

第十三幅	足訾		足訾
第十四幅	諸犍		諸犍
第十五幅	那父		那父

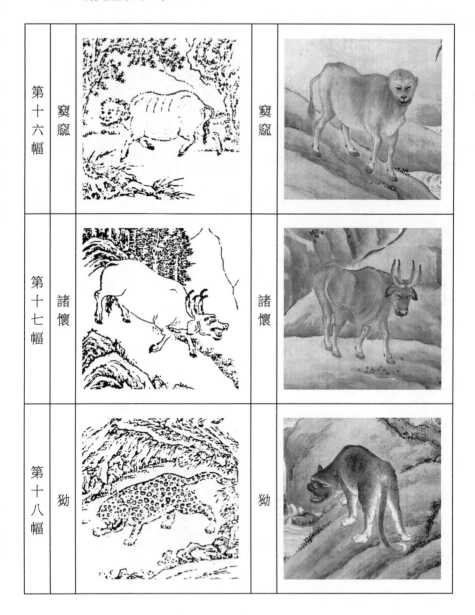

第十六幅	窶窳		窶窳	
第十七幅	諸懷		諸懷	
第十八幅	狗		狗	

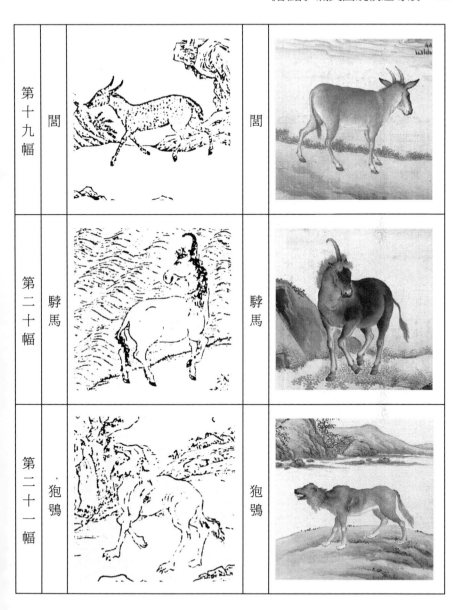

第十九幅	閭		閭	
第二十幅	駏馬		駏馬	
第二十一幅	狍鴞		狍鴞	

第二十二幅	獨狢		獨狢	
第二十三幅	居暨		居暨	
第二十四幅	驒		驒	

第二十五幅	天馬		天馬	
第二十六幅	領胡		領胡	
第二十七幅	辣辣		辣辣	

第二十八幅	獱		獱
第二十九幅	雙雙		雙雙
第三十幅	從從		從從

　　前列對照表中,《獸譜》第四冊,第一幅「狡」,其形與聲,皆如犬而豹紋,角如牛,與《古今圖書集成》原圖形相近似。第二幅「猙」,似赤豹,五尾,一角,與《古今圖書集成》原圖形相近似。第三幅「天狗」,狀如狸而白首,與《古今圖書集成》原圖形相稍異。第四幅「獤㹱」,狀如白牛,四角,其毫如披簑,與《古今圖書集成》原圖形相近似。第五幅「讙」,狀如狸而三尾,一目在額。其形相,與《古今圖書集成》原圖略有差異。第六幅「蠻蠻」,鼠身而鼈首,與《古今圖書集成》原圖形相近似。第七幅「窮奇」,狀如牛,蝟毛,長尾,與《古今圖書集成》原圖形相近似。第八幅「欽湖」,馬身,鳥翼,人面,蛇尾,與《古今圖書集成》原圖形相近似。第九幅「朧疏」,狀如馬,一角,與《古今圖書集成》原圖形相近似。第十幅「孟槐」,如貆而赤毫,與《古今圖書集成》原圖形相近似。

　　《獸譜》第四冊,第十一幅「孟極」,狀如豹而花額,白身,與《古今圖書集成》原圖形相近似。第十二幅「幽頞」,似猴而花身,與《古今圖書集成》原圖形相近似。第十三幅「足訾」,狀如猴而有鬣,馬蹄,牛尾,與《古今圖書集成》原圖形相近似。第十四幅「諸犍」,狀似豹,長尾人首而牛耳,一目,與《古今圖書集成》原圖形相近似。第十五幅「那父」,狀如牛而白尾,與《古今圖書集成》原圖形相近似。第十六幅「竊脂」,狀如牛而赤,人面,馬足,與《古今圖書集成》原圖形相近似。第十七幅「諸懷」,狀如牛,四角,目如人,耳如彘,與《古今圖書集成》原圖形相近似。第十八幅「狕」,狀如豹,頭有斑紋,與《古今圖書集成》原圖形相近似。第十九幅「𨲠」，形如驢而歧蹄，角如羚羊，與《古今圖書集成》原圖形相近似。第二十幅「駮馬」，狀如馬而牛尾，與《古今圖書集成》原圖形相近似。

　　《獸譜》第四冊，第二十一幅「狍鴞」，羊身人面，虎齒人爪，目在腋下，與《古今圖書集成》原圖形相近似。第二十二幅「獨狢」，狀如虎而白身，馬尾彘𩬆，與《古今圖書集成》原圖形相近似。第二十三幅「居暨」，似蝟而赤尾，與《古今圖集成》原圖形相稍異。第二十四幅「驒」，狀如羬羊而四角，馬尾，足有距，與《古今圖書集成》原圖形相近似。第二十五幅「天馬」，狀如白犬而黑頭，有肉翅，與《古今圖書集成》原圖形相近似。第二十六幅「領胡」，狀如牛而赤尾，其頸有駝峯，與《古今圖書集成》原圖形相近似。第二十七幅「辣辣」，狀如羊，一角，一目在耳後，與《古今圖書集成》原圖形相近似。第二十八幅「獂」，狀如牛，三足，與《古今圖書集成》原圖形相稍異。第二十九幅「雙雙」，三隻青獸合為一體，與《古今圖書集成》原圖形相近似。第三十幅「從從」，是一種六足獸，形如犬而長尾，其形相，與《古今圖書集成》原圖形相近似。

　　前列對照表中，《獸譜》第五冊，計三十幅，其名目依次為：狪狪、狰狰，犰狳、朱獳、獙獙、蠪姪、𢿫𢿫、獌胡、精精、猲狙、當康、合窳、蜚、𧴄、胐胐、蠪蚳、馬腹、夫諸、麠、犀渠、獙、山膏、文文、蠱雕、犰狼、雍和、獜、狙如、狼、狢即。為了便於比較其形相，可將《古今圖書集成》圖像與《獸譜》所摹寫圖像，逐幅影印並列於後。

《古今圖書集成》與《獸譜》圖像對照表（五）

		古今圖書集成	獸譜第五冊
第一幅	狪狪		狪狪
第二幅	軨軨		軨軨
第三幅	犰狳		犰狳

第四幅	朱獳		朱獳	
第五幅	獥獥		獥獥	
第六幅	蠱姪		蠱姪	

第七幅	俠俠		俠俠
第八幅	娭胡		娭胡
第九幅	精精		精精

第十幅	獦狚		獦狚
第十一幅	當康		當康
第十二幅	合窳		合窳

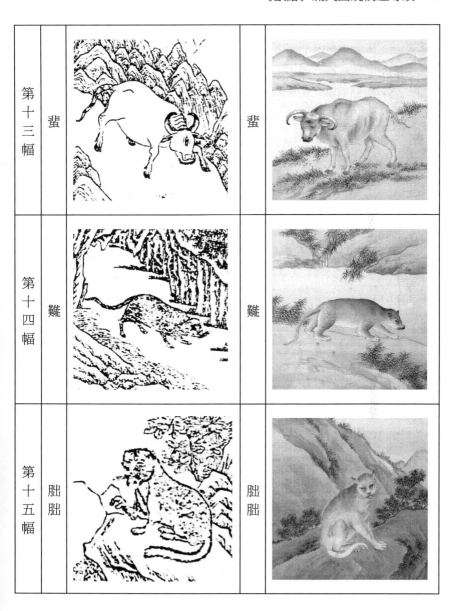

第十三幅	蜚		蜚
第十四幅	難		難
第十五幅	朏朏		朏朏

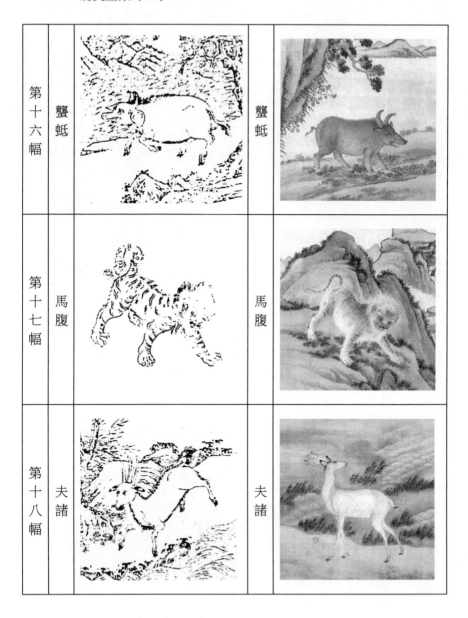

第十六幅	蠪蚳	蠪蚳
第十七幅	馬腹	馬腹
第十八幅	夫諸	夫諸

第十九幅	麚		麚
第二十幅	犀渠		犀渠
第二十一幅	獬		獬

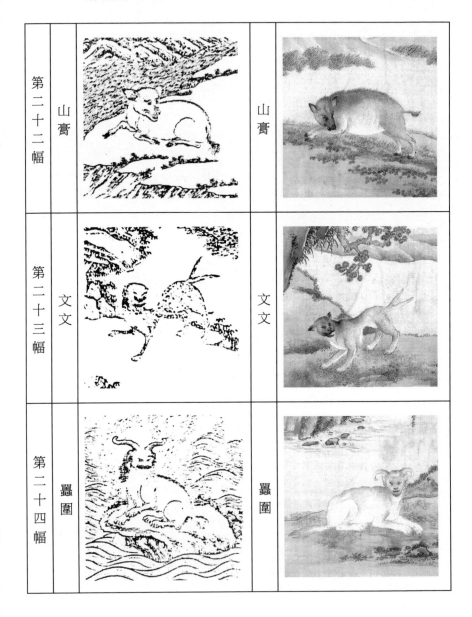

第二十二幅	山膏		山膏
第二十三幅	文文		文文
第二十四幅	蠱圍		蠱圍

第二十五幅	狚狼		狚狼
第二十六幅	雍和		雍和
第二十七幅	獱		獱

第二十八幅	狙如		狙如
第二十九幅	猴		猴
第三十幅	狘即		狘即

　　前列對照表中，《獸譜》第五冊，第一幅「狪狪」，狀似豚，與《古今圖書集成》原圖形相近似。第二幅「軨軨」，狀如牛而虎斑，與《古今圖書集成》原圖近似。第三幅「䖟狳」，狀如兔而鳥喙，與《古今圖書集成》原圖近似。第四幅「朱獳」，狀如狐而魚翼，與《古今圖書集成》原圖形相稍異。第五幅「獙獙」，狀似狐而有翼，與《古今圖書集成》原圖形相近似。第六幅「蠪姪」，九首，九尾，虎爪，與《古今圖書集成》原圖形相近似。第七幅「峳峳」，狀如馬而四角，羊目，牛尾，與《古今圖書集成》原圖形相近似。第八幅「犵胡」，狀如麢而魚目，與《古今圖書集成》原圖形相近似。第九幅「精精」，狀如牛而馬尾，與《古今圖書集成》原圖形相近似。第十幅「獦狚」狀如狼，赤首，鼠目，與《古今圖書集成》原圖形相近似。

　　《獸譜》第五冊，第十一幅「當康」，狀如豚而有牙。其形相，與《古今圖書集成》原圖相似。第十二幅「合窳」，狀如彘，人面，黃身，其形相，與《古今圖書集成》原圖近似。第十三幅「蜚」，狀如牛而白首，一目，蛇尾。其形相，與《古今圖書集成》原圖相似。第十四幅「䶂」，狀似鼩鼠而額有斑紋，與《古今圖書集成》原圖形相近似。第十五幅「胐胐」，狀如貍而白尾，有鬣。其形相，與《古今圖書集成》原圖近似。第十六幅「蠪蚳」，似彘而有角，與《古今圖書集成》原圖形相近似。第十七幅「馬腹」，人面虎身，與《古今圖書集成》原圖形相近似。第十八幅「夫諸」形如白鹿而四角。其形相，與《古今圖書集成》原圖形相近似。第十九幅「麔」狀似貉而人目，與《古今圖書集成》原圖形相近似。第二十幅「犀渠」狀如牛，蒼身。其形相，與《古今圖書集成》原圖形相近似。

《獸譜》第五冊，第二十一幅「玃」，狀如獷犬而有鱗，其毛如彘鬣，與《古今圖書集成》原圖形相稍異。第二十二幅「山膏」，狀如豚而赤，與《古今圖書集成》原圖形相近似。第二十三幅「文文」，細腰如蜂，枝尾，與《古今圖書集成》原圖形相近似。第二十四幅「蠱圍」，人面，羊角，虎爪，與《古今圖書集成》原圖形相近似。第二十五幅「狍狼」，是屬於狐類，白尾，長耳，與《古今圖書集成》原圖形相近似。第二十六幅「雍和」，狀如蝯，赤目，赤喙，黃身，與《古今圖書集成》原圖形相近似。第二十七幅「獜」，狀如犬而有鱗，虎爪，與《古今圖書集成》原圖形相近似。第二十八幅「狙如」，狀如䶂鼠，白耳，白喙。其形相，與《古今圖書集成》原圖近似。第二十九幅「獌」，狀如蝟而赤，與《古今圖書集成》原圖近似。第三十幅「狪即」，狀如貘，色蒼白，赤喙，赤目，白尾，與《古今圖書集成》原圖形相近似。

前列對照表中，《獸譜》第六冊，計三十幅，其名目依次為：梁渠、聞獜、蜼、并封、羅羅、開明獸、夔、跠踢、利未亞師子、蠱、戎宣王尸、猎猎、崮狗、檮杌、旱獸、屏翳、厭火獸、三角獸、蠻、獨角獸、鼻角獸、加默良、亞細亞州山羊、般第狗、獲落、撒辢漫大辢、狸猴、意夜納、惡那西約、蘇獸。為了便於比較其形相，可將《古今圖書集成》圖像與《獸譜》所摹寫圖像，逐幅影印並列於後。

《古今圖書集成》與《獸譜》圖像對照表（六）

		古今圖書集成	獸譜第六冊
第一幅	梁渠		梁渠
第二幅	聞獜		聞獜
第三幅	蚩		蚩

第四幅	并封		并封
第五幅	羅羅		羅羅
第六幅	開明獸		開明獸

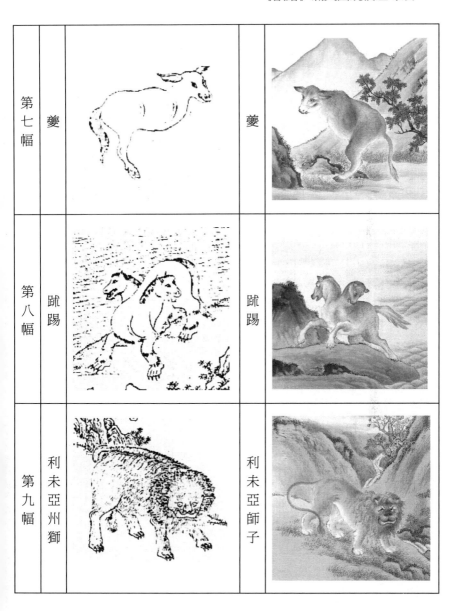

第七幅	夔		夔	
第八幅	跳踢		跳踢	
第九幅	利未亞州獅		利未亞師子	

第十幅	蠱		蠱	
第十一幅	戎宣王尸		戎宣王尸	
第十二幅	猎猎		猎猎	

第十三幅	崑狗		崑狗
第十四幅	檮杌		檮杌
第十五幅	旱獸		旱獸

第十六幅	屏翳		屏翳
第十七幅	厭火獸		厭火獸
第十八幅	三角獸		三角獸

第十九幅	蟃		蟃
第二十幅	獨角獸		獨角獸
第二十一幅	鼻角獸		鼻角獸

第二十二幅	加默良		加默良	
第二十三幅	山羊		亞細亞州山羊	
第二十四幅	般第狗		般第狗	

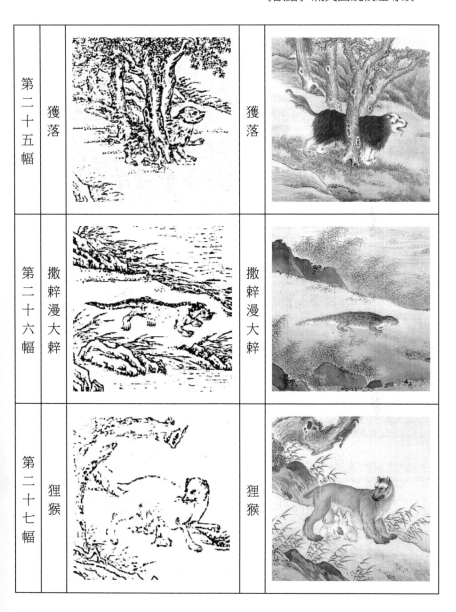

第二十五幅	獲落		獲落
第二十六幅	撒犴漫大犴		撒犴漫大犴
第二十七幅	狸猴		狸猴

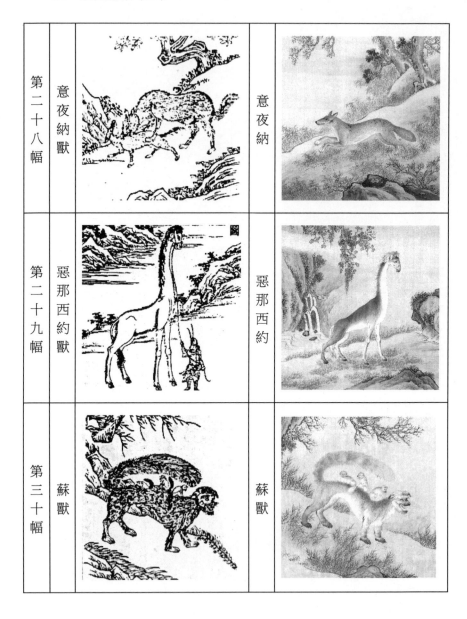

第二十八幅	意夜納獸		意夜納
第二十九幅	惡那西約獸		惡那西約
第三十幅	蘇獸		蘇獸

　　前列對照表中，《獸譜》第六冊，第一幅「梁渠」，狀如貍而虎爪，白首，與《古今圖書集成》原圖形相近似。第二幅「聞獜」，兔形而黃身，頭尾白色，與《古今圖書集成》原圖形相近似。第三幅「蜼」，狀如龜，赤首，白身，與《古今圖書集成》原圖形相近似。第四幅「并封」，狀如兔，前後兩首，色黑，與《古今圖書集成》原圖形相近似。第五幅「羅羅」，是一種異獸，形狀如虎，與《古今圖書集成》原圖形相近似。第六幅「開明獸」，身類虎，九首人面，與《古今圖書集成》原圖形相近似。第七幅「夔」，一足，似牛而無角，與《古今圖書集成》原圖形相近似。第八幅「跳踢」，左右有首，與《古今圖書集成》原圖形相近似。第九幅「利未亞師子」，性猛，《古今圖書集成》原圖名目作「利未亞州獅」，形相近似。第十幅「蠱」，狀如猿而色青，與《古今圖書集成》原圖形相近似。

　　《獸譜》第六冊，第十一幅「戎宣王尸」，狀如馬而無首，與《古今圖書集成》原圖形相近似。第十二幅「猎猎」，狀如熊，色黑。其形相，與《古今圖書集成》原圖近似。第十三幅「崑狗」，狀如兔，色青，與《古今圖書集成》原圖形相近似。第十四幅「檮杌」，狀如虎而犬毛，人面，豬喙，與《古今圖書集成》原圖形相近似。第十五幅「旱獸」，狀如狐，虎身而有翼，與《古今圖書集成》原圖形相近似。第十六幅「屏翳」，手黑，各執一蛇，兩耳貫蛇，左青右赤。其形相，與《古今圖書集成》原圖相似。第十七幅「厭火獸」，狀如猴，似人行走，身純黑，與《古今圖書集成》原圖形相稍異。第十八幅「三角獸」，三角，九尾，與《古今圖書集成》原圖形相近似。第十九幅「蝠」，形似貍，與《古今圖書集成》

原圖形相近似。第二十幅「獨角獸」，形如馬，色黃，一角。其形相，與《古今圖書集成》原圖相似。

《獸譜》第六冊，第二十一幅「鼻角獸」，狀如象而足短，身有斑鱗，其形相，與《古今圖書集成》原圖相似。第二十二幅「加默良」，狀似魚而有耳，鼉尾，獸足。其形相，與《古今圖書集成》原圖相似。第二十三幅「亞細亞州山羊」，體肥，項壯大，垂兩乳如懸橐，角長而尖。《古今圖書集成》原圖標作「山羊圖」，其形相稍異。第二十四幅「般第狗」，鋸牙，其利如刀，毛色不一，與《古今圖書集成》原圖形相近似。第二十五幅「獲落」，大如狼，毛黑而滑，與《古今圖書集成》原圖形相近似。第二十六幅「撒辢漫大辢」，短足長身。其形相，與《古今圖書集成》原圖相似。第二十七幅「狸猴」，其身軀前似狸，後似猴。其形相，與《古今圖書集成》原圖相似。第二十八幅「意夜納」，狀似狼而大，與《古今圖書集成》原圖形相近似。第二十九幅「惡那西約」，具馬形而長頸，前足極高。其形相，與《古今圖書集成》原圖相似。第三十幅「蘇獸」，茸毛，尾與身等長。其形相，與《古今圖書集成》原圖相似。

文獻足徵——走獸的故事

《獸譜》中摹寫了頗多罕見的走獸。古聖先賢相信天象與人事，常有相互影響的關係，天人相應。自然生態的變化，災異的發生，都是天象示警的徵兆，人君必須反躬自省，修德禳災。古人相信麒麟是仁獸，也是瑞獸，太平則至，有道則來，無道則隱。騶虞是義獸，人君有賢德即見，威及四夷，則酋耳至。獬豸是一角的神羊，知人曲直。見人爭鬥，即觸不直之人。治獄決訟，獬豸則觸有罪者。傳說古時候的大象，也能分辨人們的是非曲直，不直無理的人，大象即以長鼻把他捲起拋擲空中，用長牙接而刺之。

歷史文獻中的虎，是山獸之君，也是仁獸的象徵。虎通人性，能感應人間的是非善惡，虎患起於施政苛暴。《後漢書》記載，「政有苛暴，則虎狼食人。」人君行仁政，則虎不傷人。《古今圖書集成》記載，「昔有嫗行山中遇虎，虎舉足示嫗，見有芒刺，為拔去之。虎感奮而去，及歸，擲狐、兔、麋鹿於嫗家，日無虛焉。」知恩能報，故事內容，寓意深遠。白虎是古代土家族的吉祥神獸，他們以白虎為始祖。雲南納西族的原生圖騰，就是虎。麼些文的「虎」，意思是「開端」。以虎為圖騰的虎氏族，不僅以虎為姓，同時亦以虎為名。治致太平，社會祥和，則黑狐見。夏禹、殷湯、周文王、周成王時，王法脩明，三才得所，都出現九尾狐。

兔善跑，在古籍中，兔和馬，常被用來比喻速度。飛兔是古駿馬，秦始皇有駿馬七匹，其第二匹，就是以兔命名， 叫做白兔。三國呂布的駿馬，叫做赤兔。《曹瞞傳》引時人語說：「人中有呂布，馬中有赤兔。」兔圖騰崇拜的氏族，禁止捕兔。在契丹、女真草原社會裡，禁止捕殺含胎兔。兔應月而生，古人每以夢月，或夢兔入懷而生的子女，大富大貴。《遼史・地理志》紀載，應天皇后在夢中看見黑兔躍入懷裡，因而有娠，就是圖騰感孕，後來產下貴子遼太宗。傳說汲郡臨河人華秋，幼年喪父，事母以孝聞。《北史》紀載，華秋母歿，華秋築廬於墓側，負土成墳。獵人逐兔，兔奔入華秋廬中，匿華秋膝下，嚇跑了獵人。群盜相誡，不犯孝子鄉。

在傳統社會裡，推算年分，凡是帶「子」字的年分如甲子、丙子等等都叫做鼠年。鼠年出生的人把鼠視為本命神。鼠神也是吉神，又是福神，跑船的人相信鼠在人在，鼠去船沒。《金史》記載，諫議大夫黃久約之母劉氏懷孕將產，「夕夢鼠銜明珠，寤而久約生，歲實在子也。」鼠銜明珠，是吉兆。

　　猴與猿相類，古代雲南傣族、白族多以猴為吉祥神獸，猴日便是申日良辰，選在猴日結婚，婚後一定大吉大利。雲南麗江、鶴慶等府的麼些族，自稱為納西族。從納西族象形文字「猴」的詞義，便是「祖先」，說明猴氏族確實以猴為祖先，就是猴圖騰崇拜的具體例子。

　　在古籍中，以馬為主題的故事，多具有社會文化意義。北亞草原的牧民視馬為神獸，祂能逢凶化吉。牧民相信長者騎過的馬，可以帶來吉祥。把馬蹄鐵懸掛在門邊，是平安吉神的象徵。姑娘出嫁，以馬陪嫁，婚姻幸福。《搜神記》記載，「太古之時，有大人遠征，家無餘人，唯有一女，牧馬一匹，女親養之。窮居幽處，思念其父。乃戲馬曰：『爾能為我迎得父還，吾將嫁汝。』」馬通人言，絕繮而去，迎回了父親。人與馬共生，也有情誼。契丹皇帝捺鉢，逐水草而遷移其牙帳，冬月牙帳移駐永州，稱為冬捺鉢。從《遼史‧地理志》的記載發現古代契丹人實行圖騰外婚制度，以白馬為圖騰的白馬氏族男子，與以青牛為圖騰的青牛氏族女子在木葉山潢河、土河二水合流處相遇，結為配偶，生下八子，形成八部。

　　羊是祥的本字，也是傳統文化中吉祥的象徵，三羊開泰，吉祥安泰。羚羊的角，可避不祥。傳說黃帝夢見驅羊萬群，就是得良相的吉兆。敦煌《新集周公解夢書》寫本中有「夢見羊者，主得好妻。」羊圖騰崇拜的特點，就是說明人與羊共生，存在血緣關係。羊氏族成員相信以羊隨葬，就有夥伴。

　　犬有守犬、田犬、食犬的區別。守犬，以備警禦；田犬即獵犬，以逐猛獸；食犬，以充庖廚。古代犬祖神話，是將犬視為氏族祖先的相關神話。姓氏是初民社會的圖騰標誌，殷墟甲骨文中就有以犬命名的氏族部落。雲南瀘沽湖摩梭人相傳六金犬與公主相配而生下犬氏族。西雙版納傣族相傳八百女子與犬婚配而蕃衍了八百犬媳婦國。海南島古代黎族相傳有女子航海而來，進入山中，與犬相配，蕃衍子孫，各為犬尾王。雲南哈尼等族相傳他們的祖先是吃犬奶長大的。犬祖神話反映了犬圖騰崇拜的敬祖意義。在廣西僮族聚居的村寨，分佈著許多石犬雕像，有的立在村口，有的立在門戶兩側。用石犬守護村寨，驅邪鎮妖，祈求人畜安寧。

　　豕，就是豬。傳統社會的人們相信豬是神聖的動物。《祿勸州志》記載，雲南黑彝「遇有疾病，謂親為祟，用豬羊禱祀之。」用豬禱祀，可以驅祟治病。雲南、貴州彝族請喇嘛念經，以豬淨宅的習俗，也是一種驅祟活動。宋彭城人陳師道撰《後山談叢》記載，「御廚不登彘肉。太祖嘗畜兩彘，謂之神豬。熙寧初罷之。後有妖人登大慶殿，據鴟尾。既獲，索彘血不得。始悟祖意，使復畜之。蓋彘血解術云。」文中的彘，就是神豬，宋太祖趙匡胤屬豬。他在位期間，親自在宮中畜養了兩隻神豬。到了宋朝第六位皇帝神宗熙寧年間（1068-1077），停止餵養神豬後，即發生了妖人鬧宮事件。最後還是用豬血驅祟，才攘解了妖術。

　　《獸譜》圖說對各種走獸的個性及其特徵，也有頗多描繪。狼，性貪，善回顧，能作兒啼聲，以誘人。將覓食，必先倒立，以卜所向。鹿，性好群，食則相呼，居則環角外嚮，以相護衛，充分發揮了團結就是力量的精神。麝，因喜食栢葉而臍有香遠射。

　　獺，水居食魚，其捕魚，較魚鷹、顧鶄更矯捷。獺知水信，為穴高下，隨水位高低而定，鄉人藉以預占旱潦。蝟，毛刺如豪豬，聞鵲聲，則仰腹受啄，若中其糞便，輒潰爛。蜼，形狀似猴，其鼻上仰，遇雨即自懸於樹，以尾塞鼻。雞知將旦，鶴知夜半，驢善長鳴，每當夜中及五更初，其聲應更不爽。

　　鹿蜀是一種山獸，形相似馬，斑紋如虎，白首赤尾，其音如歌謠，佩掛其皮毛，則子孫如雲。類，形狀如狸，頂有毛，雌雄同體，自孕而生。長右，形狀如猴，而有四耳，長右出現，則有大水。豿邊，形狀如豹，以其皮為席，或製作裘褥，則不患蠱病，腹不腫脹。讙，形狀如狸，而有三尾，一目在額，傳說穿上牠的皮毛，可治身體虛弱的疾病。孟槐，其狀如貆，赤毫，能避凶邪之氣。狡，近似犬，而豹紋，相傳狡出現，則國家豐收。天狗，其狀如狸而白首，能禳災除害。　欽湖，馬身，鳥翼，人面，蛇尾，喜歡抱人。天馬，狀如白犬，黑頭，有肉翅，見人則飛。

　　狪狪，狀似豚，傳說能生珠。犰狳，狀如兔而鳥喙，鴟目，蛇尾，見人即假裝睡覺。幽頞，似猴，身有斑紋，觸物則笑，見人則佯睡。朏朏，狀如狸而白尾，畜養朏朏，可解憂愁。聞獜是一種風獸，豵形而黃首。聞獜出現，即刮颶風。蠪，狀如烏龜，赤首，白身，可以禦火。夔，一足，似牛而無角，其聲如雷，習稱雷獸，夔獸出入，必有風雨。三角獸，三角九尾，是一種瑞獸，人君法度脩明，則三角獸出現。獲落，大如狼，貪食無厭，食飽則入密林，以樹夾腹，食物消化後，復出覓食。蘇獸，茸毛，尾長與身等，遇人追逐，則負其子於背，以尾蔽之。或許由於生態的變化，可愛的動物，已經罕見了。